텝스, 어려운 파트만 **콕콕** 찍어 점수 따기

텝스 어려운 파트만
콕콕 찍어 점수 따기

지은이 이성희 · 전종삼
펴낸이 안용백
펴낸곳 (주)넥서스

초판 1쇄 인쇄 2012년 9월 15일
초판 1쇄 발행 2012년 9월 20일

출판신고 1992년 4월 3일 제311-2002-2호
121-840 서울시 마포구 서교동 394-2
Tel (02)330-5500 Fax (02)330-5555

ISBN   978-89-6000-927-1   18740

본 책은 「How to TEPS PART 4 고수되기 청해편」과
「How to TEPS PART 3,4 고수되기 문법편」의
합본입니다.

www.nexusbook.com

HOW TO TEPS
국내 최초 텝스 파트별 교재

텝스, 어려운 파트만 콕콕 찍어 점수 따기

청해 PART 4

문법 PART 3,4

디성희 · 전종삼 지음

넥서스

Preface

TEPS는

흔히 요령이 통하지 않는 시험이라고 합니다. 국내에서 명실상부한 공인 영어 시험으로 자리 잡은 지도 벌써 10년이 훌쩍 넘었고 여전히 고득점을 올리기 위해서 수많은 비법이 제시되고 있지만 효과적인 학습이 뒷받침되지 못해서 여전히 어려워하는 수험생들이 많습니다.

특히,

청해 Part 4와 문법 Part 3, 4의 경우 욕심만큼 점수 향상이 쉽지 않습니다. 청해의 경우 어휘, 듣기 능력, 속도에 대한 순발력 등을 갖추어야 본격적인 점수 향상을 기대할 수 있고, 시험을 보면 볼수록 반드시 점수가 오르는 건 아니라는 것이 대다수 수험생의 의견입니다. 문법의 경우도 50문제를 25분이라는 짧은 시간에 풀어야 하기 때문에 문법 지식을 내재화하고 순발력과 정확한 판단력을 갖추어야 학습 효과를 기대할 수 있습니다.

따라서,

TEPS 시장 최초로 본 교재는 가장 집중력이 필요하고, 실력 차이가 극명한 청해 Part 4와 문법 Part 3, 4만을 집중 훈련하여 고득점에 이를 수 있도록 했습니다. 특히 전략 부분의 경우 오랜 현장 강의 경험을 토대로 가르치는 학생들마다 고득점자를 배출해 내는 저자들의 노하우를 생생하게 느낄 수 있습니다.

본 교재는

청해 Part 4와 문법 Part 3, 4의 특징과 문제 풀이 요령을 잘 파악하여 최단 시간에 최고의 효과를 올리고자 하는 TEPS 수험생들과 장문 청취와 문법에 취약한 일반 영어 학습자들 모두를 만족시키는 데 목표를 두었고 궁극적인 실력 향상에 많은 보탬이 되었으면 합니다.

Contents

1 / TEPS란?

TEPS는 'Test of English Proficiency developed by Seoul National University'의 약자이며, 서울대학교 언어교육원에서 개발하고 TEPS관리위원회에서 주관, 시행하는 국가 공인 영어 시험입니다. 본 시험은 수험생들의 영어 실력을 Listening, Grammar, Vocabulary, Reading 총 4개의 영역으로 나누어 평가하는 시험이며, 총 200문항, 990점 만점입니다. 이 중 Listening Part는 4개의 Part로 구성되어 있는데 Part 1~3까지는 일상생활에서 이루어질 수 있는 대화(dialogue)들로 구성되어 있으며 이에 대한 이해도 및 대답 능력을 묻는 문제입니다. 그리고 Part 4는 일상생활 중 접할 수 있는 광고, 안내 방송, 신문 매체, 뉴스, 강의, 연설, 인터뷰 등의 담화문(monologue)으로 구성되어 있고, 주제는 역사, 의학, 환경, 사회, 경제, 문화, 건강, 경영, 예술, 교육, 심리 등 전 분야에서 골고루 출제되며 이에 대한 이해도를 측정합니다. 시험은 지역에 따라 다소 다르나 매달 한 번, 또는 두 번 토요일 혹은 일요일에 있으며 접수는 인터넷 접수(www.teps.or.kr) 또는 방문 접수가 가능합니다. 성적 확인은 시험 후 2주 이내에 가능합니다.

2 / TEPS 시험 구성

영역	Part별 내용	문항수	시간/배점
청해 Listening Comprehension	Part I : 문장 하나를 듣고 이어질 대화 고르기 Part II : 3문장의 대화를 듣고 이어질 대화 고르기 Part III : 6~8 문장의 대화를 듣고 질문에 해당하는 답 고르기 Part IV : 담화문의 내용을 듣고 질문에 해당하는 답 고르기	15 15 15 15	55분 400점
문법 Grammar	Part I : 대화문의 빈칸에 적절한 표현 고르기 Part II : 문장의 빈칸에 적절한 표현 고르기 Part III : 대화에서 어법상 틀리거나 어색한 부분 고르기 Part IV : 단문에서 문법상 틀리거나 어색한 부분 고르기	20 20 5 5	25분 100점
어휘 Vocabulary	Part I : 대화문의 빈칸에 적절한 단어 고르기 Part II : 단문의 빈칸에 적절한 단어 고르기	25 25	15분 100점
독해 Reading Comprehension	Part I : 지문을 읽고 빈칸에 들어갈 내용 고르기 Part II : 지문을 읽고 질문에 가장 적절한 내용 고르기 Part III : 지문을 읽고 문맥상 어색한 내용 고르기	16 21 3	45분 400점
총계	13개 Parts	200	140분 990점

☆ **IRT**(Item Response Theory)에 의하여 최고점이 990점, 최저점이 10점으로 조정됨.

All about TEPS

Listening Comprehension 60문항

● Part I
Choose the most appropriate response to the statement. (15문항)

문제유형 질의 응답 문제를 다루며 한 번만 들려준다. 내용은 일상의 구어체 표현으로 구성되어 있다.

> W I wish my French were as good as yours.
>
> M _______________________

(a) Yes, I'm going to visit France. ✔ (b) Thanks, but I still have a lot to learn.
(c) I hope it works out that way. (d) You can say that again.

번역 W 당신처럼 프랑스어를 잘하면 좋을 텐데요.
M _______________________

(a) 네, 프랑스를 방문할 예정이에요. (b) 고마워요. 하지만 아직도 배울 게 많아요.
(c) 그렇게 잘 되기를 바라요. (d) 당신 말이 맞아요.

● Part II
Choose the most appropriate response to complete the conversation. (15문항)

문제유형 두 사람이 A–B–A–B 순으로 대화하는 형식이며, 한 번만 들려준다.

> W I wish I earned more money.
>
> M You could change jobs.
>
> W But I love the field I work in.
>
> M _______________________

(a) I think it would be better. ✔ (b) Ask for a raise then.
(c) You should have a choice in it. (d) I'm not that interested in money.

번역 W 돈을 더 많이 벌면 좋을 텐데요.
M 직장을 바꾸지 그래요?
W 하지만 난 지금 일하고 있는 분야가 좋아요.
M _______________________

(a) 더 좋아질 거라고 생각해요. (b) 그러면 급여를 올려 달라고 해요.
(c) 그 안에서 선택권이 있어야 해요. (d) 돈에 그렇게 관심이 있지는 않아요.

● Part III

Choose the option that best answers the question. (15문항)

문제유형   비교적 긴 대화문으로 대화문과 질문은 두 번, 선택지는 한 번 들려준다.

> M   Hello. You're new here, aren't you?
> W   Yes, it's my second week. I'm Karen.
> M   What department are you in?
> W   Customer service, on the first floor.
> M   I see. I'm in sales.
> W   So, you'll be working on commission, then.
> M   Yes. I like that, but it's very stressful sometimes.

Q: Which is correct according to the conversation?
(a) The man and woman work in the same department.
✔ (b) The woman works in the customer service department.
(c) The man thinks the woman's job is stressful.
(d) The woman likes working for commissions.

번역   M 안녕하세요. 새로 오신 분이시죠?
W 예, 여기 온 지 2주째예요. 전 캐런이에요.
M 어느 부서에서 근무하시나요?
W 1층 고객 지원부에서 일해요.
M 그렇군요. 전 영업부에서 일해요.
W 그러면 커미션제로 일하시겠네요.
M 네. 좋기는 하지만 가끔은 스트레스를 많이 받아요.

Q: 대화에 따르면 옳은 것은?
(a) 남자와 여자는 같은 부서에서 일한다.
(b) 여자는 고객 지원부에서 일한다.
(c) 남자는 여자의 일이 스트레스가 많다고 생각한다.
(d) 여자는 커미션제로 일하는 것을 좋아한다.

Part IV
Choose the option that best answers the question. (15문항)

문제유형 담화문의 주제, 세부 사항, 사실 여부 및 이를 근거로 한 유추 등을 다룬다.

> Confucian tradition placed an emphasis on the values of the group over the individual. It also taught that workers should not question authority. This helped industrialization by creating a pliant populace willing to accept long hours and low wages and not question government policies. The lack of dissent helped to produce stable government and this was crucial for investment and industrialization in East Asian countries.

Q: What can be inferred from the lecture?
(a) Confucianism promoted higher education in East Asia.
(b) East Asian people accept poverty as a Confucian virtue.
✔ (c) Confucianism fostered industrialization in East Asia.
(d) East Asian countries are used to authoritarian rule.

번역 유교 전통은 개인보다 조직의 가치를 강조했습니다. 또한 노동자들에게 권위에 대해 의문을 제기하지 말라고 가르쳤습니다. 이것은 장시간 노동과 저임금을 기꺼이 감수하고 정부의 정책에 의문을 제기하지 않는 고분고분한 민중을 만들어 냄으로써 산업화에 도움이 되었습니다. 반대의 부재는 안정적인 정부를 만드는 데 도움이 되었고, 이는 동아시아 국가에서 투자와 산업화에 결정적이었습니다.

Q: 강의로부터 유추할 수 있는 것은?
(a) 유교는 동아시아에서 고등 교육을 장려했다.
(b) 동아시아 사람들은 유교의 미덕으로 가난을 받아들인다.
(c) 유교는 동아시아에서 산업화를 촉진했다.
(d) 동아시아 국가들은 독재주의 정권에 익숙하다.

Grammar 50문항

Part I
Choose the best answer for the blank. (20문항)

문제유형 A, B 두 사람의 짧은 대화 중에 빈칸이 있다. 동사의 시제 및 수 일치, 문장의 어순 등이 주로 출제되며, 구어체 문법의 독특한 표현을 숙지하고 있어야 한다.

> A Should I just keep waiting _____________ me back?
> B Well, just waiting doesn't get anything done, does it?

(a) for the editor write
✔ (b) until the editor writes
(c) till the editor writing
(d) that the editor writes

번역 A 편집자가 나한테 답장을 쓸 때까지 기다리고만 있어야 합니까?
B 글쎄요, 마냥 기다린다고 해서 무슨 일이 이루어지는 건 아니겠죠?

● Part II

Choose the best answer for the blank. (20문항)

문제유형 문어체 문장을 읽고 어법상 빈칸에 적절한 표현을 고르는 유형으로 세부적인 문법 자체에 대한 이해는 물론 구문에 대한 이해력도 테스트한다.

> All passengers should remain seated at _____________ times.

　(a) any
　(b) some
✔ (c) all
　(d) each

번역 모든 승객들은 항상 앉아 있어야 합니다.

● Part III

Identify the option that contains an awkward expression or an error in grammar. (5문항)

문제유형 대화문에서 어법상 틀리거나 어색한 부분이 있는 문장을 고르는 문제로 구성되어 있다.

> (a)　A Where did you go on your honeymoon?
> (b)　B We flew to Bali, Indonesia.
> ✔ (c)　A Did you have good time?
> (d)　B Sure. It was a lot of fun.

번역
(a)　A 신혼여행은 어디로 가셨나요?
(b)　B 인도네시아 발리로 갔어요.
(c)　A 좋은 시간 보내셨어요?
(d)　B 물론이죠. 정말 재미있었어요.

● Part IV

Identify the option that contains an awkward expression or an error in grammar. (5문항)

문제유형 한 문단 속에 문법적으로 틀리거나 어색한 문장을 고르는 유형이다.

> (a) Morality is not the only reason for putting human rights on the West's foreign policy agenda. (b) Self-interest also plays a part in the process. (c) Political freedom tends to go hand in hand with economic freedom, which in turn tends to bring international trade and prosperity. (d) A world in which more countries respect basic human rights would be more peaceful place.

번역 (a) 도덕성이 서양의 외교 정책 의제에 인권을 상정하는 유일한 이유는 아니다. (b) 자국의 이익 또한 그 과정에 일정 부분 관여한다. (c) 정치적 자유는 경제적 자유와 나란히 나아가는 경향이 있는데, 경제적 자유는 국제 무역과 번영을 가져오는 경향이 있다. (d) 더 많은 국가가 기본적 인권을 존중하는 세상은 더 평화로운 곳이 될 것이다.

Vocabulary 50문항

● Part I
Choose the best answer for the blank. (25문항)

문제유형　A, B 대화 빈칸에 가장 적절한 단어를 넣는 유형이다. 단어의 단편적인 의미보다는 문맥에서 어떻게 쓰였는지 아는 것이 중요하다.

> A　Let's take a coffee break.
> B　I wish I could, but I'm ____________ in work.

　✔ (a) up to my eyeballs　　　　(b) green around the gills
　(c) against the grain　　　　(d) keeping my chin up

번역　A 잠깐 휴식 시간을 가집시다.
　　　　B 그러면 좋겠는데 일 때문에 꼼짝도 할 수가 없네요.

　(a) ~에 몰두하여　　　　(b) 안색이 나빠 보이는
　(c) 뜻이 맞지 않는　　　　(d) 기운 내는

● Part II
Choose the best answer for the blank. (25문항)

문제유형　문어체 문장의 빈칸에 가장 적절한 단어를 고르는 유형이다. 고난도 어휘의 독특한 용례를 따로 학습해 두어야 고득점이 가능하다.

> It takes a year for the earth to make one ____________ around the sun.

　(a) conversion　　　　(b) circulation
　(c) restoration　　　　✔ (d) revolution

번역　지구가 태양 주위를 한 번 공전하는 데 일 년이 걸린다.
　(a) 전환　　　　(b) 순환
　(c) 복구　　　　(d) 공전

Reading Comprehension　40문항

● Part I
Choose the option that best completes the passage. (16문항)

문제유형　지문의 논리적인 흐름을 파악하여 문맥상 빈칸에 가장 적절한 선택지를 고르는 문제이다.

> This product is a VCR-sized box that sits on or near a television and automatically records and stores television shows, sporting events and other TV programs, making them available for viewing later. This product lets users watch their favorite program ______________. It's TV-on-demand that actually works, and no monthly fees.

　✔ (a) whenever they want to
　(b) wherever they watch TV
　(c) whenever they are on TV
　(d) when the TV set is out of order

번역　이 제품은 텔레비전 옆에 놓인 VCR 크기의 상자로 TV 공연, 스포츠 이벤트 및 다른 TV 프로그램을 자동으로 녹화 저장하여 나중에 볼 수 있게 해준다. 이 제품은 사용자가 자신이 가장 좋아하는 프로그램을 원할 때 언제나 볼 수 있게 해준다. 실제로 작동하는 주문형 TV로 매달 내는 요금도 없다.

　(a) 원하는 시간 언제나
　(b) TV를 보는 곳 어디든지
　(c) TV에 나오는 언제나
　(d) TV가 작동되지 않을 때

● Part II
Choose the option that best answers the question. (21문항)

문제유형　지문에 대한 이해를 측정하는 유형으로 주제 파악, 세부 내용 파악, 논리적 유추를 묻는 문제로 구성되어 있다.

> The pace of bank mergers is likely to accelerate. Recently Westbank has gained far more profit than it has lost through mergers, earning a record of $2.11 billion in 2003. Its shareholders have enjoyed an average gain of 28% a year over the past decade, beating the 18% annual return for the benchmark S & P stock index. However, when big banks get bigger, they have little interest in competing for those basic services many households prize. Consumers have to pay an average of 15% more a year, or $27.95, to maintain a regular checking account at a large bank instead of a smaller one.

　Q: What is the main topic of the passage?
　(a) Reasons for bank mergers
　✔ (b) Effects of bank mergers
　(c) The merits of big banks
　(d) Increased profits of merged banks

은행 합병 속도가 가속화될 전망이다. 최근 웨스트 뱅크가 2003년 21억 1천만 달러의 수익을 기록함으로써 합병으로 잃은 것보다 훨씬 더 많은 수익을 얻었다. 웨스트 뱅크 주주들은 지난 10년간 S&P 지수의 연간 수익률 18%를 웃도는 연평균 수익률 28%를 누려왔다. 하지만 규모가 더욱 커진 대형 은행들은 많은 가구가 중요하게 생각하는 기본 서비스에 대한 경쟁에는 별 관심을 두고 있지 않다. 소비자들은 작은 은행 대신 대형 은행의 보통 당좌예금 계정을 유지하기 위해 연평균 15% 이상, 즉 27달러 95센트를 지불해야 한다.

Q: 지문의 소재는?
(a) 은행 합병의 이유
(b) 은행 합병의 영향
(c) 대형 은행의 장점
(d) 합병된 은행들의 수익 증가

● Part III
Identify the option that does NOT belong. (3문항)

문제유형 　한 문단에서 전체의 흐름상 어색한 내용을 고르는 유형이다.

> Communication with language is carried out through two basic human activities: speaking and listening. (a) These are of particular importance to psychologists, for they are mental activities that hold clues to the very nature of the human mind. (b) In speaking, people put ideas into words, talking about perceptions, feelings, and intentions they want other people to grasp. (c) In listening, people decode the sounds of words they hear to gain the intended meaning. (d) Language has stood at the center of human affairs throughout human history.

번역 　언어로 이루어지는 의사소통은 두 가지 기본적인 인간 활동인 말하기와 듣기로 수행된다. (a) 이 두 가지는 심리학자들에게 각별한 중요성을 지니는데, 이는 두 가지가 인간의 심성 본질 자체에 대한 단서를 쥐고 있는 정신적 활동이기 때문이다. (b) 말할 때 사람들은 다른 사람들이 이해하기를 원하는 지각과 감정, 의도 등에 대해 말하면서 아이디어를 단어로 표현한다. (c) 들을 때 사람들은 의도된 뜻을 간파하기 위해 들리는 단어의 소리를 해독한다. (d) 언어는 인류의 역사를 통틀어 인간 활동의 중심에 있어 왔다.

청해
Part 4

고득점 전략 포인트

1 무엇을 묻는가?

Part 4는 TEPS Listening Section에서 가장 어려운 부분이며 유일하게 지문 형식이 다른 부분이다. Part 1~3까지는 일상적인 대화(dialogue)의 내용에 대한 이해를 묻는 반면, Part 4는 담화문(monologue)을 듣고 질문에 답하는 문제이다.

ex) Choose the option that best answers the question.

> Among the most popular games of strategy in the world is the game of chess. Enjoyed even in Renaissance times, chess has now become a worldwide phenomenon with chess clubs, chess tournaments and even online games. Its origins are said to be from India where it was known as "four military divisions". Pieces in that game that represented infantry, cavalry, elephants, and chariotry evolved into the modern pawn, knight, bishop, and rook, respectively. By 1475, several major changes to the game were made regarding movement of the pieces that has made chess into the game as it is known today.

Q : What is the passage mainly about?

(a) The popularity of the game of chess
(b) The first version of the game of chess
(c) The origins of the pieces of chess
(d) The evolution of the game of chess

해석 체스 게임은 세계에서 가장 유명한 전략 게임 중 하나이다. 르네상스 시대에도 즐긴 체스는 이제 체스 클럽, 체스 대회, 심지어 온라인 게임도 있을 만큼 세계적인 게임이 되었다. 체스는 인도에서 기원해 '네 개의 군사 사단'으로 알려졌다고 한다. 보병대, 기병대, 코끼리 부대, 전차대를 상징하는 말은 각각 현대의 폰, 나이트, 비숍, 루크로 변천되었다. 1475년까지 말의 이동 규칙에 관한 몇몇 큰 변화가 있었고, 결국 그것이 오늘날 우리가 알고 있는 체스 게임이 되었다.

Q: 지문은 주로 무엇에 관한 것인가?

(a) 체스 게임의 인기
(b) 체스 게임의 초기 방식
(c) 체스 말의 기원
(d) 체스 게임의 변천

정답 (d) The evolution of the game of chess

Passage Type

광고, 안내 방송, 신문 매체, 뉴스, 강의, 연설, 인터뷰 등의 지문이 출제되며 이중에서 광고, 뉴스 등 방송 관련 담화문이 가장 많이 출제된다.

Question Type

크게 세 가지 유형으로 나누어 볼 수 있다. 출제 비중은 중심 내용 문제가 7문제(Q 46번 ~ 52번), 세부 정보 문제가 5문제(Q 53번 ~ 57번), 추론 문제가 3문제(Q 58번 ~ 60번)를 차지한다. 문제 유형을 좀 더 자세히 살펴보자.

❶ 중심 내용 문제 (main idea)

- What is the best title for the passage?
- What is the best title for the lecture?
- Which of the following would be the best title for the talk?
- What is the speaker's main point?
- What is mainly being advertised?
- What is mainly being discussed?
- What is the main topic of the talk?
- What is the main idea of the talk?
- What is the main topic of the passage?
- What is the passage mainly about?
- What is the lecture mainly about?
- What is this report mainly about?
- What is the article mainly about?
- What is the main topic of the announcement?
- What is the main idea of the announcement?
- What is the main point of the announcement?
- What is the announcement mainly about?
- Which statement best summarizes the passage?

❷ 세부 정보 문제 (correction)

- Which of the following is correct according to the advertisement?
- Which of the following is correct according to the announcement?
- Which of the following is correct according to the lecture?
- Which of the following is true of the new computer?
- Which of the following is true according to the passage?
  Which is true according to the announcement?
- What is correct according to the lecture?
- What is true according to the passage?

❸ 추론 문제 (inference)

- What can be inferred about the speaker?
- What can be inferred from the passage?
- What can be inferred from the announcement?
- What opinion would the speaker most likely share?
- What statement would the speaker agree with?
- Which of the following can be inferred from the passage?
- What can be inferred from the advertisement?

 **Part 4!**
왜 어려운가?

많은 수험생들이 Listening에서 가장 어려워하는 부분은 Part 4이다. 그 이유는,

1. 난이도 높은 단어 및 지문 출제
일상 대화에서 사용하는 수준을 뛰어 넘는 난이도 높은 단어 및 지문이 출제된다. 해를 거듭해 오면서 Part 4에 나오는 단어의 수준이 더욱 어려워지고 있으며, 심지어는 Reading에서 볼 수 있는 어려운 구조의 문장도 출제되고 있다.

2. 배경 지식 필요
광고, 신문 매체, 방송의 내용도 출제되나 다양한 과목의 강의 내용, 최신 시사 문제 또한 지문에 출제되고 있다. 따라서 수험생이 미처 알지 못하는 배경 지식을 요하는 문제가 출제되기도 한다.

3. 집중력
Part 4는 Listening Section, 총 55분의 시간 중 가장 뒷부분에 위치하기 때문에 집중력이 떨어지기 쉽다. 긴 시간 동안 꾸준히 집중하는 것이 힘들어 그냥 문제를 추측하고 넘어가는 부분이 제일 많은 것도 역시 이 부분이다.

4. 높은 점수 배점
TEPS는 문항반응이론(IRT: Item Response Theory)을 적용하여 각 문항의 난이도와 변별도에 대한 수험자의 반응 패턴을 근거로 점수가 매겨진다. 따라서 같은 개수의 정답을 맞혔다고 하더라도 난이도가 높은 문제를 많이 맞힌 수험자가 좋은 점수를 획득하게 되어 있다. 하지만 평균적으로 Part 1은 2.5점, Part 2는 3점, Part 3은 8점, Part 4는 13점으로 어림잡아 계산할 수 있다. 그만큼 Part 4가 Listening에서 차지하는 점수의 비중이 높다는 말이며, 한 문제당 차지하는 높은 배점에 대한 부담이 있다.

5. 강제적인 빠른 진행
TOEFL같이 시험의 진행을 수험자가 조절할 수 있는 시험과 달리 TEPS는 들리는 지문과 질문을 수동적으로 들으며 정답을 골라야 하는 정해진 순서가 있다. 이렇게 정해진 짧은 시간 안에 정확한 답을 골라내야 하기에 그 어떤 시험보다도 빠른 판단력과 정답을 고르는 순발력이 필요한 시험이며, 수험자의 입장에서는 저마다의 이해 속도 및 정답을 추리하는 시간이 모두 다르기 때문에 더욱 어렵게 느껴진다.

6. 순수 듣기
이것은 Part 4에만 해당하는 내용이 아닌 Listening 전반에 해당되는 사항이다. 오로지 들리는 내용에만 의존해서 답을 골라야 하는 시험이어서 수험자의 듣기 능력을 정확하게 판단할 수 있다는 시험의 장점을 가진 동시에, 수험생의 입장에서는 시험지에 정보가 전혀 없기 때문에 정답을 고르기가 쉽지 않다.

3 공략 비법!

이러한 어려움을 극복하고 TEPS Listening에서 만점을 목표로 공부하고자 하는 수험생들에게 아래의 공략 비법을 공개한다.

1. 우리는 이미 질문을 알고 있다!

위에서 언급한 바와 같이 Part 4의 총 15문제의 질문을 우리는 이미 알고 있다. 여기에 두 번 들려주는 점을 이용하면 정확하게 정답을 유추하여 맞힐 수 있다.

A. main idea : 중심 내용 문제 (Q 46번 ~ 52번)

처음 들을 때 반드시 핵심이 되는 포인트를 잡아내도록 연습해야 하며, 질문을 확인한 후 두 번째 들을 때 정답에 대한 확신을 가질 만한 main topic을 note해 두어야 한다. 마지막으로 선택지를 들을 때 본인이 잡은 topic에 가장 근접한 답을 고르면 된다. 이때 주의해야 할 몇 가지를 살펴보도록 하자.

★ 정답의 단서가 되는 부분에 집중하자!

대부분의 담화문이 6문장 내의 길이이기 때문에 핵심 문장을 보통 맨 앞에 둔다. 따라서 맨 첫 문장, 혹은 두 번째 문장은 정확하게 이해하도록 노력해야 한다. 여기에 답이 있기 때문이다. 예문을 읽고 선택지를 보기 전에 main point를 요약해 보자.

연습 1 Forecasters warned that strong, moist drift could cause fairly heavy rain and thunderstorms across the east coast of South Korea. As the trough of low pressure and associated cold front from the west pushed farther inland, precipitation was expected to disperse over the region. Meteorologist are expecting constant showers and heavy downpours along the east coast and they may produce flooding in that area.

Q : What is the main point of the announcement?

해석 기상 통보관들은 강하고 습기 있는 기류가 한국의 동해안 지역을 가로지르면서 꽤 많은 비와 뇌우를 일으킬 수 있다고 경고했다. 저기압골과 서쪽으로부터 동반되어 온 한랭 전선이 내륙 쪽으로 밀려오면서 강수량이 이 지역에 퍼질 것으로 예상되었다. 기상학자들은 동해안을 따라서 계속되는 소나기와 강한 폭우를 예보했으며, 이것이 이 지역에 범람을 발생시킬 수 있다고 예상했다.

Q: 방송의 요지는 무엇인가?

이 지문의 첫 문장과 두 번째 문장만을 들려주고 요약한 두 학생의 예이다.

<table>
<tr><td>

요약 1
forecaster
heavy rain, thunderstorm
east coast
Korea
precipitation

</td><td>

요약 2
warned, heavy rain
thunderstorm across the east coast of
South Korea
precipitation expected, disperse
over the region

</td></tr>
</table>

정답 The powerful storm was forecast to bring more precipitation to the east coast of South Korea.
강한 폭풍우가 더 많은 강수량을 한국의 동해안으로 가져올 것으로 예상되었다.

처음 두 문장만을 가지고도 충분히 정답을 유추할 수 있음을 확인할 수 있다. 요약 1과 2의 차이를 살펴보자. 우선 요약 1은 지문을 들으며 주로 명사 위주로 메모하였다. 물론 이렇게 중요한 명사를 적어 놓아도 전체의 흐름을 대충 파악할 수는 있다. 하지만 요약 2는 중요 명사에 처음 두 문장에서 나온 동사까지 적어 두었다. 정답과 두 학생의 요약을 비교해 보면 요약 2번의 학생이 훨씬 정답을 쉽게 고를 수 있음을 볼 수 있다.

이제 전체 지문의 첫 문장과 두 번째 문장만을 보고 main point를 찾는 연습을 하자. 지문의 내용을 처음 들을 때는 요약 1의 학생처럼 중요 명사를 적고, 두 번째 들을 때 동사 및 형용사를 덧붙여서 main point를 요약해 보자.

> **연습 2** Fifteen employees were killed and two were injured in an overflow in a construction site on Monday morning in Taipei. The report by TBS news provided the details of the accident.

Q : What is the best title for the passage?

해석 월요일 아침 타이베이의 한 건설 현장에서 수해로 인하여 15명의 노동자가 사망했고, 두 명의 부상자가 발생했습니다. TBS 뉴스가 이 사건의 자세한 사항을 전합니다.

Q: 지문의 제목으로 가장 적절한 것은?

<table>
<tr><td>

처음 들은 후
15 employees/ overflow/ construction
site/ Taipei/ Monday/ accident

</td><td>

두 번 들은 후
killed/ injured/ provided details

</td></tr>
</table>

처음 한 문장만을 다시 들려주고 정답을 유추해 보도록 했다.
학생 요약 내용 : 15 employees killed, overflow, in a construction site, Taipei
이제 정답과 학생이 요약한 것을 비교해 보자.

정답 Fifteen Killed in Taipei Construction Site Flood
타이베이 건설 현장의 범람으로 15명 사망

✿ Signal에 집중하자!

On the other hand, But, However, Therefore, Consequently, In today's class, I want to focus on, I'd like to talk about, Today's lecture concerns, The purpose of this class : 이러한 signal 뒤에 speaker가 말하고자 하는 요점이 반드시 나오기 때문이다.
아래의 예문에서 위에 언급한 signal로 시작되는 문장만을 보고 답을 유추하여 보자.

> **연습 3** When spring comes round with its warm sunshine, people like to change and redecorate their homes or to throw out some stuff they're not going to use. For this reason garage sales and yard sales surge up around the neighborhoods. These sales are great places to buy furniture that can be repainted, kids' clothes, books, and even collectibles which may be diamonds in the rough for bargain hunters. **However,** you have to have a plan ahead for information about not only what to buy but where to buy. Get the most out of yard sales by searching for newspaper classifieds and sale signs around town!

Q : What is the speaker's main point?

해석 따뜻한 햇살과 함께 봄이 찾아오면, 사람들은 그들의 집을 바꾸고 실내 장식을 새로 하고 싶어 하거나, 쓰지 않을 것 같은 물건을 버리고 싶어 한다. 이러한 이유로 중고 물품 시장(garage sale)과 알뜰 시장(yard sale)이 동네 주변에 무수히 선다. 싸고 질 좋은 물건을 찾아다니는 이들에게 이러한 시장은 페인트칠을 다시 해서 쓸 수 있는 가구나, 아이를 옷, 책, 심지어는 진흙 속에 묻힌 진주를 발견하는 것과 같은 수집할 가치가 있는 것을 사기 위한 좋은 장소이다. 하지만, 당신은 무엇을 사야 할지 뿐만 아니라 어디에서 사야 하는지에 관한 정보를 미리 계획해야만 한다. 신문 광고와 시내 주변에서 시장 정보를 알 수 있는 게시물을 찾아보면서 알뜰 시장을 최대한 이용하라!

Q: 화자가 전하고자 하는 중심 내용은 무엇인가?

처음 들을 때는 어느 부분에서 앞서 언급한 signal이 들릴지 알 수 없기 때문에 위에서 연습한 대로 중요 명사와 동사를 요약해 나가다. 이때 signal이 들리면 두 번째 들을 때 이 부분에 집중해서 이 문장을 요약하도록 연습하자.

<table>
<tr><td>

처음 들은 후

spring, sunshine/ change/ redecorate/
yard sale/ garage sale/ bargain hunters/
kid clothes/ furniture/ get the most/ plan/
newspaper

</td><td>

두 번 들은 후

throw out/ surge up/ to get/ have to plan
ahead

</td></tr>
</table>

두 번 들은 후 signal이 들어 있는 문장만 한 번 더 들려주고 이 부분을 요약하도록 했다.
학생 요약 내용 : have to have a plan ahead/ yard sale/ shop sagacious

정답 Making a plan ahead for a yard sale is a clever way to shop.
알뜰 시장을 위한 앞선 계획을 세우는 것이 쇼핑을 하는 현명한 방법이다.

주로 주장하고자 하는 문장을 앞에 두고 바로 뒤에 예를 들거나 이유를 설명해서 그 주장을 support하기 때문이다.

연습 3의 예를 다시 한 번 이용하여 확인해 보자.

> **연습 4** **However,** you have to have a plan ahead for information about not only what to buy but where to buy. Get the most out of yard sales by searching for newspaper classifieds and sale signs around town!

해석 하지만 당신은 무엇을 사야 할지 뿐만 아니라 어디에서 사야 하는지에 관한 정보를 미리 계획해야만 한다. 신문 광고와 시내 주변에서 시장 정보를 알 수 있는 게시물을 찾아보면서 알뜰 시장을 최대한 이용하라!

Q: 화자가 전하고자 하는 중심 내용은 무엇인가?

정답 Making a plan ahead for a yard sale is a clever way to shop.
알뜰 시장을 위한 앞선 계획을 세우는 것이 쇼핑을 하는 현명한 방법이다.

아래의 예문 역시 문장 앞쪽에 because가 등장하여 바로 앞의 main point를 support하고 있다. 연습 5에서 확인해 보자.

> **연습 5** When you buy a product from a grocery store, it is important to check the expiration dates. It is simply for not wanting to eat unsafe food, but it's even more important to understand what expiration dates mean **because,** in most cases, they denote quality, not safety.

Q : What is the main idea of the talk?

because 앞 문장을 주의해서 듣고 요약한다면 정답을 쉽게 고를 수 있을 것이다.

해석 당신이 식료품점에서 물건을 살 때, 유효 기한을 확인하는 것은 중요하다. 이것은 단순히 안전하지 않은 음식을 먹고 싶지 않기 때문이다. 하지만 유효 기간이 무엇을 의미하는지를 이해하는 것이 더욱 중요하다. 왜냐하면 대부분의 경우에 유통 기한은 질적인 상태를 지칭하는 것이지 안전성을 지칭하는 것은 아니기 때문이다.

Q: 담화의 주제는 무엇인가?

정답 Knowing useful information about the meaning of expiration dates
유통 기한의 의미에 대한 유용한 정보 알기

✿ **첫 문장에 질문이 나오면 이 질문이 main topic이 될 확률이 매우 높다.**

이는 질문을 던진 후 그 이후의 문장에서 이 질문에 대한 답을 주기 때문이다. 예를 들어 '환경 오염은 무엇을 말하는가?'라는 질문을 한 후 갑자기 축구에 대해서 말할 수는 없기 때문이다. 특히 TEPS Listening Part 4의 지문은 길지 않기 때문에 질문을 던지고 답을 하고 또 다른 얘기로 갈 여유가 없기 때문에 더욱 그렇다.

ex 1) Where is the best place for you to barbecue?

해석 바비큐를 하기에 가장 좋은 장소는 어디인가?

정답 The best place for a barbecue 바비큐를 하기 위한 최적의 장소

ex 2) Having computer problems? Looking for an all day long repair service?

해석 컴퓨터에 문제가 있나요? 혹은 하루 종일 고쳐주는 서비스를 찾고 있나요?

정답 To advertise the computer repair service 컴퓨터 수리 서비스 광고하기

Tip 질문으로 시작하는 문장을 듣자마자 바로 질문을 적어 둬야 한다. 그 후에는 연결되는 내용이 질문을 설명하는 것인지만 판단하면 된다.

✿ **마지막 문장에 집중하자.**

위의 방법들에 해당되지 않는 미괄식으로 주장을 펼치는 담화문이 간혹 출제되기도 한다. p21의 연습 3이 해당한다.

✿ **선택지의 내용이 너무나 애매하게 크거나 광범위한 내용은 답이 될 수 없다.**

지나치게 한 부분에 치중해서 지문의 일부분이 그대로 나오는 내용 역시 답이 될 수 없음을 기억하자.

이상의 내용을 기억하며 충분한 연습을 한다면 main topic을 고르는 문제 유형을 정복할 수 있을 것이다. 처음 담화문을 들을 때 반드시 main idea를 적어보고, 이 답이 선택지의 정답과 어떻게 연결이 되는지를 꼼꼼하게 분석하는 연습이 필요하다.
이때 중요 단어, 본인이 note한 중요 단어가 answer에 대부분 paraphrase되어 나온다는 것에 주의하자. 오답으로 유인하기 위한 함정에 빠지지 않도록 반드시 중요 단어를 평소에 문장을 들으면서 선별해 내는 연습을 하도록 해야 한다.

B. correction : 세부 정보 문제 (Q 53번 ~ 57번)

Note taking은 필수!!!
52번이 끝나고 나면 더욱 더 긴장하자. 이제부터 세부 내용을 묻는 문제가 출제된다. 두 번 들려주는 것을 이용하여 숫자, 시간, 날씨 정보, 약속, 지명, 이름 등을 자세히 적어두는 연습을 하자.

연습 1   The phrase, **"Man does not live by bread alone"**, was coined by the famous **industrialist and philanthropist**, Andrew Carnegie. The sentiment of this quote represents the **crux of his philosophy** that **millionaires and the working class alike possessed both wealth and were starved for nourishment of different sorts simultaneously**. Regardless of one's station in life, however, he believed whole-heartedly in education and felt that all should have access to information. Thus, he **built** a large number of **libraries and educational facilities**, in addition to endowing many **trusts and funds offering education to the people**.

Q : Which of the following is correct according to the passage?

(a) Andrew Carnegie felt that people needed guidance.

(b) People shouldn't complain about being wealthy or poor.

(c) Andrew Carnegie thought that all people should have the opportunity to learn.

(d) People, though segregated by income level, still want to be wealthy.

해석   '인간은 빵만으로 살 수 없다'는 문구는 유명한 기업가이자 박애주의자인 앤드류 카네기가 처음 한 말이다. 이 인용구의 정서는 백만장자들과 노동 계층은 비슷하게 부를 소유했으며 동시에 다른 종류의 영양에 굶주렸다는 그의 철학의 핵심을 반영한다. 그러나 처지에 상관없이 그는 전적으로 교육을 믿었고 모든 이가 정보를 이용할 수 있어야 한다고 생각했다. 그래서 그는 사람들에게 교육을 제공하는 많은 신탁과 기금을 기부했을 뿐만 아니라 다수의 도서관과 교육 시설을 세웠다.

Q: 담화에 따르면 다음 중 옳은 것은?

(a) 앤드류 카네기는 사람들은 지도가 필요하다고 생각했다.

(b) 사람들은 부유하고 가난한 것에 대해 불평을 해서는 안 된다.

(c) 앤드류 카네기는 모든 사람들은 배울 기회가 있어야 한다고 생각했다.

(d) 사람들은 소득 수준에 따라 분리되지만 여전히 부유하길 원한다.

정답   (c) Andrew Carnegie thought that all people should have the opportunity to learn.

위에 진하게 표시된 단어는 선택지에서 골고루 다루어질 수 있다. 빠른 속도로 들려주기 때문에 정확하고 자세하게 적을 수는 없겠지만 기억하기 쉽도록 메모하는 연습을 해야 한다.

C. inference : 추론 문제 (Q 58번 ~ 60번)

직접 언급되지 않은 내용이 선택지에 나올 수 있으나 어느 정도 쉽게 추론해 낼 수 있는 내용이 선택지에 나온다. 이때 주의할 점은 추론은 반드시 중심 내용에서 벗어나지 않는 범위에서 해야 한다는 것이다. 지나친 상상은 금물이다. 지문 전체의 흐름을 파악하도록 해야 한다. 주로 지문의 주요 내용을 묻기 위한 추론 문제이기 때문에 담화문의 결론이나 중요 요점을 체크하며 듣는 연습이 필요하다.

아래의 예문은 문제의 처음 두 문장이다. main idea 문제처럼 추론 문제도 역시 main point를 잡는 것이 중요하기 때문에 정답이 main point가 들어 있는 문장에서 나올 확률이 높다. 아래의 문장에서 speaker의 중요 point가 not only ~, but ~의 문장 구조로 강조되어 있음을 알 수 있다. 그렇다면 정답은 자연스럽게 but 이하의 구문에서 나올 것이다. 따라서 진하게 표시된 부분을 반드시 note해 두어야 한다.

Q : According to the passage, what can you infer?

해석   큰 다리를 볼 때, 그런 구조물을 건설하는 데 들어가는 공사 노력과 공학 기술에 종종 궁금증이 생길 것이다. 다리는 땅의 한 부분과 다른 부분을 연결할 뿐 아니라 무역, 상업, 관광업이 생기게 하는 데 필수적이다.

Q: 지문에서 유추할 수 있는 것은?

정답   The Golden Gate Bridge has increased business in Marin County.
금문교는 마린 카운티의 사업을 번성하게 했다.

2. 심도 있는 단어의 공부가 Listening Part 4 고득점의 핵심이다!

앞서 언급한 바와 같이 Part 4에 나오는 어휘의 수준은 상당히 높다. 또한 길고 복잡한 문장이 출현하며 심지어는 Reading에 나오는 어려운 문장 구조도 볼 수 있다. 따라서 이를 이해할 수 있는 심도 있는 단어공부가 필수다.

3. 동사를 듣자.

명사는 기본으로 들어야 하지만 동사를 놓치면 큰 맥을 놓칠 수 있다. 동사, 특히 첫 문장의 동사는 반드시 들을 수 있도록 연습하자! 선택지도 마찬가지이다. 선택지의 동사만 들어도 답이 보이는 경우가 있다! 다음의 예를 보고 첫 문장의 동사를 적어 보자. 그리고 난 후 정답의 동사와 비교해 보자.

Q : What is the main idea of the talk?

해석   알려 드립니다! 여러분이 이곳에 이 교수님께 질문하러 오신 걸로 압니다만, 교수님께서는 오늘 진단과 치료를 받으러 병원에 입원하셨습니다.

Q: 담화의 요지는?

이 담화의 목적은 질문을 하러 온 학생들에게 하는 말이므로 담화의 동사 중 main은 to ask임을 알 수 있다. 정답과 비교해 보자. 정답의 동사도 역시 ask로 일치함을 알 수 있다.

정답   Asking Professor Lee questions
이 교수님께 질문하기

하나 더 연습해 보자.

 행복해지고 싶나요? 당신의 행복을 높일 수 있는 가장 좋은 방법은 당신을 더 행복하게 만들 수 있는 몇 가지 습관을 실행하는 것입니다.

want, to boost, is adopt, can make 4개의 동사 중 문장에서 핵심 단어는 boost이다. 정답의 동사와 비교해 보자.

  How to increase happiness
행복을 높이는 방법

4. 선택지를 선별해 내는 연습을 하자.

선택지를 들으면서 정답을 narrow down해 나가야 한다. 즉, 듣는 즉시 선택지에 O, X, 또는 △ 표시를 하면서 듣자. 귓가에 어렴풋이 남아 있는 담화의 마지막 부분과 유사하게 들리는 답은 피하고 본인이 생각한 답이 나오지 않을 경우 가장 말이 되지 않는 것을 지우고 남는 것을 고르자.

선택지가 to부정사, 동명사 혹은 동사로 모두 시작되는 경우가 있다. 이런 경우에는 뒤에 이어지는 내용을 다 해석하지 않아도 쉽게 답을 고를 수 있는 경우가 있다. 만약에 지문의 내용이 어떤 작가를 '비평'하는 내용이라면, 선택지에 (a) To support~ (b) To criticize~ (c) To avoid~ (d) To bring~ 답은 자연스럽게 (b)가 된다는 말이다.

5. 질문의 유형에 따라 다른 note 방법을 적용하자.

1의 A, B, C에서 언급한 내용에 주의하여 질문의 유형에 따른 다른 note법을 사용하자!
다시 한 번 정리하면,
- main idea 문제는 처음 들을 때 중요 명사와 동사 및 형용사를 적어놓고 두 번째 들을 때 살을 붙이면서 중간에 중요 signal이 들어갔는지 혹은 문장이 의문문으로 시작하는지 등을 확인하며 듣기
- correction 문제는 숫자, 시간, 날씨 정보, 약속 등 금방 잊어버리기 쉬운 상세한 정보들을 최대한 기억하려 노력하면서 적어 놓기
- inference 문제는 main topic을 잡으려고 노력하면서 전체 흐름을 볼 수 있는 note하기

6. 능동적인 듣기를 하자.

질문의 순서를 미리 숙지하고 처음 들을 때 이미 답을 예측하고 있어야 한다. 수동적인 듣기가 아닌 능동적인 듣기, answer choice를 듣기 전에 이미 답이 내 안에 있게 하자!

즉, 문제 46~52번은 처음 들을 때부터 너무 상세한 것들에 신경 쓰지 말고 적어도 본문을 요약할 수 있는 핵심이 되는 단어를 3~4개 정도 골라 놓도록 해야 한다. 이 때 위에서 연습한 것과 같이 반드시 동사도 기억해야 한다. 문제 53~57번은 처음 들을 때부터 최대한의 많은 정보를 알아내려 하는 마음으로 들어야 하며, 문제 58~60번은 가장 난이도 있는 문제가 나올 것을 대비하며 main point를 잡고 어느 부분에서 'infer'가 나올지 예상하면서 들어야 한다. 선택지의 내용을 들으면서 정답을 고르려 하면 실수하기 쉽다. 이는 선택지의 문장 구조나 단어가 Part 1~3과는 달리 어렵기 때문이다. 따라서 선택지를 듣기 전에 선택지의 정답을 미리 예측하고 듣는 연습을 하여 함정에 빠지지 않도록 해야 한다.

7. 집중력을 발휘하자.

Part 4는 듣기의 마지막 부분이기 때문에 지치기 쉽고 집중력이 떨어져서 답을 분석하는 시간이 Part 1~3
의 문제보다 더 걸릴 수 있다. 모의고사 문제를 풀 때 이 점을 유의하여 한 set의 문제를 쉬지 않고 푸는 연
습이 반드시 필요하다.

8. 모르는 단어가 나와도 당황하지 않기

전체적인 내용을 대략적으로 이해해도 정답을 맞힐 수 있는 경우가 많음을 기억하자. 끝까지 포기하지 않
고 집중해서 듣는 연습이 필요하다.

9. 다음 문제 시작 전에 이전 문제는 꼭 해결하기

지금 풀고 있는 문제의 정답에 확신이 없을지라도 빨리 다음 문제로 넘어가야 한다. 그렇지 않으면
연달아 지문을 제대로 못 듣는 상황이 발생하니 지나간 문제는 과감히 미련을 버리자.

문법
Part 3/4

고득점 전략 포인트

TEPS GRAMMAR

1. 텝스 문법이란?

텝스 문법은 배점이 100점으로 전체 점수에서 차지하는 비중은 10%에 불과하지만 25분 동안 50문항을 풀어야 하기 때문에 학생들에게 큰 부담이 된다. 하지만 900점대 고득점을 원한다면 문법에서 거의 만점을 받아야 한다.

텝스 문법 문제는 문장에서 틀린 부분을 찾는 오류 찾기가 아니라 문맥 속에서 올바른 어형을 찾거나 틀린 문장 전체를 찾는 형식이다. 문법에서 만점을 원한다면 가장 기본적인 문법 사항을 전반적으로 살펴보고 숙지해야 한다. 과거와 달리 문법 공부가 점점 뒷전으로 밀리고 있는 요즘, 텝스에 응시하는 대부분 학생들이 가장 어려워하는 분야로 문법을 꼽고 있기도 하다.

학생들은 문법이라는 말을 들으면 외울 것이 너무 많다고 생각해 책을 들여다 보기도 싫어한다. 하지만 가장 얇은 문법책을 골라서 두세 번 통독해 보라. 만일 책에서 외울 것이 있다면 그 부분은 문법과 관련이 있다기 보다는 어휘와 관련된 영역일 것이다.

텝스 문법은 4개 영역으로 나뉜다. Part 1과 Part 2는 짧은 대화문이나 서술문 속에서 기본적인 문법 형태와 적절한 표현을 고르는 문제다. 기본 시제, 관계사, 가정법, 동명사, 부정사, 명사의 수, 주어–동사 수 일치, 현재분사와 과거분사 등을 묻는 문제가 주를 이룬다. 이런 문법 항목들은 영어를 외국어로 사용하는 한국인들이 취약한 부분으로, 어느 문법 시험에서든 절반 이상 출제되는 항목들이다. 문법 항목별로 자주 출제되는 문법 포인트와 틀린 문제를 간단히 정리해 두면 큰 도움이 된다.

Part 3과 Part 4는 비교적 긴 대화문이나 지문에서 문법적으로 틀리거나 어색한 문장을 고르는 형식이다. 특히 A, B의 대화문 중에서 어색한 표현을 찾는 형식은 기본적인 문법 실력뿐만 아니라 대화의 전체적 맥락을 이해해야 하기 때문에 집중력을 요한다. 평소 대화문을 따라 읽으면서 내용을 이해하고 풀어보는 연습이 필요하다. 또한 단순히 문법적 오류뿐만 아니라 적절히 못한 용법(usage)과 관련한 문제도 출제되기 때문에 어휘의 쓰임에 유의해서 나만의 어휘 표현 노트를 만들어 두면 큰 도움이 될 것이다.

2. 텝스 문법 시간 관리

텝스 문법 시간 관리표

	분배 시간	문항수
Part 1, 2	13분	40
Part 3	4분	5
Part 4	5분	5

텝스에서는 문법 50문항을 25분에 풀어야 한다. 한 문제당 30초이다. 하지만 실제로 문제를 풀어보면 시간이 턱없이 부족하다.

Part 3의 5문제는 청해 Part 2와 같은 유형의 긴 대화체로 구성이 되어 있어 예상보다 시간이 많이 걸린다. Part 3 문제를 풀다 보면 Part 4문제를 풀기 위한 시간은 많아야 1~2분 정도 밖에 없을 것이다. 밑줄도 없는 4문장으로 이루어진 글에서 틀린 곳을 찾아야 한다. 결과는 불 보듯 뻔하다. 그렇다면 답안지 작성에 소요되는 시간 약 3분을 제외하고 Part 1, 2의 40문제는 13분, Part 3의 5문제는 4분, Part 4의 5문제는 5분의 시간을 분배하여 문제를 풀어야 한다.

Part 3, 4의 문제 수는 Part 1, 2의 ¼밖에 안 된다. 그래서 몇몇 응시자들은 시간에 쫓겨 Part 3, 4를 제대로 풀지 못하고 찍고 어휘로 넘어간다. 응시자들은 단순히 몇 문제 찍었다고 생각할 수도 있지만 성적표를 보면 문법 영역의 점수가 생각했던 것보다 훨씬 낮을 것이다. 이유는 텝스의 IRT 채점 방식 때문이다. IRT 채점 방식에 따르면 각 문항마다 난이도에 따라 배점이 확률로 정해지므로 정답을 많이 맞추어도 점수가 낮을 수 있다. Part 3, 4는 Part 1, 2보다 난이도가 높게 책정되기 때문에 찍고 넘어가면 점수가 낮을 수 밖에 없다.

 기출 유형

Part 1, 2를 풀 때는 보기를 먼저 보면 어떤 문제인지 바로 알 수 있다. 하지만 Part 3, 4에는 이런 보기가 없다. 어떤 문제일지 알 수가 없다.

Part 1 TEPS 기출 유형

> A : Where did you watch the animal?
> B : I ___________ it at the zoo.

(a) have seen
(b) had seen
(c) saw
(d) was seeing

해석 A : 어디서 그 동물 봤어?
B : 동물원에서 봤어.

위 Part 1 기출 유형 문제를 풀 때 보기를 먼저 보면 문제에서 원하는 지식이 동사의 시제라는 것을 바로 알 수 있다. 힌트는 A의 말에 있다. did를 통해 A가 단순 과거로 묻고 있음을 알 수 있다. (a)는 현재 완료 (b)는 과거 완료이다. 현재든 과거든 완료는 시점이 아니라 기간을 나타내기 때문에 답이 아니다. (d) 역시 과거 진행형으로 과거 시점이긴 하지만 진행 의미가 있기 때문에 옳지 않다. 단순 과거로 물으면 단순 과거로 답한다. 그러므로 답은 (c)이다.

Part 2 TEPS 기출 유형

> Tim Smith is a very talented writer, _________ he is not famous to foreigners yet .

(a) and
(b) for
(c) but
(d) so

해석 팀 스미스는 매우 재능 있는 작가이지만 외국인들에게는 아직 유명하지 않다.

위 Part 2 기출 유형 문제를 풀 때도 보기를 먼저 보면 이 문제가 접속사 문제라는 것을 바로 알 수 있다. 접속사 문제는 문장을 해석해서 앞뒤 내용이 어떻게 연결되는지 논리적으로 생각하면 쉽게 풀 수 있다. 일반적으로 뛰어난 재능으로 유명한 사람이 많으므로 문맥상 (c)가 보기 중 가장 적절하다.

위에서 보듯이 Part 1, 2는 보기를 먼저 보면 무엇을 묻는 문제인지 미리 알 수 있어 비교적 빠른 속도로 풀 수 있다. 그러나 Part 3, 4는 다르다.

(a) A: How was your mid-term exam?
(b) B: Fortunately I got a higher score than I had expected.
(c) A: I am really happy to hear that.
(d) B: Thank you very much.

해석 A: 중간고사 어땠니?
B: 다행히 예상했던 것보다 더 높은 점수가 나왔어요.
A: 정말 잘됐구나.
B: 고마워요.

Part 4 TEPS 기출 유형

(a) The research team at the Harvard University analyzed the results of almost 400,000 games played since 1888. (b) They said that the likelihood of an "upset" in a game was a good measure of its excitement. (c) An upset is a game in which the weaker team beats the stronger team. (d) They found soccer matches produced more upsets

해석 (a) 하버드 대학 연구진은 1888년 이후로 있었던 400,000개에 달하는 경기의 결과를 분석했다. (b) 한 경기에서 '예상 밖의 승리'의 가능성은 그 게임의 흥미의 좋은 척도라고 분석했다. (c) 예상 밖의 승리란 약한 팀이 강한 팀을 이기는 경기를 말한다. (d) 연구진들은 축구 경기에서 이 예상 밖의 승리가 가장 많다는 것을 발견했다.

위 Part 3, 4 기출 유형 문제에는 무엇을 묻는 문제인지 알 수 있는 보기가 전혀 없다. 밑줄 친 부분이 없고 빈칸도 없어 막막하다. 이런 문제를 풀기 위해서는 처음부터 끝까지 자세히 여러 번 읽고 어법상 틀린 부분이나 어색한 것을 찾아야 한다. 이것이 정석이다. 하지만 이렇게 문제를 풀면 시간이 많이 걸릴 수밖에 없다. 다 읽고 나서도 틀린 부분을 찾지 못한 경우 다시 처음으로 돌아가 여러 번 반복해서 읽어야 하고 촉박한 시간에 쫓기다 보면 문제를 제대로 풀 수가 없다.

시간을 절약하고 정답을 맞출 수 있는 가장 확실한 방법은 어떤 부분이 문제로 나올지 예상하고 푸는 것이다. Part 3, 4에서 자주 나오는 문법 카테고리(동사의 수, 접속사 등)를 알아 보기 위해 지난 TEPS 시험 30회분의 기출문제를 분석해 보았다. 이를 바탕으로 텝스 주요 문법의 핵심을 정리하고 숙지하여야 문법에서 고득점을 얻을 수 있다. 기출문제 분석과 텝스 주요 문법 정리를 확인한 후에 위 문제를 다시 풀어 보자.

 **텝스 30회**
Part 3 , 4 기출문제 완전 분석!

1. 문법 영역별 기출 빈도

Part 3, 4를 다 맞을 수 있는 응시자라면 텝스 문법 점수는 거의 100점에 가까울 것이다. 즉 Part 3, 4가 텝스 문법 고득점의 걸림돌이 되고 있는데, 이 파트를 해결하다 보면 Part 1, 2는 덤으로 좋은 점수를 얻을 수 있다. 텝스 문법에서 Part 3, 4에 자주 나오는 문법은 정해져 있다. 아래 <표1>은 TEPS 시험 30회분에 걸친 문법 Part 3, 4 기출문제를 문법 영역별로 분류한 것이다.

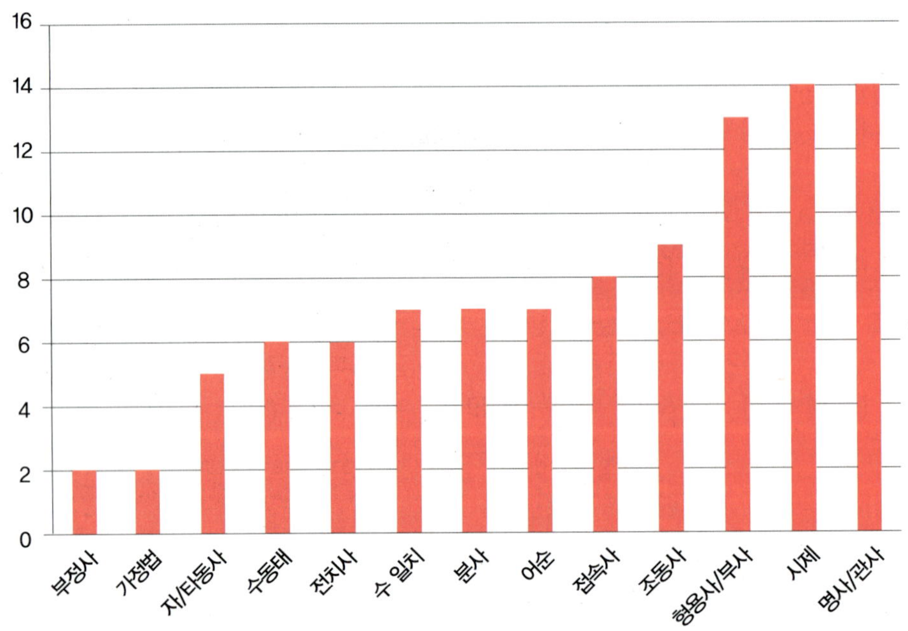

〈표1〉 문법 영역별 기출 빈도 (%)

위 <표1>에서 동사와 관련이 있는 영역(시제, 수 일치, 수동태, 자동사/타동사, 가정법, 조동사)를 모두 합하면 전체의 43%에 달하며, 여기에 준동사(부정사, 동명사, 분사)까지 포함하면 동사가 전체 문법 기출 문제의 52%를 차지한다. 동사를 정복하자!

상

〈표2〉 문법 영역별 기출 빈도 (%)

Part 3, 4 문제를 풀 때는 단순히 읽고 해석하는 독해식 풀이법으로는 고득점을 받기가 힘들다. 비법은 문제가 될 수 있는 것을 미리 알고 기다리는 것이다. 산토끼를 잡을 때는 토끼가 다니는 길에 덫을 설치하고 산토끼가 잡히도록 기다린다. 문제화될 수 있는 부분을 미리 알고 그 부분을 중심으로 어법상 잘못된 부분이 있는지 확인해 보자.

2. 전략

첫째, 동사에 집중하되 동사의 수 일치(수), 시제(시), 수동태(태), 자/타동사, 가정법(법), 조동사(조)의 구분을 기억하고 문제를 풀어라. 위 <표2>에서 보듯이 동사만 집중적으로 보더라도 문제의 50%는 풀 수 있다.

둘째, 접속사(관계사 포함)문제를 풀 때는 동사의 개수에 따라 달라지는 접속사의 개수, 그리고 선행사와 접속사(관계사)다음에 나오는 문장의 완전성 여부를 확인하라.

셋째, 준동사에서는 주로 분사구문 문제가 나온다. 분사 문제를 풀 때는 능동인지 수동인지 파악하기 위해 의미상의 주어를 찾으라.

넷째, 어순에서는 부정어 도치와 there + be동사 도치를 중점적으로 보라.

다섯째, 형용사와 부사에서는 형용사는 보어를 쓰지만 부사는 보어를 쓰일 수 없다는 규칙과 비교구문을 숙지하고 있어라.

마지막으로, 앞에서 언급한 부분이 이상이 없으면 명사/관사 문제이다. 명사가 셀 수 있는 것인지 아닌지를 확인하라.

다시 정리해 보자. 이것은 꼭 외우자!

Part 3, 4를 풀 때는 동사(수, 시, 태, 자, 법, 조), 접속사(관계사 포함), 준동사(to부정사, 동명사, 특히 분사구문), 어순, 형용사/부사, 명/관사 등의 문법 카테고리를 하나씩 확인해 보자.

 **Part 3 ,4 고득점 비법!**

1. 동사

(1) 동사의 수 일치

> In a study done by the World Health Organization in 2000, researchers announced that about 50% of marriages in Korea is still arranged.

해석 2000년 세계 보건 기구(WHO)가 실시한 보고서에서 연구자들은 한국의 결혼의 약 50%는 여전히 중매로 이루어진다고 발표했다.

이 문장에서 동사는 주절의 announced와 that절의 is arranged이다. is arranged의 주어는 about 50% of marriages 즉 '결혼의 50%'는 의미상 복수라는 것을 알 수 있고, 따라서 is arranged는 are arranged가 되어야 한다. '부분을 나타내는 말(분수, most, half, the rest) + of + 복수명사'가 절의 주어일 때는 동사의 복수형을 쓰고, '부분을 나타내는 말(분수, most, half, the rest) + of + 단수명사'가 나올 때는 동사의 단수형을 쓴다는 것을 잊지 말자. 아래 예문을 참고하라.

- Half of the apple is rotten.
- Half of the apples are rotten.
- The rest of the money is in my purse.
- The rest of the boys were absent.

기출문제 응용

> (a) When making an error, people tend to repeat it. (b) The same thing is repeated whenever we attempt to solve a problem. (c) The reason why we make the same error many times is that associations form between the ideas in the chain of thoughts and become firmer whenever they are used. (d) Thus, if we adopt an unprofitable line of thought, it is harder to adopt a profitable line.

해석 (a) 실수를 할 때 사람들은 그 실수를 반복을 하는 경향이 있다. (b) 문제를 해결하려고 할 때에도 매번 똑같은 것이 반복된다. (c) 똑같은 실수를 여러 번 하는 이유는 사고의 연속에서 생각 사이에 연상 작용이 일어나고 그 생각이 사용될 때 이 연상 작용은 더 굳어진다. (d) 그러므로 만약 우리가 유익하지 않은 일련의 생각들을 가지고 있으면 유익한 생각을 하기가 어렵다.

주어 – 동사의 수 일치를 묻는 문제로 (c)가 답이다. (c)에서 be동사의 주어는 the reason이다. 주어와 동사 사이의 긴 수식어구(we make the same error many times)가 있을 때 특히 주의해야 한다. be동사 앞의 many times가 복수이기 때문에 are가 자연스러워 보이지만, be동사의 주어는 the reason이므로 are는 is로 바꾸어야 한다.

(2) 동사의 시제

시제에서는 기본 개념을 이해하라. TEPS 시험에 가장 많이 나오는 시제 유형은 현재완료이다. 현재완료는 기간을 나타내는 개념으로, 자주 함께 쓰이는 단어는 for(~동안), since(~이후로), recently(최근), so far(지금까지), over the last 5 years(지난 5년에 걸쳐) 등이다.

- He has known Mary for ten years.

현재완료를 과거 시제와 혼동하지 않도록 유의하라. 우리말로 해석하면 현재완료와 과거 시제가 비슷해 보이지만 과거 시제는 과거의 특정 시점을 나타내므로 then, that time, yesterday, last night, ago, just now, in + 과거 년도, when 등과 함께 쓰인다. 하지만 현재완료는 이 어휘들과 함께 쓰지 않는다.

- I bought this book yesterday. (O)
- I have bought this book yesterday. (X)
- When did you meet her? (O)
- When have you met her? (X)

하지만 과거의 시점을 나타내는 단어들이라도 since와 함께 쓰면 현재완료가 가능하다.

기출문제 응용

> (a) A: I think you've never tried this tasty food. Do you feel like trying this?
> (b) B: Yes, absolutely. I think I can eat a horse.
> (c) A: Did you skip your lunch?
> (d) B: Yes, I did. Actually, I haven't eaten anything last night.

해석 A: 너 이 맛있는 음식 한 번도 안 먹어 본 것 같은데. 한번 먹어볼래?
B: 응, 당연하지. 엄청 먹을 수 있을 것 같아.
A: 점심 안 먹었니?
B: 응, 안 먹었어. 사실 어제 밤부터 아무것도 못 먹었어.

(d)의 haven't eaten은 현재완료로서, 뒤의 last night과 시제상 어울리지 않는다. 어제 밤 이후로 아무것도 못 먹었다는 내용이 올 수 있으므로, last night 앞에 since를 넣으면 된다.

(3) 동사의 태(수동태)

우선 문장에서 주어와 동사를 찾아서 둘의 관계가 능동인지 수동인지를 파악해야 한다. 문장에서 be + pp 형태가 보이면 일단은 수동태가 아닐 수 있다고 생각하고 주어와 동사의 관계를 파악하라. 그리고 주어를 찾아서 '(주어가) ~하는지, 당하는지'를 확인하라.

두 번째 전략은 동사가 타동사인 경우에 pp 뒤에 목적어가 있는가, 없는가이다. pp 뒤에 목적어가 있으면 수동태가 아니라 능동태이다. 다시 말해서 'be + pp(타동사) + 목적어' 형태는 어법에 맞지 않다. 단, 예외가 있는데 목적어가 2개인 4형식 동사인 경우에는 'be + pp(타동사) + 목적어'가 가능하니 동사의 성질에 유의하자.

- I was given a book.
- Tom was asked a question in class today.

기출문제 응용

(a) All the vehicles like trucks and cars in London were too heavy for the bridge, so it started to sink into the Thames river. (b) London city officials asked some great constructors to build a new bridge, but all of them said they couldn't. A few months later a businessman came to the city officials and said he wanted to buy the old bridge and move it to Arizona. (c) His workers disassembled the bridge in 1968, numbering the bricks, and sent them to Los Angeles. (d) From there the bricks took to Arizona and were reassembled by workers in the Arizona desert.

해석 (a) 런던의 트럭, 자동차와 같은 모든 차량들은 런던 브릿지에 너무 무거워서 다리가 템스 강으로 가라앉기 시작했다. (b) 런던 시 공무원들은 뛰어난 건설업자들에게 새로운 다리를 건설해 달라고 요청했지만 그들은 모두 할 수 없다고 했다. 몇 달 후 한 사업가가 시 공무원들에게 와서 그 오래된 다리를 사서 애리조나로 옮기고 싶다고 말했다. (c) 그의 일꾼은 1968년에 다리를 분해해서 LA로 보냈다. (d) 거기에서 다리 벽돌이 애리조나로 보내졌고 애리조나 사막에서 일꾼들에 의해 재조립되었다.

(d)에서 동사 took와 were reassemble의 주어는 the bricks이다. 내용상 벽돌은 옮겨진 것이지 무엇을 옮길 수는 없다. 또한 take는 타동사로 뒤에 목적어가 와야 하지만 목적어는 없고 전치사구 to Arizona가 온다. 뒤의 were reassembled처럼 수동태로 were taken이 되어야 한다.

(4) 자동사와 타동사

자동사는 목적어가 필요 없는 동사이고 타동사는 목적어가 필요한 동사이다. 목적어의 필요 여부는 문장을 해석하면 바로 알 수 있다. '을/를 ~하다'라고 해석이 되면 목적어가 필요한 것이다. 하지만 텝스 문법은 이렇게 단순하지 않다. 우리말로는 '을/를 ~하다'라고 해석되는데 목적어를 바로 취하지 않는 동사가 있고, 반대로 우리말로는 '을/를 ~하다'라고 해석되지 않는데 바로 목적어를 취하는 동사가 있다. 텝스는 한국인의 취약한 부분을 중점적으로 다루는 시험이기 때문에 한국어와 쓰임이 다른 자동사/타동사가 문제에 많이 나온다.

① 자동사처럼 해석되는 타동사 (동사 + 목적어)

marry(~와 결혼하다), attend(~에 참석하다, ~에 다니다), enter(~에 입학하다, ~에 들어가다)
discuss(~에 대해 논의하다), reach(~에 도달하다), resemble(~와 닮다)
mention(~에 대해 언급하다), approach(~에 접근하다) 등

- Sam entered into the State University of New York in 2004.
  샘은 2004년 뉴욕주립대학에 입학했다.

② 타동사처럼 해석되는 자동사 (동사 + 전치사 + 목적어)

graduate from(~을 졸업하다), interfere with(~을 방해하다), complain about(~을 불평하다)
belong to(~에 속하다), listen to(~을 듣다), apologize to(~에 사과하다) 등

- Tablo graduated from Stanford University.
  타블로는 스탠포드 대학을 졸업했다.

기출문제 응용

(a) She returned to her hometown after traveling in America for five years to attend in college in the 1920s. (b) Soon after she arrived there, she decided to settle down there. (c) She changed her name, went to L.A., and worked in the film industry. (d) In 1943, she published her famous book, *The Fountainhead*, which sold more than six million copies.

해석 (a) 그녀는 1920년대에 대학에 다니기 위해 5년 만에 미국에서 고향으로 돌아왔다. (b) 그곳에 도착한 직후 그녀는 정착하기로 결심했다. (c) 이름을 바꾸고, LA로 가서 영화 산업 분야에서 일했다. (d) 1943년에 그녀는 〈The Fountainhead〉라는 유명한 책을 출간했고, 그 책은 600만 부 이상 팔렸다.

(a)의 attend는 '~에 참석하다, ~에 다니다'라고 해석되며 목적어를 취하는 타동사로 전치사가 필요 없다. 따라서 뒤의 in을 없애야 한다.

(5) 조동사

조동사의 기본 의미를 파악하라.

- must be '~ 임에 틀림없다' : 현재의 확실한 추측
- cannot be '~ 일 리가 없다' : 현재의 부정적 추측
- may be '~ 일지도 모른다' : 현재의 막연한 추측

조동사 + have + pp 구문을 숙지하라.

- must have + pp '~ 였음에 틀림없다' : 과거의 확실한 추측
- cannot have + pp '~ 였을 리가 없다' : 과거의 부정적 추측
- might have + pp '~ 였을지도 모른다' : 과거의 막연한 추측
- should have + pp '~ 했어야 했는데' : 과거의 대한 유감, 후회, 비난
- needn't have+ pp '~ 할 필요가 없었는데' : 과거의 불필요한 행위
- could have + pp '~ 할 수 있었는데' : 과거에 후회, 유감, 기대

위 표현들 중 텝스 문법 시험에 가장 자주 나오는 부분은 must have pp와 should have pp를 구별하는 문제이다. must have pp에서 must는 '~해야 한다'는 의무의 의미는 없고, '~였음에 틀림없다'라는 강한 추측의 의미만 있다. '~했어야 했는데'라는 의미일 때는 should have pp를 써야 한다. 위 표현들의 일부는 가정법과 연관이 많기 때문에 꼭 암기한다.

기출문제 응용

(a) A: Sam. What did you do last night?

(b) B: I watched a movie with my friends. It was awesome. You must have watched it with me.

(c) A: Why didn't you call me?

(d) B: Actually, I kept calling you. But you didn't answer it.

해석 A: 샘. 어제 밤에 뭐 했니?
B: 친구랑 영화 봤는데 정말 멋졌어. 너도 나랑 그 영화 봤어야 했는데.
A: 왜 전화 안 했어?
B: 사실 너한테 전화 계속했는데 전화를 안 받더라.

대화 내용상 (b)에서 '너도 나랑 봤어야 했는데'라는 과거의 일에 대한 유감을 표하는 should have pp를 써서 should have watched로 고쳐야 한다.

(6) 가정법

가정법의 형태를 모르고 가정법이 어렵다고 얘기하지 마라! 구구단 외우듯 가정법의 기본 형태를 외우면 가정법은 곱셈처럼 쉬워질 것이다.

가정법 과거: 현재에 반대되는 사실을 말할 때
If + 주어 + 동사의 과거 ~, 주어 + 조동사의 과거(would, could, should, might) + 동사원형
　　　　　　　　were(was를 쓰기도 하지만 시험에서는 were를 쓴다.)

- If I had enough money, I could buy the camera.

가정법 과거완료: 과거에 반대되는 사실을 말할 때
If +주어 + had pp ~, 주어 + 조동사의 과거(would, could, should, might) + have pp

- If I had known it, I could have told it to you.

가정법 미래
If + 주어 + should ~, 주어 + 조동사의 과거(would, could, should, might) + 동사원형
If + 주어 + were to ~, 주어 + 조동사의 현재/과거(will, can, would, could 등) + 동사원형

- If it should rain tomorrow, I would go on a picnic with my son.

*if의 생략: 가정법에서 if가 생략되면 주어 – 동사가 도치가 된다.

- If I were a bird, ~ → Were I a bird, ~
- If I had known it, ~ → Had I known it, ~
- If it should rain tomorrow, ~ → Should it rain tomorrow, ~

기출문제 응용

(a) A: Have you heard of the fire in New York?

(b) B: No, I haven't. Please tell me about it.

(c)A: In short, if one of the residents had just taken emergency measures a little bit quickly, there wouldn't be so heavy casualties at that time.

(d) B: You mean there were a lot of casualties. I am sorry to hear that.

해석 A: 뉴욕에서 일어난 화재 얘기 들었니?

B: 아니, 못 들었는데. 말해줘.

A: 간단히 말하면, 거주자들 중 한 명이라도 조금 더 빨리 응급 처치를 했더라면, 당시 그렇게 많은 사상자들은 없었을 거야.

B: 사상자가 많았다는 말이구나. 정말 유감이다.

대화 내용상 그 화재가 과거에 일어난 일임을 알 수 있다. (c)에서 A는 과거의 사건에 대한 가정을 말하고 있고 문장 맨 마지막에 at that time까지 있어 분명한 과거를 보여 주기 때문에 과거완료를 써야 한다. 따라서 (c)의 be를 have been으로 고쳐야 한다.

2. 접속사(관계대명사 포함)

접속사(관계사 포함)의 앞뒤를 확인하라. 접속사 앞에 선행사가 필요한지, 다음에 오는 문장이 완전한지 여부를 확인하라. 아래 표를 암기하고 관련 문제가 나오면 즉시 대입해 보라.

선행사 여부	+	접속사(관계사) 종류	+	문장의 완전성 여부
필요		관계대명사(what 제외)		불완전
불필요		관계대명사 what		불완전
불필요		접속사 that		완전
상관없음		관계부사		완전
상관없음		전치사+관계대명사		완전
필요		복합관계대명사		불완전
상관없음		복합관계부사		완전

기출문제 응용

(a) Paul Samuelson, the first American Nobel prize winner in economics, once said: Economics has never been a science. (b) George Meany as President of the American Federation of Labor from 1952 to 1955, said what economics is the only profession in which you can attain fame without ever being right about your prediction. (c) The jokes about economists like these are countless, and I think they are not just jokes. (d) They reflect the reality so well.

 (a) 미국에서 첫 노벨 경제학상을 수상한 폴 새뮤얼슨이 한때 말했다. '경제학은 결코 과학이 아니었고 지금도 아니다.' (b) 미국 노동자 연맹 대표였던 조지 미니는 '경제학이란 당신의 예측이 맞은 적이 결코 없어도 명예를 얻을 수 있는 유일한 분야다'라고 말했다. (c) 이와 같은 경제학자들에 대한 농담은 셀 수 없이 많다. (d) 이런 농담은 현실을 너무도 잘 반영한다.

(b)에서 관계사 what이 아닌 접속사 that을 써야 한다. What 앞에 선행사가 없는 것은 맞다. 하지만 관계대명사 what 다음의 문장은 불완전해야 하는데 economics is the only profession은 2형식의 완전한 문장이다. 선행사가 없고 뒤 문장이 완전한 경우 접속사 that을 써야 한다. (a)의 관계대명사 who는 사람을 가리키는 선행사가 있고 뒤 문장도 불완전하다. (b)의 in which도 옳다. 전치사 + 관계사로, 앞에 선행사가 있고 뒤 문장이 완전하다.

3. 분사구문

분사구문 문제는 분사가 현재분사인지 과거분사인지를 묻는 문제이다. 다음 3가지 유형이 나올 수 있는데, 분사구문이 문장의 머리에 오는 경우가 가장 흔하다. 분사구문의 의미상 주어는 주절의 주어이다. 그러나 마지막의 S + 분사구문, S + V의 경우는 독립분사구문이라고 하여 주절의 주어와 분사구문의 의미상 주어가 다르다는 것에 유의한다.

분사구문, S + V

• Watching the game, James ate his dinner without even tasting it.

S + V, 분사구문

• The doctor called Lisa, demanding that she make a choice.

S + 분사구문 + V

• Most of the people invited to her birthday party didn't turn up.

기출문제 응용

(a) A: Hey, Lee. Look at that ancient building. Seeing from a distance, it looks like a prince's castle.
(b) B: It's very beautiful. But that's not a prince's castle.
(c) A: If so, whose castle is that?
(d) B: I live in that castle. That's my house.

 A: 리. 저 고대 건물 좀 봐. 멀리서 보면 왕자의 궁전처럼 보여.
B: 정말 아름답지. 그런데 저건 왕자의 궁전이 아니야.
A: 그러면 누구의 궁전이야?
B: 내가 저 궁전에 살아. 저건 우리 집이야.

(b)의 Seeing from a distance, it looks like a prince's castle은 분사구문, S + V 구조로 의미상의 주어는 주절의 it이다. 그런데 고대 건물은 뭔가를 볼 수 없다. 고대 건물은 먼 거리로부터 보이는 것이다. 따라서 현재분사 Seeing은 수동의 의미인 과거분사 Seen으로 바뀌어야 한다.

4. 어순

부정어(hardly, scarcely, seldom, barely, rarely, never 등)가 나오면 S+V 순서를 확인하라.
부정어 + V + S or 부정어 + do/does/did + 동사 원형

- I little dreamed that he would fail.
→ Little did I dream that he would fail.

간접의문문이 나오면 S+V 순서 확인하라.

- Do you know? + Where does he live?
→ Do you know where he lives?

know의 목적절로 온 종속절의 어순이 〈의문사 + S + V〉임에 유의하라. 하지만 위 문장에서 know가
아닌 think, believe, guess, imagine 등이 오면 의문시기 문장 맨 앞으로 온다.

- Where do you think he lives?

so와 such에 관한 어순 또한 심심찮게 나온다. 공식처럼 외워두자.
such(rather, quite, what) + 관사 + 형용사 + 명사
so(as, too) + 형용사 + 관사 + 명사

기출문제 응용

(a) A: I can't believe Tom did that. That doesn't really seem like him at all.

(b) B: You would be shocked to know how often has he done this to me until now.

(c) A: If it is true, why do you get along with him?

(d) B: That's my problem. I will try to change the relationship.

해석 A: 톰이 그랬다니 믿을 수 없어, 전혀 톰 같지 않은걸.
　　　 B: 걔가 지금까지 얼마나 자주 그랬는지 알면 넌 충격 받을 거야.
　　　 A: 그게 사실이라면 너는 왜 톰이랑 어울리는 거야?
　　　 B: 그게 문제야. 관계를 바꿔 봐야겠어.

(b)에서 how often... 은 know의 목적절로, 의문사 + S + V의 어순이 되어야 한다. 따라서 how often
has he가 아닌 how often he has로 바꾸어야 한다.

7. 형용사와 부사

형용사와 부사의 차이를 알자. 형용사는 보어가 될 수 있지만 부사는 보어가 될 수 없다.

• You look happily. (X)

look은 2형식 동사로 주어를 설명해 줄 보어가 필요하다. 부사 happily를 happy로 고쳐야 한다.

• I found it easily to complete a bachelor's course for 4 years. (X)

위 문장은 5형식으로 주어 + find + 목적어 + 목적격 보어의 형식을 취한다. 따라서 부사 easily를 형용사 easy로 바꾸어야 한다. 참고로 목적어 it은 가목적어로, 덩어리가 커서 뒤로 이동한 to complete ~의 자리를 채워주는 역할을 한다. 참고로 5형식에서 가목적어 it과 자주 쓰이는 동사로는 make, find, think, believe 등이 있다.

비교에서는 아래 3가지 기본 형태를 알고 주요 표현을 숙지하자.

    원급 비교: as + 형용사/부사의 원급 + as

    비교급 비교: 비교급 + than

    최상급 비교: the 최상급 + 범위

    *시험에 자주 나오는 예외적인 표현들

  1) 비교급에는 보통 the가 붙지 않지만 예외적인 표현이 있다.

    the 비교급 ~ , the 비교급(~할수록, ~하다)

    • The more, the better.

    of the two가 뒤에 올 때

    • He is the taller of the two.

  2) 비교급에는 보통 than을 쓰지만 to를 쓰는 경우가 있다. (대부분 -or로 끝나는 형용사)

    superior to(~보다 우수한), inferior to(~보다 열등한)

    senior to(~보다 나이 많은), junior to(~보다 어린)

    • This product is superior to that in quality.

기출문제 응용

(a) If you look at the Declaration of Independence, you will find it possibly to identify each name of the signers easily. (b) Once in US history people wrote legibly and were obviously proud of their names. (c) But now wherever you go, you can see many illegible scribbles. (d) That is why space is provided to print your name on most documents so that it can be more easily read.

해석 (a) 당신이 독립 선언서를 본다면 서명자 각각의 이름을 쉽게 확인하는 것이 가능하다는 것을 알게 될 것이다. (b) 미국 역사에서 한때 사람들은 알아보기 쉽게 글을 썼고 분명히 자신의 이름을 자랑스러워했다. (c) 하지만 이제는 어디를 가든지 읽기 어려운 휘갈겨 쓴 글씨가 많다. (d) 그래서 대부분의 서류에는 이름을 쉽게 확인할 수 있도록 정자로 쓰는 공간이 마련되어 있다.

부사는 보어 역할을 할 수 없으므로, (a)에서 부사 possibly를 형용사 possible로 바꾸어 5형식 문장에 맞추어야 한다.

6. 명사와 관사

앞에서 언급한 모든 문법 사항을 확인한 후 틀린 것이 없을 때에는 명사와 관사를 꼼꼼히 살펴보라.
셀 수 있는 명사는 셀 수 있다는 표시를 해야 한다. 영어 단어 desk는 있지만 영어 문장에서 I have desk라고 쓸 수는 없다. 문장 내에서 desk는 부정관사, 정관사, 소유격, 부정 대명사 등과 함께 쓰든지 아니면 복수로 써야 한다.

- I have a desk. (부정관사)
- I have the desk. (정관사)
- I have some desk. (부정대명사)
- I have desks. (복수)
- I have your desk. (소유격)

셀 수 없는 명사는 부정관사(a, an)와 함께 쓸 수 없고 복수형으로도 불가능하다. 정관사 the, 소유격, some, any 등과 함께 쓸 수 있다. 특히 텝스 시험에 자주 나오는 셀 수 없는 명사를 잘 기억해 두자.
furniture, information, jewelry, equipment, advice, luggage, baggage

- The man is traveling without luggage.
- The house is bereft of any furniture.
- Do you have the information I need?

단수와 복수의 형태가 같은 명사
series, species, sheep, deer 등은 단수와 복수의 형태가 같으므로 특히 주어일 경우 동사와의 수 일치에 유의한다.

- This series contains all the important works.

기출문제 응용

(a) It is said that each society wants heroes, and each society has them. (b) Some heroes shine in calamity, performing amazing deeds in difficult situations; (c) others do their work without being noticed, but make a big difference in the our lives. (d) No matter what their type is, heroes are the selfless who perform extraordinary acts.

해석 (a) 각 사회는 영웅을 원하고 영웅을 가지고 있다고 한다. (b) 몇몇 영웅들은 재난의 순간에 빛을 발하고 어려운 상황들 속에서 놀라운 일을 수행한다. (c) 반면 다른 영웅들은 남들이 모르게 자신의 일을 하지만 우리의 삶에 큰 차이를 만든다. (d) 어떤 유형이든지 영웅은 대단한 행동을 하는 사심 없는 사람들이다.

(b)의 situation은 '상황, 위치'의 뜻을 가진 셀 수 있는 명사이기 때문에 관사, 부정 대명사, 소유격, 복수형 등과 함께 써야 한다. any difficult situation, a difficult situation도 문법상으로 문제는 없지만 의미상 '어려운 상황들 속에서 놀라운 일들'이 가장 자연스러우므로 복수 situations으로 바꾸는 것이 가장 적절하다.

 **비법대로
풀어보자!**

우리는 지금까지 텝스 문법 Part 3, 4에 자주 나오는 문법을 영역별로 정리했다. 표로 정리하면 다음과 같다.

동사	동사 외
동사의 수(단수/ 복수)	접속사(관계사 포함)
동사의 시제	준동사(to부정사, 동명사, 특히 분사구문)
동사의 태(수동/ 능동)	어순
자동사/ 타동사	형용사/ 부사
가정법	명사/ 관사
조동사	

이제 Page 10 기출 유형에서 보았던 Part 3, 4 문제를 비법대로 다시 풀어보자!

Part 3 TEPS 기출 유형

(a) A: How was your mid-term exam?

(b) B: Fortunately I got a higher score than I expected.

(c) A: I am really happy to hear that.

(d) B: Thank you very much.

해석　A: 중간고사 어땠니?

　　　 B: 다행히 예상했던 것보다 더 높은 점수가 나왔어요.

　　　 A: 정말 잘됐구나.

　　　 B: 고마워요.

(a)에는 특별히 시험에 나올 만한 것은 없다. (b)에서는 비교급 higher가 보인다. 뒤에 **than**이 제대로 있는지 확인한다. 이 문장에서는 동사가 2개 보인다. 수 일치, 시제, 태를 확인하자. 수 일치는 문제가 없지만 시제에는 문제가 있다. B의 시점은 과거(got)다. 그리고 B가 기대한 것은 이보다 더 이전이다. 그렇다면 과거보다 더 과거인 과거 완료를 써야 하므로 **had expected**로 고쳐야 한다. (c)의 to부정사는 가끔 to를 없애고 문제로 나오는 경우가 있다. hear는 동사이므로 am과 함께 한 문장에 연결어 없이 동사가 2개가 되어 비문이 된다는 것을 알아야 한다.

> (a) The research team at the Harvard University analyzed the results of almost 400,000 games played since 1888. (b) They said that the likelihood of an "upset" in a game was a good measure of its excitement. (c) An upset is a game which the weaker team beats the stronger team. (d) They found soccer matches produced more upsets.

해석 (a) 하버드 대학 연구진은 1888년 이후로 있었던 400,000개에 달하는 경기의 결과를 분석했다. (b) 한 경기에서 '예상 밖의 승리'의 가능성은 그 게임의 흥미의 좋은 척도라고 분석했다. (c) 예상 밖의 승리란 약한 팀이 강한 팀을 이기는 경기를 말한다. (d) 연구진들은 축구 경기에서 이 예상 밖의 승리가 가장 많다는 것을 발견했다.

주요 문법 카테고리를 하나씩 적용하며 풀어보자. (a)에서 주어는 The research team, 동사는 analyzed이다. played는 앞의 games를 꾸며주는 과거분사이다. 게임은 행해지기 때문에 과거분사를 쓴 것이다. (b)에서는 우선 동사 said와 was를 확인하자. 시제와 태는 이상이 없고 was의 주어는 단수 likelihood이기 때문에 수 일치도 이상이 없다. (c)에서는 which가 보인다. 관계대명사 which가 이끄는 절은 불완전해야 한다. 하지만 the weaker team beats the stronger team은 3형식의 완전한 문장이다. 선행사가 있고 관계사가 이끄는 절이 완전한 경우는 전치사 + 관계대명사 또는 관계부사이다. 의미상으로 보면 선행사 game은 어떤 일이 일어나는 장소라고 할 수 있다. 그래서 in which라고 하거나 where로 바꾸어야 한다. (d)에는 found와 produced 동사 2개가 있다. 한 문장에 동사가 2개 있을 때는 이를 연결해 주는 접속사나 관계사가 그 사이에 있는데 이 문장은 found 다음에 접속사 that이 생략되어 있다. 그리고 접속사 that 다음은 3형식의 완전한 문장이 왔다. 따라서 이 문제의 정답은 (c)이다.

위의 예에서 보는 바와 같이 텝스 문법 Part 3, 4를 풀 때는 동사(수, 시, 태, 자, 법, 조), 접속사(관계사 포함), 준동사(to부정사, 동명사, 특히 분사구문), 어순, 형용사/부사, 명사/관사의 순서로 확인하며 문제를 예상하고 풀자!

마지막으로 실전 시험 직전에 시간에 맞춰 최소한 모의시험을 3회 이상 풀어 보라. 실전 시험에서 잘 보면 된다고 생각하고 모의시험을 치르지 않는 응시자가 많다. 하지만 모의 시험에서 안 좋은 성적이 실전에서 더 잘 나올 가능성은 거의 없다. 텝스 성적이 안 나온다고 고민만 하지 말고 용기를 내서 실전 시험 전 최소 3회 정도의 모의시험을 풀어보자!

How to TEPS

청해
Practice Test

PRACTICE TEST 1

⇨ 정답 P2

Part IV **Questions 46—60**

You will now hear fifteen spoken monologues. For each item, you will hear a monologue and its corresponding question, both of which will be read twice. Then you will hear four options which will be read only once. Choose the option that best answers the question.

46.　(a)　(b)　(c)　(d)　　　　**54.**　(a)　(b)　(c)　(d)

47.　(a)　(b)　(c)　(d)　　　　**55.**　(a)　(b)　(c)　(d)

48.　(a)　(b)　(c)　(d)　　　　**56.**　(a)　(b)　(c)　(d)

49.　(a)　(b)　(c)　(d)　　　　**57.**　(a)　(b)　(c)　(d)

50.　(a)　(b)　(c)　(d)　　　　**58.**　(a)　(b)　(c)　(d)

51.　(a)　(b)　(c)　(d)　　　　**59.**　(a)　(b)　(c)　(d)

52.　(a)　(b)　(c)　(d)　　　　**60.**　(a)　(b)　(c)　(d)

53.　(a)　(b)　(c)　(d)

PRACTICE TEST 2

⇨ 정답 P8

Part IV **Questions 46—60**

You will now hear fifteen spoken monologues. For each item, you will hear a monologue and its corresponding question, both of which will be read twice. Then you will hear four options which will be read only once. Choose the option that best answers the question.

---

46. (a)   (b)   (c)   (d)   **54.** (a)   (b)   (c)   (d)

47. (a)   (b)   (c)   (d)   **55.** (a)   (b)   (c)   (d)

48. (a)   (b)   (c)   (d)   **56.** (a)   (b)   (c)   (d)

49. (a)   (b)   (c)   (d)   **57.** (a)   (b)   (c)   (d)

50. (a)   (b)   (c)   (d)   **58.** (a)   (b)   (c)   (d)

51. (a)   (b)   (c)   (d)   **59.** (a)   (b)   (c)   (d)

52. (a)   (b)   (c)   (d)   **60.** (a)   (b)   (c)   (d)

53. (a)   (b)   (c)   (d)

PRACTICE TEST 3

⇨ 정답 P14

Part IV   Questions 46—60

You will now hear fifteen spoken monologues. For each item, you will hear a monologue and its corresponding question, both of which will be read twice. Then you will hear four options which will be read only once. Choose the option that best answers the question.

46.	(a)	(b)	(c)	(d)	**54.**	(a)	(b)	(c)	(d)
47.	(a)	(b)	(c)	(d)	**55.**	(a)	(b)	(c)	(d)
48.	(a)	(b)	(c)	(d)	**56.**	(a)	(b)	(c)	(d)
49.	(a)	(b)	(c)	(d)	**57.**	(a)	(b)	(c)	(d)
50.	(a)	(b)	(c)	(d)	**58.**	(a)	(b)	(c)	(d)
51.	(a)	(b)	(c)	(d)	**59.**	(a)	(b)	(c)	(d)
52.	(a)	(b)	(c)	(d)	**60.**	(a)	(b)	(c)	(d)
53.	(a)	(b)	(c)	(d)					

PRACTICE TEST 4

⇨ 정답 P20

Part IV **Questions 46—60**

You will now hear fifteen spoken monologues. For each item, you will hear a monologue and its corresponding question, both of which will be read twice. Then you will hear four options which will be read only once. Choose the option that best answers the question.

---

46. (a) (b) (c) (d)   **54.** (a) (b) (c) (d)

47. (a) (b) (c) (d)   **55.** (a) (b) (c) (d)

48. (a) (b) (c) (d)   **56.** (a) (b) (c) (d)

49. (a) (b) (c) (d)   **57.** (a) (b) (c) (d)

50. (a) (b) (c) (d)   **58.** (a) (b) (c) (d)

51. (a) (b) (c) (d)   **59.** (a) (b) (c) (d)

52. (a) (b) (c) (d)   **60.** (a) (b) (c) (d)

53. (a) (b) (c) (d)

PRACTICE TEST 5

⇨ 정답 P26

Part IV **Questions 46—60**

You will now hear fifteen spoken monologues. For each item, you will hear a monologue and its corresponding question, both of which will be read twice. Then you will hear four options which will be read only once. Choose the option that best answers the question.

46.	(a)	(b)	(c)	(d)	**54.**	(a)	(b)	(c)	(d)
47.	(a)	(b)	(c)	(d)	**55.**	(a)	(b)	(c)	(d)
48.	(a)	(b)	(c)	(d)	**56.**	(a)	(b)	(c)	(d)
49.	(a)	(b)	(c)	(d)	**57.**	(a)	(b)	(c)	(d)
50.	(a)	(b)	(c)	(d)	**58.**	(a)	(b)	(c)	(d)
51.	(a)	(b)	(c)	(d)	**59.**	(a)	(b)	(c)	(d)
52.	(a)	(b)	(c)	(d)	**60.**	(a)	(b)	(c)	(d)
53.	(a)	(b)	(c)	(d)					

PRACTICE TEST 6

Part IV **Questions 46—60**

You will now hear fifteen spoken monologues. For each item, you will hear a monologue and its corresponding question, both of which will be read twice. Then you will hear four options which will be read only once. Choose the option that best answers the question.

46.	(a)	(b)	(c)	(d)		54.	(a)	(b)	(c)	(d)
47.	(a)	(b)	(c)	(d)		55.	(a)	(b)	(c)	(d)
48.	(a)	(b)	(c)	(d)		56.	(a)	(b)	(c)	(d)
49.	(a)	(b)	(c)	(d)		57.	(a)	(b)	(c)	(d)
50.	(a)	(b)	(c)	(d)		58.	(a)	(b)	(c)	(d)
51.	(a)	(b)	(c)	(d)		59.	(a)	(b)	(c)	(d)
52.	(a)	(b)	(c)	(d)		60.	(a)	(b)	(c)	(d)
53.	(a)	(b)	(c)	(d)						

Direction

Listen to the monologues and indicate True(T) or False(F) for each of the following statements.

1. (1) Urbanites are no longer able to use broadband. ______

(2) Some users were paying the cost tenfold. ______

2. (1) The motorcycle is too small for advanced riders. ______

(2) The color of the machine being advertised is mint. ______

3. (1) Capone didn't enter the notorious Five Points Gang without any prior gang experience. ______

(2) When there was an altercation at 'Harvard Inn,' Capone fought back bravely and suffered no injuries. ______

4. (1) In rescuing innumerable livelihoods, the government played a huge part. ______

(2) The three manufacturers went into insolvency. ______

5. (1) The whole construction of the mausoleum and garden took 21 years in total. ______

(2) The empress as well as the fourteenth child died in the end. ______

6. (1) It can be called a mixture only when two substances are blended. ______

(2) Pure substances consist of one matter solely. ______

7. (1) Adenovirus-36 is capable of causing a cold. ______

(2) Not only the cold, but also obesity among adults could be infectious. ______

⇒ 정답 P38

8. (1) HIV programs are extremely reliant on donations.

(2) The number of HIV-positive people has escalated in a year.

9. (1) Ezone has made few updates recently for buyers and sellers.

(2) Businesses get their rating upgraded by simply showing records of parcel arrivals.

10. (1) This talk is an advertisement promoting a certain cleaning product.

(2) Young kids can easily cope with asthma.

11. (1) Hold up becomes an issue when the company tries to make small investments.

(2) A business which owns the key resource causes problems if it calls for an excessive price.

12. (1) The study divided its subjects into two groups and made them gamble by flipping a coin.

(2) 'Group B' didn't hesitate to bear risks and won lots of money.

13. (1) This charity drive is held twice a year.

(2) Collected items are not for sale, instead they are sent to impoverished families.

14. (1) The best way to keep fish fresh is to make them keep on moving around.

(2) A school of fish simply carried in tanks onboard fishing vessels were a success in taste and freshness.

15. (1) It is assumable that the mayor is obstinate and behaves as he pleases.

(2) This talk is dealing with smoking outside, not inside.

16. (1) Campaigners for civil rights empathized with one of Bob Dylan's songs.

    (2) The singer's musical inclination is political and social at the same time.

17. (1) You are able to detach and attach crystal chimneys back anytime you want.

    (2) The advertised item was hand-made from beginning to end.

18. (1) 'The Last Airbender' was also released in cartoon film.

    (2) The movie features absurd computer graphics.

19. (1) Revisions in the rules of chess are still being made up to this day.

    (2) Chess played online can be regarded as a sort of gambling.

20. (1) The homeless in the past and present share almost nothing in common.

    (2) Cities are endeavoring to generously provide the homeless with shelters and food.

21. (1) The author of the book insists the more stuff you buy, the more happy you become.

    (2) Lindman's idea was never brought up by anyone before him.

22. (1) Being fat can lead to various lethal illnesses.

    (2) People residing in the countryside are healthier than city dwellers.

23. (1) Complimentary lunch is provided for participants of the meeting.

    (2) A door prize is a prize winning the finest door.

24. (1) This program announcement is for individuals who want to sell any of their used items.

(2) Shitoba seems to be an environmentally conscious company.

25. (1) Katabatic winds involve high and low pressure systems.

(2) Inhabitants in mountainous terrains prefer northern houses.

26. (1) So far, solar panels are yet to be used widely.

(2) It may take over a decade to gain back the return on investment in solar panels.

27. (1) The coins are now worth over 100 times their value in those days.

(2) No passengers were lost, but two thirds of the coins were.

28. (1) The speaker of the talk was still in New Orleans at the time of speaking.

(2) New Orleans was scorching at the time because it was summer.

29. (1) Regional bookstores function as a gathering site for the local residents.

(2) The government will sanction online bookstores to prevent monopolizing book sales.

30. (1) The candidate claims video games are harmful for adults.

(2) The opponents believe Stenfield doesn't really care deeply about violence in video games.

31. (1) Mr. Smith targets professional investors who are thoroughly educated.

(2) The speaker is knowledgeable about a lot of companies in the stock market.

32. (1) When you move around with this object, it converts your kinetic energy into electricity.

(2) Small leather goods are being advertised in this talk.

33. (1) Because of numerous complaints, Sunbucks determined to make changes in preparing its drinks.

(2) A few baristas were doubtful about this sudden change and left.

34. (1) The characteristics of myopia and farsightedness are the opposite.

(2) The three kinds of defects of the eye can all be solved with eyeglasses.

35. (1) Companies are influenced largely by four different kinds of factors.

(2) Competitors mainly impact how much products or services cost.

36. (1) Sons and daughters of slaves were able to learn the local language quickly and perfectly.

(2) Slave dealers used to let slaves from the same countries be together.

37. (1) Some pharmaceuticals may not be sold in certain countries.

(2) Countries suffering from contagious diseases are surprisingly safe about water.

38. (1) St. Simeon led his entire life on a small platform.

(2) The saint's favorite food was flat bread and goat milk.

39. (1) This talk might be found printed in a particular magazine.

(2) Pecker University's faculty members are professors who majored in religion, American history and also economics.

40. (1) It's impossible to be an alternative medicine physician without receiving formal education.

(2) Alternative medicine is expected to surpass modern medicine before long.

41. (1) Young and old together enjoy fireworks in the streets of Valencia.

(2) Eating the Spanish rice dish during the festival has been handed down for generations.

42. (1) It was the Egyptians who drew a spherical Earth in maps.

(2) No Greek maps from antiquity remain currently.

43. (1) Rudy Giuliani's daughter was unhappy about her parents' divorce.

(2) The one-time presidential nominee Giuliani still works as a prosecutor.

44. (1) Brazilians consider relationships between people as important in business.

(2) Winning or losing a business contract seems to depend on social skills in Brazil.

45. (1) A noisy office tends to make workers overweight, but it has nothing to do with smoking.

(2) Loud noises will almost always lead to people developing heart attacks.

46. (1) Private schools award scholarships to their athletes using tax money.

(2) No tax dollars are being used on public education sports programs.

47. (1) Enterprises need to be alert to technologies undergoing sudden changes.

    (2) There are many companies these days who operate with no websites.

48. (1) Teens use vulgar expressions in order to shake off fears.

    (2) Serious discussions about relationships and marriage are popular among kids.

49. (1) Listening to the views from unions is inevitable in running organizations in the U.S.

    (2) Unions have existed even before the American Revolution.

50. (1) Genetic engineering promises lots of benefits.

    (2) Sacrificing animals for scientific purposes has been no help at all.

51. (1) Suburbanites have a tendency to be individualistic.

    (2) Neighbors in cities can be friendly to each other.

52. (1) 'Democratic' style supervisors fully apply assistants' suggestions in making up their minds.

    (2) Directors who want to make quick decisions should embrace an "autocratic" style.

53. (1) Ceylon was found by Marco Polo 600 years ago.

    (2) The aim of this talk is to promote a package tour to Ceylon.

54. (1) John Helge was never set free by the English during the war.

    (2) Mutt and Jeff were Germans living in England.

55. (1) The Amish would rather walk if horse or buggy is unavailable.

(2) Wearing jewelry is accepted by the Amish, whereas makeup is banned.

56. (1) The external waxy coat of a regular mentos facilitates nucleation.

(2) Mint-flavored mentos has many holes on the outside.

57. (1) Once aquagenic urticaria patients come into contact with water, the pain lasts for almost a day.

(2) Unfortunately, being allergic to water cannot be cured.

58. (1) Rational thinking should be avoided in specific circumstances.

(2) Theories bring persuasive power to a person's statements.

59. (1) The leading British football club is worth over double the amount offered by an American sports company.

(2) The club's board of directors are not willing to hand over ownership to the Americans.

60. (1) People both are health-conscious and desire to look young at the same time.

(2) Laser treatments and Botox injections are permanent remedies.

How to TEPS

문법
Practice Test

⇨ 정답 P41

Part III **Questions 41—45**

Identify the option that contains an awkward expression or an error in grammar.

41. (a) A: Hi. I'd like to mail this package out first-class international.

(b) B: Alright, sir. Just fill out in this form and bring it back to me.

(c) A: Do I have to go back to the end of the line?

(d) B: No, you can just come back to me directly.

42. (a) A: I stopped to watch the game at the half. How did it play out?

(b) B: You missed a big come-from-behind win. The Eagles rallied and won.

(c) A: Oh, man! Wish I saw that. What was the final score?

(d) B: Eagles 24, Broncos 17. Harris threw a great second-half game.

43. (a) A: Doctor says I should walk around even with my sprained ankle.

(b) B: Don't you still have to wear a cast to keep it immobile?

(c) A: Yes, but he said it's good to keep moving around a bit.

(d) B: Then it sounds like your days will be less bored.

44. (a) A: How long did the subway ride take to get here?

(b) B: About 50 minutes. Not too bad considering I had a seat.

(c) A: But how did you occupy yourself during that time?

(d) B: I had phone with me and I played some games on it.

45. (a) A: Sorry, I left early. I was feeling tired and had to get up early.

(b) B: That's okay. The rest of us retired after soon anyway.

(c) A: Did you guys go anywhere else afterwards?

(d) B: Nope, everyone just headed back home on the trains.

Identify the option that contains an awkward expression or an error in grammar.

46. (a) Aristotle had it wrong when he assigned the heart as the location of the human soul and the seat of reason. (b) Well, at least only partially wrong if you allow for cell memory in the muscles of that mostly wondrous pump. (c) Renaissance anatomists such as Galen reasoned that all the nerves lead to the brain and therefore all the thoughts. (d) Today we can see the actual neurons and all their activities in ever-greater detail.

47. (a) Big names in Western museums are heading out to the desert lands of the Emirates. (b) Abu Dhabi is to be the site of a branch of New York's Guggenheim museum but twelve times the size of the original. (c) Also in the works is a branch of the Louvre, again costs hundreds of millions of dollars. (d) This bold cultural vision follows in the example of Doha 200 miles across the Persian Gulf with its own brand-new monumental museums.

48. (a) Farmers old and modern have their minds never too far from the weather. (b) As almanacs and climate records attests, a growing season is rarely without a hitch or even catastrophe. (c) Any number of ill-timed turns in temperature or precipitation can spell disaster for the growing season. (d) While the land does generously offer us her bounty, it sometimes is man against nature when it comes to managing that bounty.

49. (a) Having mastered the basics of doing calculus, software is taking on increasingly more everyday domains. (b) Take the case of the programs that claim to translate the message of your dog's bark. (c) And now this experimental idea has been applied to deciphering a baby's cry, as yet without recourse to any olfactory sensor. (d) There's even an application you can download to calm your crying baby with soothe sounds.

50. (a) Perhaps in a sign of things to come, some asphalt parking lots at office and school buildings are receiving a roof of solar panels. (b) What once contributed to the urban heat island effect may start to actually reverse that effect. (c) The panels would use a solar heat to generate electricity for buildings while providing shade for cars. (d) Granted that such structures still look unfamiliar to the general public, some envision it to become as common as rooftop solar panels.

PRACTICE TEST 2

⇨ 정답 P42

Part III Questions 41—45

Identify the option that contains an awkward expression or an error in grammar.

41. (a) A: We're going to be finished with this by the end of the day, aren't we?

(b) B: Let's hope so. No sense in dragging it out until tomorrow.

(c) A: Got any plans for tonight? I think I'll go hit the gym.

(d) B: Nothing for me. Just go home and maybe watch movie.

42. (a) A: Excuse me. Is this seat taken by any chance?

(b) B: Oh hi, Frank. Have a seat. I was just caught up on some reading.

(c) A: Ah, Tolstoy. A classic, if a bit ponderous. It's like a marathon read, isn't it?

(d) B: Actually I can get through quite a bit in my spare time. I'm almost done.

43. (a) A: I just drove all day going from here to there and back.

(b) B: That's got to be tiring, what with all that traffic on the roads.

(c) A: It was, not mentioning I had to fill up on gas along the way.

(d) B: Ouch. That's got to take a bite out of the old wallet.

44. (a) A: What's the word on the old office these days? Being productive at all?

(b) B: Eh, I'd say half of the time I'm doing some actual work. You know how it goes.

(c) A: Right. That sounds pretty good for that old laid-back place. Kind of miss it.

(d) B: You should visit sometime. Everyone's always ask about what you're doing.

45. (a) A: So where to next? I say we find a nice, cozy, and warm place to hang.

(b) B: Let's cross over to the other side. I think there'll be more options there.

(c) A: What about that place? The sign say 'Mickey's Lounge.'

(d) B: Looks kind of shady. Let's look for a more established-looking joint.

46. (a) Eurhythmics is a program designed for teach people to move and dance in tune with music. (b) It's been used to train children but now also helps the elderly improve their overall coordination. (c) It was developed decades ago by a Swiss composer and involves moving to changing tempos in the music, handling objects, and making gestures. (d) Studies have demonstrated that the elderly can benefit from such training by decreasing their chance of falling and getting injured.

47. (a) Three wide-release films crowded the already busy holiday weekend at the multiplexes. (b) The latest installment of the Harry Potter franchise was at the top of the box-office for a second week. (c) It sold about $65 million in tickets over the four-day weekend for a current total of $320 million. (d) But it is facing with stiff competition from Disney Studio's release *Tangled*, a updated take on the childhood tale of Rapunzel.

48. (a) The Nuclear Non-Proliferation Treaty started as an idea by Ireland and Finland in 1970. (b) It currently has 189 states signed on, five of them are nuclear powers and these correspond the same five members of the UN Security Council. (c) Four countries not signed on are known or suspected of possessing nuclear weapons. (d) The treaty aims at non-proliferation, disarmament, and the peaceful use of nuclear technology.

49. (a) It's no longer news that Americans are spending more times indoor than ever before. (b) In response to the No Child Left Behind policy, a third of kindergartens have done away with outdoor recess periods for more class time. (c) Some doctors in the US are beginning to include outdoor activities in their prescriptions. (d) Fortunately, the simple remedy is easy and free—get outside and reconnect with the natural world, as unfamiliar as it may be.

50. (a) Scientists had only estimated the number of small dwarf stars in the universe through extrapolation. (b) They calculated that there were 100 dwarf stars to every observable bright star in distant galaxies based on the percentages in the Milky Way. (c) But a new technique counts the number of dim stars needed to produce the aggregate light level of the entire galaxy. (d) This technique contends that there are actually three times as many stars out there as previously thought.

PRACTICE TEST 3

⇨ 정답 P44

Part III **Questions 41—45**

Identify the option that contains an awkward expression or an error in grammar.

41. (a) A: I have a wedding to attend this weekend at the Conroy Hotel.

(b) B: Oh, isn't that the fancy place on the hill across the town?

(c) A: The very same. Always has those high-end cars parked out in front.

(d) B: Nice. I should expect it's going to be a classy event.

42. (a) A: I ordered the Chicken and Chips. Turned out to be potato wedges.

(b) B: That must be what the Irish mean by "chips."

(c) A: Guess so. I was half-expecting fries as in Fish and Chips.

(d) B: So much for region variations in terminology.

43. (a) A: Explain to me again what this app is going to do for me.

(b) B: It's going to tell you how many data you've uploaded so far.

(c) A: And will it cover the minutes I've used and the messages sent?

(d) B: Yes, it will. You just have to scroll down on this menu heading.

44. (a) A: Can you believe we're already into the last month of the year?

(b) B: And what a year it's been. Was there talk of a get-together later?

(c) A: There was. New Year's Day falls in a Saturday this time.

(d) B: Sounds like a plan. I guess it'll be time to break out the champagne.

45. (a) A: There are all this low airfares being advertised these days.

(b) B: Makes you want to get up and fly somewhere, doesn't it?

(c) A: It does but I'm strapped for cash after spending so much on school.

(d) B: That is a conundrum. But consider separating need from desire.

Part IV   Questions 46—50

Identify the option that contains an awkward expression or an error in grammar.

46. (a) Just east of San Diego is a renewable energies paradise with wind, solar, and geothermal resources. (b) But installing transmission lines to the city has met up with lawsuits from environmentalists. (c) The issue is the combined transmitting of cheap natural gas energy which produces fossil fuel emissions. (d) Skeptics are calling the proposal an attempt to use renewable energy as a cover for businesses as usual.

47. (a) The Diagnostic and Statistical Manual of Mental Disorders or DSM is set to come with a new edition. (b) This manual has long been the go-to reference for psychologists and psychiatrists in the field of treating patients. (c) Controversies surround the planned elimination of five long-established categories including narcissistic personality disorder. (d) Critics are calling it another example of the divide between academic research and clinical practice.

48. (a) Amid a row of multi-million dollar condominiums, the Russell Art Gallery makes its own architectural statement. (b) The oversized elevator is visible from the street through the corrugated-glass facade. (c) Owner Conny Hoffman has become something an eminent curator in the regional arts scene over the years. (d) But of her new showcase in West Chelsea, the little functional details of the building are what she's most eager to talk about.

49. (a) Putting up a world tallest building may bring to mind the thought of architectural and financial excess. (b) The Burg Khalifa at over 2,700 feet tall stands just slightly above a hypothetical Empire State Building on top of a Sears Tower. (c) In the case of the Burg, the conventional excuse for building vertically disappears like a mirage in the desert. (d) Scarcity of land and therefore its literally skyrocketing price isn't a critical factor here.

50. (a) The Tigre Delta outside of Buenos Aires has long been home to island havens for artists and those retreating from the big city. (b) The area was long ago named for the jaguars of the region, then called tigers by the early explorers. (c) Many of its Victorian structures reside on the peninsulas jutting out into the estuary. (d) Farther out on the actual island of Tigre are the touristy spas and natural attraction.

⇨ 정답 P46

Part III Questions 41—45

Identify the option that contains an awkward expression or an error in grammar.

---

41. (a) A: So here I am in the States viewing programs from all over the world.

(b) B: You're feeling like the world has gotten smaller, have you?

(c) A: It's almost disorienting. I don't know where exactly I am anymore.

(d) B: I experience something similar when I watch old-time shows online.

42. (a) A: Felice. I sent you an email yesterday. Did you check yet?

(b) B: No, I didn't get to it. Was it about the coursework?

(c) A: Yeah. It lists all the materials for the rest of the semester.

(d) B: Thank you so much. I'll open up later this afternoon.

43. (a) A: Hey Rory. Quick question. Where's Huntington Beach?

(b) B: It's south of Los Angeles on the Pacific Coast Highway. Why?

(c) A: Some friends invited me to visit there with them.

(d) B: It's a nice place. They have a pier and some good surfs.

44. (a) A: That is a nice shot of a building. Where is that?

(b) B: It's downtown on Percy street. I caught it just at twilight.

(c) A: How come I've never notice this before when I was there?

(d) B: You have to look up to notice it. It's hidden from street level.

45. (a) A: Were you serious that you'd also play the flute?

(b) B: Yeah. I learned it growing up along with piano and violin.

(c) A: Maybe you told me once but I forgot. How musical of you!

(d) B: I thought about teaching music, but it didn't seem too lucrative.

Part IV   Questions 46–50

Identify the option that contains an awkward expression or an error in grammar.

46. (a) An old showbiz adage by the circus magnate Barnum says there's no such thing as bad publicity. (b) The idea is that anything that keeps a brand in the news is good for business. (c) Now companies with many scathing customer reviews and complaints online are finding that it's good for ranking high on search engine queries. (d) The portals, in turn, are seeking to combating this in an effort not to reward bad behavior.

47. (a) All reports from the Miami Arts Festival are that attendees are swelling the area facilities to near overcapacity. (b) The swarms of artists, designers, dealers, collectors, and reporters has been mounting with each season. (c) Revelers are having to share their nights on the town with those from simultaneous events at the Convention Center. (d) The fully booked hotels and clubs point to the festival becoming a victim of its own success.

48. (a) Race walkers, always keeping one foot on the ground, attract curious starings with their exaggerated movements. (b) Unlike more conventional runners, walkers are often not fully appreciated by the general public for what they do. (c) Olympic race walkers in fact can easily beat the average runner in speed. (d) Though touted as a low-impact activity and sport, it does require a degree of training and practice to execute properly.

49. (a) The standard joke in the hit-or-miss field of predicting the future is to ask– where are all the flying cars? (b) While some of yesterday's science fiction has become today's science fact, the devil is still in the details. (c) The celebrated sage of the space age, the writer Arthur C. Clarke, famously prophesied the telecommunications satellite. (d) Less presciently, he also foreseen a Mars landing by the turn of the millennium.

50. (a) Facing some forecasts of years of sluggish recovery and growth up ahead, Americans are uncertain about their future. (b) Parallels are being drawn with the so called Lost Decade in post boom Japan. (c) There the lessons have been that all along with slow income and asset appreciation, at least there is occasionally the glimmer of cheaper prices. (d) But experts also warn against not carrying the comparisons of different economies too far.

⇨ 정답 P48

Part III   Questions 41—45

Identify the option that contains an awkward expression or an error in grammar.

41. (a) A: You know what I'm noticing as I'm sitting here?
(b) B: That this place is having some great business?
(c) A: That, too. But I like the music they're playing.
(d) B: Ah, I see that you're a fan of the urban hip hop.

42. (a) A: What's with all those photos you sent me by email yesterday?
(b) B: A slice of my recent life plus some photos from news.
(c) A: I don't recognize any of the celebrities in the pictures.
(d) B: That would be because I'm trying to introduce them to you.

43. (a) A: Man, I look so thinned out when I look in the mirror these days.
(b) B: You really think so? I always considered you just slender.
(c) A: That's nice of you to say so, but I think I need to add some pounds.
(d) B: Well, I guess it wouldn't hurt since you're so tall by the way.

44. (a) A: I like to apply to get a library card here, please.
(b) B: Alright. We need to see some ID and two letters mailed to your home.
(c) A: You mean like a credit card statement or electric bill?
(d) B: Those will be just fine as long as they prove your residence.

45. (a) A: You know, I never used to getting the attraction of strolling around.
(b) B: You're preaching to the choir. I'm all about the strolling.
(c) A: Well, it's something one has to experience for appreciating.
(d) B: Exploring one's environment. That's how I'd put it.

46. (a) The proverbial deer caught in headlights is not only a word of caution for motorists but also a lesson in zoology. (b) Deer eyesight is adapted for moving around in the dim light of sunrise or sunset. (c) When car headlights hit their eyes, they are literally blinded and must wait for their eyes to adjust. (d) Also, their vision is estimated at 20/200, meaning that they see at 20m what human can see at 200m.

47. (a) The Federal government is stepping in to expand and regulate school lunch programs for the nation's 30 million school children. (b) One rallying point has been to replace hitherto cheaper processing foods with fresher and more nutritious ones. (c) The bill sets guidelines even on the contents of school vending machines. (d) In perhaps an ironic twist, much of the funding is displaced from federal food stamp programs.

48. (a) Being a professional chef, Mrs. Hart had no complaints about taking her time in remodeling of her kitchen. (b) She's less enthusiastic as she recalls her travails in redoing the living room. (c) The six-over-six window frames were made almost a century ago and the original factory is long gone. (d) Only weeks of endless enquiries and driving around yielded suitable substitute windows for the front of her house.

49. (a) The walled Old City of Damascus retains a medieval maze of narrow winding streets and alleys. (b) This would seem appropriate to a city that claims to be the oldest continuously inhabited in the world at more than 10,000 years. (c) The Umayyad mosque offers a concrete lesson on the passage of history. (d) It's site began as an ancient Assyrian temple and then transitioned into a Roman pagan temple, a Byzantine basilica, a cathedral to St. John, and today a mosque.

50. (a) University researchers are applying digital technology to statistically analyze nearly the entire corpus of British Victorian literature. (b) The project seeks to quantitatively reassess the traditional views on the culture of the era. (c) Some preliminary results confirm old ideas such as a decline in religious terminology pointed to a rise in secularism. (d) But skeptics caution that literary interpretation is more than just numbering up the occurrences of key words.

PRACTICE TEST 6

⇒ 정답 P49

Part III Questions 41—45

Identify the option that contains an awkward expression or an error in grammar.

41. (a) A: Here's a video game based on that TV show you like.

(b) B: Oh, I love that show. I wonder if it's going to be similar?

(c) A: Who knows? I guess you'll have to buy it to find out.

(d) B: I wish I might try it out at a store to see if I like it.

42. (a) A: I hiked up the scenic route. A little steep, but I got through on it.

(b) B: Wasn't it tough? Did you have all the hiking gear you needed?

(c) A: Yeah, these new shoes did the trick. But my coat got a few scratches on it.

(d) B: That's the thing, isn't it? It may be a worn path but you got all those tree branches.

43. (a) A: If I recall correctly, Gary loves this brand of ice cream.

(b) B: Oh, boy. Talk about your fattening desserts to be careful.

(c) A: You can't deny they taste great as a late-night treat.

(d) B: I would be cautious about making it an everyday ritual myself.

44. (a) A: Did you ever visit that bookstore down the street?

(b) B: I did. I didn't realize it's one of those mega-bookstores.

(c) A: I guess you could say that. They have a good selection.

(d) B: So they have. I didn't get anything but maybe later I will do.

45. (a) A: People at the car wash were asking how I keep my car so shine.

(b) B: And what was your answer? Your trunkful of cleaning products?

(c) A: I just told them I rinse with water. I didn't want to get into it with them.

(d) B: I see. I can understand that. Guess your secret is safe for now.

46. (a) The great outdoors offer adventures but along with those adventures comes the risk of coming into harm's way. (b) National parks offer rugged challenges that sometimes end up in tragedy. (c) Boating, swimming, and hiking are activities which underestimating the dangers can have dire consequences. (d) But given the millions of park visitors yearly, it is statistically not much more dangerous perhaps than life in general.

47. (a) From a humble start as a small fisherman's pub in 1991, Andy's Seafood Restaurant has expanded to meet our customer's needs. (b) Providing the freshest seafood caught locally and best ingredients around, we're sure your dining experience will be a pleasant one. (c) We are conscientious about acquiring our products sustainably and ecologically. (d) And you can be sure that our selection of wines will perfectly accompany our delectable dishes.

48. (a) Down at the Beans Café, one only needs a cursory glance to realize that a brisk conversation over a cup of coffee is not easily to be had. (b) Hardly a pair of eyes looks up more than briefly to any number of commotion from the urban environment around them. (c) What is the main focus of quiet attention is a virtual world viewable from computer screens. (d) A sign at the bar assures that its little area is set aside as a laptop-free zone.

49. (a) For all the talk of economic growth, the prospect for the burgeoning population of college graduates in China appear not at all certain. (b) Much of the economic surge is in the manual labor sector rather than white collar. (c) Wage raises are also seen mostly in this job category rather than in the relatively few new knowledge-based jobs. (d) On the other hand, the management and service sector remain underdeveloped compared to other economies.

50. (a) Only 57 minutes of play was possible in the morning session before rain sent both teams to adjourn for lunch. (b) But in that short period of play, host Sri Lanka added 43 runs to their previous day's score of 296. (c) Ajantha Herath grabbed three wickets for 13 runs in 27 balls from the laboring Australian bowler. (d) The inclement weather continues to loom as spectators watch to see if the home team can snatch winning from a possible second consecutive draw.

Part III **Questions 41—45**

Identify the option that contains an awkward expression or an error in grammar.

41. (a) A: Considering it's going to be busy, let's make a reservation.
(b) B: That sounds like wise idea. How many should we put down?
(c) A: Well, we don't know yet. Let's call it four just to be sure.
(d) B: Alright. I guess it won't hurt anybody if we end up with less.

42. (a) A: Did you hear that the trade dealing went through recently?
(b) B: So they finally hammered out all the details on that?
(c) A: I think both sides found it more advantageous to have it than not.
(d) B: That's one more under the column of free trade.

43. (a) A: Have you ever gotten around to putting the pedal to the metal on the streets?
(b) B: No. I didn't really satisfy my need for speed yet.
(c) A: What about your drive out on the highway this weekend?
(d) B: I went, but the roads were all full of traffic for any real fun.

44. (a) A: Hey, Hans. How about we meet up tomorrow around 3?
(b) B: Oh, about that. I have second thoughts about the trip.
(c) A: Really? Why? It should be load of fun with you there.
(d) B: I was thinking it over yesterday and decided to sit this one out.

45. (a) A: Darren, I have these tickets to a concert if you want them.
(b) B: How did you come by them? Why aren't you going?
(c) A: Our company gives them up free but I can't make it.
(d) B: Thanks. I'll see if I can get anyone else to go with me.

Part IV Questions 46—50

Identify the option that contains an awkward expression or an error in grammar.

46. (a) The controversy continues as in the disparity between America's high spending on healthcare and low ranking in longevity. (b) Some researchers conclude that inefficiency in medical services is the principal cause. (c) Others say that's overlooking unhealthy lifestyle choices such as poor diet and smoking. (d) Obesity is rising just as fast in some other countries but this is not true of medical costs.

47. (a) The common wisdom is that museums are meant to collect and preserve their collections for posterity. (b) Less in the public eye is the fact that sometimes these institutions sell off certain artifacts for financial reasons. (c) The guidelines for even public museums allow for these to pay for what are termed operational expenses. (d) These could include upkeep costs such as lighting, heating, and humidity control.

48. (a) Among the chemical elements that make up the universe, scientists speak of a few that are essential to constituting life as we know it. (b) When we speak of carbon-based life forms, the other key elements are oxygen, nitrogen, hydrogen, phosphorus, and sulfur. (c) These six are thought to have no real chemical substitutes at the molecular level. (d) The tantalizing notion of silicon-based life was as yet the stuff of science fiction.

49. (a) Raising tuition on state schools is an unfortunate return to the old ivory-tower way of thinking. (b) It is appropriate perhaps for private institutions, but it is anathema to the whole spirit of the public education. (c) Students who rely on financial aid or scholarships may be burdened by having to work. (d) But it doesn't mean that they are necessarily any less motivated as students to do well academically.

50. (a) Citing the modern-day need for getting people working again, the governorship of Kentucky is giving its support to a Noah's Ark theme park. (b) It will be a second such Bible based attraction in the state after the Creation Museum to receive at least some state tax breaks. (c) Brushing aside are comments that these popular parks go against constitutional separation of church and state. (d) The assertion is that it's about creating jobs and not promoting creationism.

Part III **Questions 41—45**

Identify the option that contains an awkward expression or an error in grammar.

---

41. (a) A: Oh, look. They have an apple tree in their garden.
 (b) B: And they're actually picking it. How convenient for them!
 (c) A: It's like having their own orchard in the middle of the city.
 (d) B: It's a gift that keeps on giving. I wonder if it taste good.

42. (a) A: My phone uses a mobile version of the search engine.
 (b) B: Right. They made especially for that purpose.
 (c) A: I see it's streamlined for faster downloading.
 (d) B: That's the idea, and simpler designs for the smaller screens.

43. (a) A: The Spotlight Jazz Club has acts lined up almost every day.
 (b) B: You said they start performances around 8?
 (c) A: That's correct. The venue is cozy without cramping.
 (d) B: I might check it out. I only hope the acoustics are good.

44. (a) A: Let's go for that buffet place you mentioned this weekend.
 (b) B: I have to warn you it's pretty crowded so we may have to wait.
 (c) A: Then maybe we should go elsewhere. About how long wait?
 (d) B: Maybe half an hour. But it gets better after lunchtime.

45. (a) A: Watch how his eyes light up when I mentioned his snack.
 (b) B: How can you just carry on teasing him like that?
 (c) A: I can't help myself. It's so fun to do! I'll eventually give him one.
 (d) B: Man and his best friend. I guess the close bond continues.

46. (a) A new paradigm of a combined digital newsstand is being jointly planned by several French newspapers and periodicals. (b) Free access to readers paid for by advertising money is proving to be no longer a viable business model. (c) The idea is to have a central portal for convenient and added value. (d) The top stories are free but further content is only available through subscription.

47. (a) The old freight trains of the Union Southern still lumbering down the tracks in the old warehouse district. (b) The rundown brick buildings have now been renovated into artist studios or apartment lofts. (c) This is the new Webster Arts District in the old industrial part of Charlotte. (d) Here, former slaughterhouses now are home to microbreweries and gallery spaces.

48. (a) The forests of the world can be categorized into three broad types depending on their climates and characteristics. (a) Tropical forests are warm, moist, and dense, inhabited by many birds, insects, and bats. (c) Temperate forests go through a season of winter and feature larger mammals such as rabbits, deer, wolves, and bears. (d) Boreal forests exist in the colder climate of the northern latitude and have a short growing season.

49. (a) Much of what we consider modern today could be said to have been present even back in the 1800s. (b) The German philosopher Nietzsche famously pondered that Christianity in the old sense of an absolute belief was a thing of the past. (c) But he also admitted that the legacy of an unquestioned theology would likely persist for the centuries. (d) Historians talk of the freedom but also the angst of this modern sensibility as reflected in society ever since.

50. (a) The international student market is estimated to be worth billions to the most popular countries of choice. (b) In a field where one nation's loss saw another's gain, Australia is witnessing a drop in enrollment. (c) And new international students in beginning English-language courses, an indicator of future degree candidates, are significantly fewer. (d) Uncompetitiveness in student visa costs and financial requirements are cited as contributing factors.

ACTUAL TEST

LISTENING COMPREHENSION

DIRECTIONS

1. In the Listening Comprehension section, all content will be presented orally rather than in written form.

2. This section contains 4 parts. In parts I and II, each passage will be read only once. In parts III and IV, each passage and its corresponding question will be read twice. But in all sections, the options will be read only once. After listening to the passage and question, listen to the options and choose the best answer.

Part I Questions 1—15

You will now hear fifteen conversation fragments, each made up of a single spoken statement followed by four spoken responses. Choose the most appropriate response to the statement.

Part II Questions 16—30

You will now hear fifteen conversation fragments, each made up of three spoken statements followed by four spoken responses. Choose the most appropriate response to complete the conversation.

Part III Questions 31—45

You will now hear fifteen complete conversations. For each item, you will hear a conversation and its corresponding question, both of which will be read twice. Then you will hear four options which will be read only once. Choose the option that best answers the question.

Part IV Questions 46—60

You will now hear fifteen spoken monologues. For each item, you will hear a monologue and its corresponding question, both of which will be read twice. Then you will hear four options which will be read only once. Choose the option that best answers the question.

GRAMMAR

Part I Questions 1—20

Choose the best answer for the blank.

1. A: Sorry, I stood you up yesterday, but I have a big present for you.

B: _______ that's the case, I'll forgive you.

(a) Since
(b) If
(c) Although
(d) Unless

2. A: It'll be delivered tomorrow.

B: Thanks. I'll _________ for it.

(a) be wait
(b) will wait
(c) be waiting
(d) had waited

3. A: Is there anything else you'd need from me?

B: Our policy is that each person _________ a personal reference.

(a) submit
(b) submits
(c) will summit
(d) had submitted

4. A: Is this the file you've been searching for?

B: Yes! That's the _________ one. Thank you for finding it.

(a) so
(b) that
(c) such
(d) very

5. A: This was the view _________ which I came all the way out here.

B: It's magnificent. It captures all the picturesque elements.

(a) to
(b) at
(c) by
(d) for

6. A: How many courses have you taken so far in college?

B: By the end of this semester, _________ 32 courses.

(a) it is
(b) it will be
(c) it'll have been
(d) it has been

7. A: We've been in talks with them all this month.

B: Well, few of their demands _________ being withdrawn.

(a) is
(b) are
(c) has
(d) have

8. A: For my birthday we should _________ to a bigger restaurant.

B: That would have been nice. The place was a little too cozy.

(a) have been gone
(b) go
(c) have gone
(d) had been going

9. A: Let us know if Kathy's going to join us later.

B: I think she will, but let me _________.

(a) check in with her again
(b) check her in again
(c) again check her with us
(d) again check in her

10. A: People are saying it's noticeable that _________ weight.

B: It must be all that walking around you're doing.

(a) I'm lost
(b) I'm losing
(c) I've been lost
(d) I've losing

11. A: __________ more time, she could have done better.

 B: I believe that she'll soon get used to it.

 (a) If she has
 (b) If she had
 (c) Have she had
 (d) Had she had

12. A: I didn't get a reply from you to my last email.

 B: That's funny as I __________. I'll send it again.

 (a) think I didn't
 (b) thought I have
 (c) think I do not
 (d) thought I did

13. A: Could we postpone the meeting until 5 o'clock?

 B: Alright, Chris. I'll be there earlier, so just call __________.

 (a) as you ready
 (b) when ready
 (c) when readied
 (d) after readied

14. A: I feel completely lost out here in the country.

 B: You've only __________ the city, haven't you?

 (a) gone in
 (b) be around
 (c) been around
 (d) done in

15. A: __________ had me absolutely enthralled.

 B: It's really something to see a master at work.

 (a) The performing
 (b) The performance
 (c) Performing
 (d) Performance

16. A: How was your trip to the mountains over the weekend?

 B: It was likely the best time I __________.

 (a) ever had
 (b) was having
 (c) have been
 (d) ever have

17. A: I was really starving, so I grabbed a bite on the run.

 B: You know __________ you should have three square meals a day.

 (a) a saying
 (b) they're saying
 (c) this saying
 (d) when they say

18. A: Craig. You should download this free application for your phone.

 B: __________ really need one of those paid ones, do I?

 (a) Don't I
 (b) I don't
 (c) I may
 (d) I could

19. A: I went downtown to the office yesterday.

 B: __________ it crowded at the time?

 (a) Is
 (b) Was
 (c) Were
 (d) Had

20. A: What's all this I hear about you getting ready to change residence?

 B: That was the plan, but now I'm thinking __________.

 (a) to longer stay
 (b) of my stay longer
 (c) of staying longer
 (d) to stay no more

Part II **Questions 21—40**

Choose the best answer for the blank.

21. The league followed through on its threat __________ players for drug use.
    (a) to suspending
    (b) to suspend
    (c) of suspended
    (d) of suspension

22. A third of the students usually __________ to answer this question correctly now.
    (a) fail
    (b) fails
    (c) failed
    (d) has failed

23. The company's market value __________ a year after the disastrous product recall.
    (a) will recovering
    (b) has recovering
    (c) have recovered
    (d) had recovered

24. Dishes here may include ingredients not only unconventional but __________.
    (a) of unheard even
    (b) even unheard of
    (c) unheard even of
    (d) of even unheard

25. Edwards University __________ return to its policy of early admissions, citing several reasons.
    (a) sets out to
    (b) to sets
    (c) set out
    (d) out to set

26. __________ the first Thanksgiving really did feature turkey was no idle inquiry for this historian.
    (a) Either
    (b) When
    (c) As
    (d) Whether

27. The Consumer Products Safety Commission overhauled its website __________ product warnings and safety records.
    (a) list
    (b) listing
    (c) lists
    (d) listed

28. The values one holds in life __________ depending on the individual.
    (a) vary
    (b) varies
    (c) is varying
    (d) are varying

29. Australian unions are gearing up to strike over new government budget cuts __________.
    (a) announce recently
    (b) recently announced
    (c) recent announced
    (d) announcing recently

30. __________ area residents are hospitable to the efforts to beautify the neighborhood.
    (a) The most
    (b) Most of
    (c) The most of
    (d) Most

31. _________ issue is indicative of
    an overall dissatisfaction with the
    proposal.

    (a) This unhappiness with
    (b) With unhappiness this
    (c) Unhappiness with this
    (d) With this unhappiness

32. The goal of the wildlife preserves is
    _______________ provide a place for the
    animals to live but also to thrive.

    (a) not to
    (b) only not
    (c) not only to
    (d) only to not

33. Little unused moments in the day
    _________ to a great deal of time if
    carefully calculated.

    (a) amount
    (b) amounts
    (c) is amounted
    (d) are amounted

34. Even the healthiest of us _________ to
    get a health checkup once in a while.

    (a) need
    (b) needs
    (c) is needed
    (d) are needed

35. The leaders sat down to sign the treaty
    whose negotiations _________ months
    beforehand.

    (a) taking place
    (b) takes place
    (c) has taken place
    (d) had taken place

36. _________ to imagine anyone else but
    Doris Cowen filling in the role of Mrs.
    Turner in *Star Struck*.

    (a) It is hard
    (b) It is hardly
    (c) Hardly
    (d) Hard is

37. _________ findings, but the big lesson
    was that people are not adequately aware
    of the dangers.

    (a) Lots of there
    (b) There was a lot of
    (c) The lots of
    (d) There were lots of

38. While some applaud the bailout as
    necessary for recovery, others feel the
    inevitable _________.

    (a) only is delay
    (b) is only delayed
    (c) only will delay
    (d) are delaying

39. The union head met the representatives
    of the company Thursday to _________
    how they plan to tackle the budget
    proposal.

    (a) complain
    (b) complain about
    (c) discuss
    (d) discuss on

40. Partisan bickering _________ the
    passage of the new tax bill, the House
    will reconvene next week.

    (a) has been stalling
    (b) having stalled
    (c) has stalling
    (d) have stalled

Part III   Questions 41—45

Identify the option that contains an awkward expression or an error in grammar.

41. (a) A: Hey, Martin. I'm so busy these days.
    (b) B: Why? What's got you all tied up in knots?
    (c) A: I've got all these engagements on the weekends.
    (d) B: That just goes to show how popular are you.

42. (a) A: Who exactly is this Liz that you speak so often about?
    (b) B: Oh, she's a friend of a friend. You guys haven't met yet.
    (c) A: Well, obviously. But the more talking about her, the more I want to.
    (d) B: I'll introduce you two someday. She's a great people person.

43. (a) A: Would you say this device is worth to get?
    (b) B: I'd say so, although I might have wished for more features.
    (c) A: Doesn't it have all the latest programs you could download?
    (d) B: It does, but the latest versions of those don't always work on this.

44. (a) A: If you like quaint little cafes, get yourself to Hudson street.
    (b) B: Why, what's there? Have you discovered new place?
    (c) A: Yes. The place seems to have just opened up. Dark Roast Espresso is the name, I think.
    (d) B: Sounds like I'm going to have to trek out there this weekend.

45. (a) A: We're betting we can sell a thousand of these units this season.
    (b) B: Are the retailers willing to giving us the shelf space?
    (c) A: I think we can cajole them into freeing up some extra room.
    (d) B: I sure hope your forecast is right. Otherwise we'll have a lot of unsold products.

Part IV — Questions 46–50

Identify the option that contains an awkward expression or an error in grammar.

46. (a) Long-time observers of the tech industry point out the lessons of history. (b) New consumer electronics products do not replace older technologies but rather branch out into their own niches. (c) Digitalization hasn't always and universally makes obsolescent the previous analog ways of doing things. (d) Case in point, the computer hasn't negated the need for paper in the office environment.

47. (a) Dinner side dishes don't have to be overly complicated nor time-consuming. (b) Try tossing some potatoes onto an iron skillet with whole cloves of garlic and some salt and olive oil. (c) Slow bake in an oven at 325 degrees for an hour or so. (d) To adding some extra crunch to the outside, crank up the heat to 450 degrees at the very end.

48. (a) A recent complain with the Federal Trade Commission accuses HealthWatch of violating patient privacy. (b) The suit alleges that the popular website with 10 million registered users profiles them for drug marketing. (c) The site is cited as not transparent enough in how they manage their database and if it is secure. (d) The broader concern is that employers or health insurers can use data-mining to access private consumer information.

49. (a) Not all bailouts are the same and we would do well to remember this point. (b) There are bailouts where government, and therefore taxpayer, money assumes the defaults of a failed institution or state. (c) Then there is the more preventive bailouts which effectively guarantee loans at reasonable interest rates. (d) These are designed to stop the vicious cycle of presumably high-risk and thus high-interest loans which make default all the more possible.

50. (a) Fisherman in the Florida Keys have a new target to aim for in the new invasive species of lionfish. (b) These exotic predators have fins of venom and threaten to devastate the delicate local marine ecosystem. (c) They are known to feed on parrotfish which feed on and act to control algae which could potentially smother coral reefs. (d) Contributing to the potential disaster is the prodigious spawning rate of these fish which could reach in the millions of eggs per year if left without any population control pressures.

This is the end of the Grammar section. Do NOT move on to the next section until instructed to do so. You are NOT allowed to turn to any other section of the test.

TEPS — Test of English Proficiency developed by Seoul National University

수험번호

이 름

Practice Test 1

46	ⓐ ⓑ ⓒ ⓓ	54	ⓐ ⓑ ⓒ ⓓ
47	ⓐ ⓑ ⓒ ⓓ	55	ⓐ ⓑ ⓒ ⓓ
48	ⓐ ⓑ ⓒ ⓓ	56	ⓐ ⓑ ⓒ ⓓ
49	ⓐ ⓑ ⓒ ⓓ	57	ⓐ ⓑ ⓒ ⓓ
50	ⓐ ⓑ ⓒ ⓓ	58	ⓐ ⓑ ⓒ ⓓ
51	ⓐ ⓑ ⓒ ⓓ	59	ⓐ ⓑ ⓒ ⓓ
52	ⓐ ⓑ ⓒ ⓓ	60	ⓐ ⓑ ⓒ ⓓ
53	ⓐ ⓑ ⓒ ⓓ		

Practice Test 2

46	ⓐ ⓑ ⓒ ⓓ	54	ⓐ ⓑ ⓒ ⓓ
47	ⓐ ⓑ ⓒ ⓓ	55	ⓐ ⓑ ⓒ ⓓ
48	ⓐ ⓑ ⓒ ⓓ	56	ⓐ ⓑ ⓒ ⓓ
49	ⓐ ⓑ ⓒ ⓓ	57	ⓐ ⓑ ⓒ ⓓ
50	ⓐ ⓑ ⓒ ⓓ	58	ⓐ ⓑ ⓒ ⓓ
51	ⓐ ⓑ ⓒ ⓓ	59	ⓐ ⓑ ⓒ ⓓ
52	ⓐ ⓑ ⓒ ⓓ	60	ⓐ ⓑ ⓒ ⓓ
53	ⓐ ⓑ ⓒ ⓓ		

Practice Test 3

46	ⓐ ⓑ ⓒ ⓓ	54	ⓐ ⓑ ⓒ ⓓ
47	ⓐ ⓑ ⓒ ⓓ	55	ⓐ ⓑ ⓒ ⓓ
48	ⓐ ⓑ ⓒ ⓓ	56	ⓐ ⓑ ⓒ ⓓ
49	ⓐ ⓑ ⓒ ⓓ	57	ⓐ ⓑ ⓒ ⓓ
50	ⓐ ⓑ ⓒ ⓓ	58	ⓐ ⓑ ⓒ ⓓ
51	ⓐ ⓑ ⓒ ⓓ	59	ⓐ ⓑ ⓒ ⓓ
52	ⓐ ⓑ ⓒ ⓓ	60	ⓐ ⓑ ⓒ ⓓ
53	ⓐ ⓑ ⓒ ⓓ		

Actual Test

1	ⓐ ⓑ ⓒ ⓓ	21	ⓐ ⓑ ⓒ ⓓ	41	ⓐ ⓑ ⓒ ⓓ
2	ⓐ ⓑ ⓒ ⓓ	22	ⓐ ⓑ ⓒ ⓓ	42	ⓐ ⓑ ⓒ ⓓ
3	ⓐ ⓑ ⓒ ⓓ	23	ⓐ ⓑ ⓒ ⓓ	43	ⓐ ⓑ ⓒ ⓓ
4	ⓐ ⓑ ⓒ ⓓ	24	ⓐ ⓑ ⓒ ⓓ	44	ⓐ ⓑ ⓒ ⓓ
5	ⓐ ⓑ ⓒ ⓓ	25	ⓐ ⓑ ⓒ ⓓ	45	ⓐ ⓑ ⓒ ⓓ
6	ⓐ ⓑ ⓒ ⓓ	26	ⓐ ⓑ ⓒ ⓓ	46	ⓐ ⓑ ⓒ ⓓ
7	ⓐ ⓑ ⓒ ⓓ	27	ⓐ ⓑ ⓒ ⓓ	47	ⓐ ⓑ ⓒ ⓓ
8	ⓐ ⓑ ⓒ ⓓ	28	ⓐ ⓑ ⓒ ⓓ	48	ⓐ ⓑ ⓒ ⓓ
9	ⓐ ⓑ ⓒ ⓓ	29	ⓐ ⓑ ⓒ ⓓ	49	ⓐ ⓑ ⓒ ⓓ
10	ⓐ ⓑ ⓒ ⓓ	30	ⓐ ⓑ ⓒ ⓓ	50	ⓐ ⓑ ⓒ ⓓ
11	ⓐ ⓑ ⓒ ⓓ	31	ⓐ ⓑ ⓒ ⓓ	51	ⓐ ⓑ ⓒ ⓓ
12	ⓐ ⓑ ⓒ ⓓ	32	ⓐ ⓑ ⓒ ⓓ	52	ⓐ ⓑ ⓒ ⓓ
13	ⓐ ⓑ ⓒ ⓓ	33	ⓐ ⓑ ⓒ ⓓ	53	ⓐ ⓑ ⓒ ⓓ
14	ⓐ ⓑ ⓒ ⓓ	34	ⓐ ⓑ ⓒ ⓓ	54	ⓐ ⓑ ⓒ ⓓ
15	ⓐ ⓑ ⓒ ⓓ	35	ⓐ ⓑ ⓒ ⓓ	55	ⓐ ⓑ ⓒ ⓓ
16	ⓐ ⓑ ⓒ ⓓ	36	ⓐ ⓑ ⓒ ⓓ	56	ⓐ ⓑ ⓒ ⓓ
17	ⓐ ⓑ ⓒ ⓓ	37	ⓐ ⓑ ⓒ ⓓ	57	ⓐ ⓑ ⓒ ⓓ
18	ⓐ ⓑ ⓒ ⓓ	38	ⓐ ⓑ ⓒ ⓓ	58	ⓐ ⓑ ⓒ ⓓ
19	ⓐ ⓑ ⓒ ⓓ	39	ⓐ ⓑ ⓒ ⓓ	59	ⓐ ⓑ ⓒ ⓓ
20	ⓐ ⓑ ⓒ ⓓ	40	ⓐ ⓑ ⓒ ⓓ	60	ⓐ ⓑ ⓒ ⓓ

Practice Test 4

46	ⓐ ⓑ ⓒ ⓓ	54	ⓐ ⓑ ⓒ ⓓ
47	ⓐ ⓑ ⓒ ⓓ	55	ⓐ ⓑ ⓒ ⓓ
48	ⓐ ⓑ ⓒ ⓓ	56	ⓐ ⓑ ⓒ ⓓ
49	ⓐ ⓑ ⓒ ⓓ	57	ⓐ ⓑ ⓒ ⓓ
50	ⓐ ⓑ ⓒ ⓓ	58	ⓐ ⓑ ⓒ ⓓ
51	ⓐ ⓑ ⓒ ⓓ	59	ⓐ ⓑ ⓒ ⓓ
52	ⓐ ⓑ ⓒ ⓓ	60	ⓐ ⓑ ⓒ ⓓ
53	ⓐ ⓑ ⓒ ⓓ		

Practice Test 5

46	ⓐ ⓑ ⓒ ⓓ	54	ⓐ ⓑ ⓒ ⓓ
47	ⓐ ⓑ ⓒ ⓓ	55	ⓐ ⓑ ⓒ ⓓ
48	ⓐ ⓑ ⓒ ⓓ	56	ⓐ ⓑ ⓒ ⓓ
49	ⓐ ⓑ ⓒ ⓓ	57	ⓐ ⓑ ⓒ ⓓ
50	ⓐ ⓑ ⓒ ⓓ	58	ⓐ ⓑ ⓒ ⓓ
51	ⓐ ⓑ ⓒ ⓓ	59	ⓐ ⓑ ⓒ ⓓ
52	ⓐ ⓑ ⓒ ⓓ	60	ⓐ ⓑ ⓒ ⓓ
53	ⓐ ⓑ ⓒ ⓓ		

Practice Test 6

46	ⓐ ⓑ ⓒ ⓓ	54	ⓐ ⓑ ⓒ ⓓ
47	ⓐ ⓑ ⓒ ⓓ	55	ⓐ ⓑ ⓒ ⓓ
48	ⓐ ⓑ ⓒ ⓓ	56	ⓐ ⓑ ⓒ ⓓ
49	ⓐ ⓑ ⓒ ⓓ	57	ⓐ ⓑ ⓒ ⓓ
50	ⓐ ⓑ ⓒ ⓓ	58	ⓐ ⓑ ⓒ ⓓ
51	ⓐ ⓑ ⓒ ⓓ	59	ⓐ ⓑ ⓒ ⓓ
52	ⓐ ⓑ ⓒ ⓓ	60	ⓐ ⓑ ⓒ ⓓ
53	ⓐ ⓑ ⓒ ⓓ		

TEPS — Test of English Proficiency developed by Seoul National University

수험번호

이름

Actual Test

(answer bubble grid, items 1–50, choices ⓐ ⓑ ⓒ ⓓ)

Practice Test 1

(answer bubble grid, items 41–50, choices ⓐ ⓑ ⓒ ⓓ)

Practice Test 2

(answer bubble grid, items 41–50, choices ⓐ ⓑ ⓒ ⓓ)

Practice Test 3

(answer bubble grid, items 41–50, choices ⓐ ⓑ ⓒ ⓓ)

Practice Test 4

(answer bubble grid, items 41–50, choices ⓐ ⓑ ⓒ ⓓ)

Practice Test 5

(answer bubble grid, items 41–50, choices ⓐ ⓑ ⓒ ⓓ)

Practice Test 6

(answer bubble grid, items 41–50, choices ⓐ ⓑ ⓒ ⓓ)

Practice Test 7

(answer bubble grid, items 41–50, choices ⓐ ⓑ ⓒ ⓓ)

Practice Test 8

(answer bubble grid, items 41–50, choices ⓐ ⓑ ⓒ ⓓ)

TEPS
TEPS 관리위원회

● 넥서스 수준별 TEPS 맞춤 학습 프로그램

기출·독해

서울대 기출문제

서울대 텝스 관리위원회 최신기출 500 VOL.1·2 | 서울대학교 TEPS관리위원회 문제 제공 · 양준희 해설 | 312쪽 | 16,000원
서울대 텝스 관리위원회 최신기출 1000 | 서울대학교 TEPS관리위원회 문제 제공 · 양준희 해설 | 628쪽 | 28,000원
서울대 텝스 관리위원회 제공 최신기출 시크릿 | 서울대학교 TEPS관리위원회 문제 제공 · 손진숙 해설 | 456쪽 | 20,000원
서울대 텝스 관리위원회 최신기출 1200/SEASON 2 문제집 | 서울대학교 TEPS관리위원회 문제 제공 | 352쪽 | 19,500원
서울대 텝스 관리위원회 최신기출 1200/SEASON 2 해설집 | 서울대학교 TEPS관리위원회 문제 제공 · 넥서스 TEPS연구소 해설 | 472쪽 | 25,000원

실전·어휘

실전 모의고사

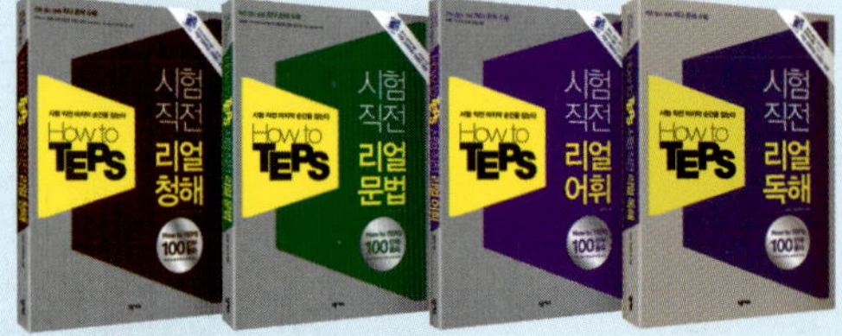

How to TEPS 영역별 끝내기 청해 | 테리 홍 지음 | 424쪽 | 19,800원
How to TEPS 영역별 끝내기 문법 | 장보금 · 써니 박 지음 | 260쪽 | 13,500원
How to TEPS 영역별 끝내기 어휘 | 양준희 지음 | 240쪽 | 13,500원
How to TEPS 영역별 끝내기 독해 | 김무룡 · 넥서스 TEPS연구소 지음 | 504쪽 | 25,000원

How to TEPS 시험 직전 리얼 청해 | 넥서스 TEPS연구소 지음 | 296쪽 | 19,500원
How to TEPS 시험 직전 리얼 문법 | 장보금 · 써니 박 지음 | 260쪽 | 14,000원
How to TEPS 시험 직전 리얼 어휘 | 양준희 지음 | 252쪽 | 14,000원
How to TEPS 시험 직전 리얼 독해 | 넥서스 TEPS연구소 지음 | 504쪽 | 25,000원

영역별

초급 (400~500점)

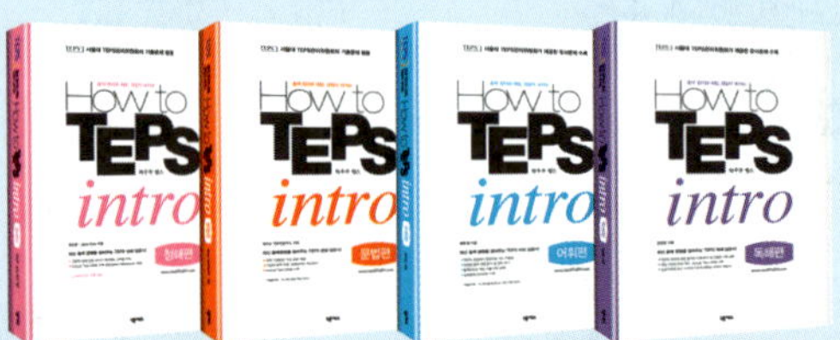

How to TEPS intro 청해편 | 강소영 · Jane Kim 지음 | 444쪽 | 22,000원
How to TEPS intro 문법편 | 넥서스 TEPS연구소 지음 | 424쪽 | 19,000원
How to TEPS intro 어휘편 | 에릭 김 지음 | 368쪽 | 15,000원
How to TEPS intro 독해편 | 한정림 지음 | 392쪽 | 19,500원

중급 (600~700점)

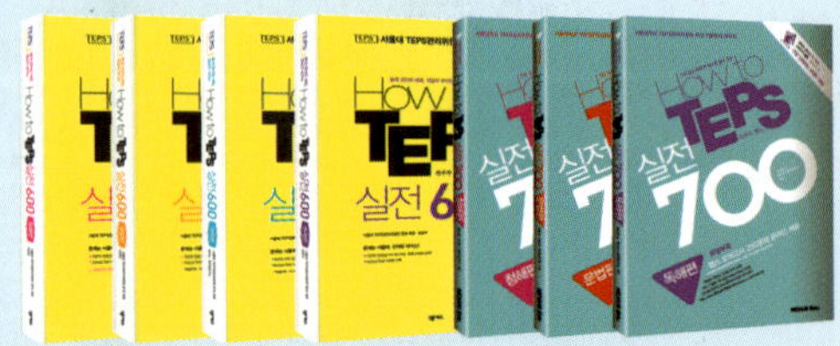

How to TEPS 실전 600 청해편·문법편·어휘편·독해편 | 각 권 서울대학교
TEPS관리위원회 문제 제공 | 청해: 19,500원, 문법: 17,500원,
어휘: 15,000원, 독해: 19,000원
How to TEPS 실전 700 청해편·문법편·독해편 | 강소영 · 넥서스 TEPS연
구소(청해), 이신영 · 넥서스 TEPS연구소(문법), 오정우 · 넥서스 TEPS연구소
(독해) 지음 | 청해: 16,000원, 문법: 15,000원, 독해: 19,000원

종합서

How to TEPS New Starter | 넥서스 TEPS연구소 지음 | 584쪽 | 25,900원
How to TEPS New Starter 모의테스트 | 넥서스 TEPS연구소 지음 |
296쪽 | 15,000원
TEPS 첫걸음 L/C | 유니스 정 지음 | 312쪽 | 15,000원
TEPS 첫걸음 R/C | 김무룡 · 넥서스 TEPS연구소 지음 | 612쪽 | 22,000원

텝스, 어렵던 파트를 콱! 찍어 점수 따기

문법 PART 3,4

청해 PART 4

HOW TO TEPS
국내 최초 텝스 파트별 교재

정답 및 해설

HOW TO TEPS

국내 최초 텝스 파트별 교재

텝스, 어려운 파트만 콕콕 찍어 점수 따기

문법 PART 3,4

청해 PART 4

정답 및 해설

청해   PART 4

Practice Test 1
→ P50

46 (b)	47 (c)	48 (a)	49 (d)	50 (d)	51 (a)
52 (c)	53 (b)	54 (d)	55 (a)	56 (c)	57 (d)
58 (b)	59 (b)	60 (c)			

46

A $100 million federal grant has been won by the state to expand broadband to rural areas, opening a window to learning opportunities for 1,700 schools, 12 community colleges, and 26 libraries. This is welcome news by users doling out 10 times the price for access via sources other than the typical fiber optic lines offered elsewhere. Simply due to the economy of scale, urban residents have enjoyed access to broadband at reasonable rates, whereas their rural counterparts have not amounting to a discrimination of sorts.

Q **What is the main point of the announcement?**
(a) The government will support urban Internet access.
(b) The government will subsidize rural Internet access.
(c) The government is combating race discrimination by providing Internet access to rural areas.
(d) Inflation has caused rural areas to have to dole out more for broadband service.

해석   농촌 지역에 브로드밴드를 확대하도록 1억 달러의 연방 정부 보조금이 주정부에 주어졌고, 1,700개의 학교, 12개의 지역 전문 대학과 26개의 도서관에 배움의 창이 열렸다. 이것은 다른 곳에서 제공되는 전형적인 광섬유 라인 이외의 원천을 통해 10배의 금액을 내고 있는 사용자들에게는

반가운 소식이다. 단순히 규모의 경제에 의해 도시 거주자들은 합리적인 요금에 브로드밴드 이용을 즐겨온 반면 농촌 사용자들은 그러지 못해 왔고, 일종의 차별에 이르렀다.

Q **발표 내용의 요점은?**
(a) 정부는 도시의 인터넷 접속을 지원할 것이다.
(b) 정부는 농촌의 인터넷 접속에 보조금을 지급할 것이다.
(c) 정부는 농촌 지역에 인터넷 접속을 제공함으로써 인종 차별을 없애기 위해 노력하고 있다.
(d) 인플레이션은 농촌 지역이 브로드밴드 서비스를 위해 좀 더 많이 지불하도록 했다.

정답분석   담화의 첫 부분에 요점을 담고 있는데, 농촌 지역에 고속 데이터 통신망의 확대를 위해 연방 정부의 보조금이 주어졌다는 내용이므로 정답은 (b)이다. (c)는 마지막 부분의 discrimination을 반복 사용한 오답이고, (d)의 inflation은 언급되지 않은 내용이다.

grant 보조금   **broadband** 브로드밴드, 고속 데이터 통신망   **rural** 시골의, 지방의   **dole out** ~을 조금씩 나눠 주다   **due to** ~에 기인하는   **urban** 도시의   **reasonable** 합리적인   **counterpart** 상대   **amount to** ~에 이르다   **subsidize** 보조금을 지급하다

47

I'm now selling my tried and true, mint condition RX 125. There isn't a scratch or dent to be found on this pristine machine. It's light and nimble with plenty of get up and go in addition to being very fuel efficient and powerful. While it's small enough for beginners, it is also suitable for more experienced riders as well. In reality, I love this road rocket and wouldn't be selling it if I hadn't just bought an irresistible new chopper.

Q **What is the advertisement about?**
(a) A new sports car
(b) A new motorcycle
(c) A used motorcycle
(d) A used bicycle

해석   이미 써봐서 믿을 수 있는 완벽한 상태의 RX 125를 지금 판매합니다. 완전 새것과 같은 이 기계는 긁힌 자국이나 찌그러진 곳을 찾을 수 없습니다. 매우 연료 효율이 좋고 출력이 높을 뿐만 아니라 가볍고 많은 추진력으로 날렵합니다. 초보자에게 맞게 충분히 작지만 좀 더 경험이 많은 운전자에게도 적합합니다. 사실 저는 이 로드 로켓을 좋아하고 만일 유혹적인 개조한 오토바이를 새로 사지 않았다면 이것을 팔지 않을 것입니다.

Q **무엇에 대한 광고인가?**
(a) 새 스포츠 카
(b) 새 오토바이
(c) 중고 오토바이
(d) 중고 자전거

정답분석   tried, mint-condition, pristine의 표현으로 중고품이라는 것과 fuel efficient, riders, chopper 등의 표현으로 오토바이에 관한 것이라는 것을 알 수 있으므로 정답은 (c)이다.

tried and true (이미 써봤기 때문에) 확실히 믿을 수 있는   **mint condition** 제조 직후의 상태와 같은, 아주 새로운   **dent** 움푹 들어간 곳   **pristine** 완전 새것 같은   **nimble** 민첩한, 날렵한   **get up and go** 패기   **fuel efficient** (자동차 등이) 저연비의, 연료 효율이 좋은   **suitable** 적합한   **road rocket** 로드 로켓 [3륜 바이크]   **irresistible** 저항할 수 없는, 유혹적인   **chopper** 개조한 오토바이

48

Al Capone, one of the most infamous American gangsters of all time, began with short term stints with small time gangs before joining the notorious Five Points Gang headed by Frankie Yale. Working as a bouncer at Yale's establishment, the seedy "Harvard Inn," Capone got into an altercation in which his assailant deeply gouged his cheek with a switchblade. Much to his chagrin, this situation would earn Capone the nickname he would be forced to bear the rest of his life, "Scarface."

Q **What is the best title for this talk?**
(a) The Origins of Scarface
(b) Al Capone's Part Time Job
(c) Al Capone, My Start as a Bouncer
(d) Fighting with Al Capone

해석 역대 가장 악랄한 미국 폭력배 중 한 명인 알 카포네가 프랭키 예일이 이끄는 악명 높은 파이브 포인트 갱단에 합류하기 전에 삼류 폭력배들과 단기 활동을 시작했다. 하버드 인이라는 지저분한 술집의 경비원으로 일하며 카포네는 잭나이프로 그의 볼을 깊이 찌르는 언쟁에 휘말렸다. 그에게는 아주 분하게도 이 상황이 카포네가 평생 감수해야 할 '흉터 얼굴'이라는 별명을 안겨주게 되었다.

Q 담화에 가장 잘 어울리는 제목은?
(a) 흉터 얼굴의 유래
(b) 알 카포네의 아르바이트
(c) 알 카포네, 경비원으로서의 출발
(d) 알 카포네와의 싸움

정답분석 미국 폭력배 알 카포네가 Scarface라는 별명을 어떻게 갖게 됐느지를 주로 이야기하고 있으므로 가장 어울리는 제목은 (a)이다. (c)는 하버드 인에서 경비원으로 일을 한 건 사실이지만 지엽적인 내용이다.

infamous 악명높은 gangster 폭력배 of all time 역대 stint (일정 기간 동안에 일) 활동 notorious 악명 높은 head ~을 이끌다 bouncer 경비원 establishment 시설 seedy 지저분한 altercation 언쟁 assailant 폭행범 gouge 찌르다 switchblade 잭나이프 to one's chagrin 분하게도 bear 참다, 견디다

49

In the fall of 2008, automakers were gasping from a double hit to their most profitable lines of trucks and SUVs; skyrocketing fuel prices and the evaporation of easy credit. Being heavily skewed towards these types of vehicles, the 'big 3' found themselves in a position of bankruptcy and thus were desperate for the government to intervene and make them whole again. What was truly unbelievable was these firms' managements' lack of foresight. Agreeing to do so with many strings attached, the government finally agreed to provide the necessary cash injections, consequently saving countless livelihoods.

Q What is the talk mainly about?
(a) The generosity of the governmental representatives
(b) The unforeseen and unavoidable position of automakers in 2008
(c) The relationship between the government and industry
(d) The poor management of automakers in 2008

해석 2008년 가을, 자동차 회사들은 가장 수익성이 좋은 라인인 트럭과 SUV를 강타한 급등하는 연료비와 용이한 신용 거래의 소멸이라는 이중 타격으로부터 숨을 제대로 못 쉬고 있었다. 이런 종류의 차량에 많이 의존하는 '3대 제조사'는 파산에 처했고 따라서 정부가 개입하여 그들을 다시 온전하게 만들어 주길 간절히 원했다. 정말로 믿기 힘든 점은 이들 회사 경영에 있어서 부족한 통찰력이었다. 정부부터 많은 조건을 수행하기로 손바귀며 정부는 마침내 필요 자금 투입에 찬성했고 그 결과 수많은 생계를 구했다.

Q 담화는 주로 무엇에 관한 내용인가?
(a) 정부 대표들의 관대함
(b) 2008년 자동차 회사 들의 예측하기 어렵고 불가피한 처지
(c) 정부와 기업의 관계
(d) 2008년 자동차 회사 들의 부실 경영

정답분석 자동차 회사들이 수익성이 좋은 트럭과 SUV에 크게 의존하고 있다가 2008년 시장 환경의 변화를 예측하지 못해 경영의 어려움을 겪었음을 알 수 있으므로 답은 (b)이다.

gasp 숨을 제대로 못 쉬다 profitable 수익성이 있는 SUV 스포츠형 다목적 차량 (Sports Utility Vehicle) skyrocket 급등하다 evaporation 소멸 credit 신용 거래 skew 비스듬히 움직이다 foresight 통찰력 intervene 개입하다 bankruptcy 파산 string 조건 cash injection 자금 투입 consequently 그 결과 livelihood 생계 generosity 관대함 representative 대표 unforeseen 예측하지 못한

50

In 1631, Mumtaz Mahal died while giving birth to her fourteenth child with the emperor of the Mughal Empire, Shah Jahan. Mumtaz was the favorite wife of the emperor and he became heartbroken over her death. In memory of his love for her, Shah Jahan decided to build a grand monument, the Taj Mahal, that would serve as her burial place. The main mausoleum employed thousands of artisans and craftsmen and took over sixteen years to build, while the surrounding buildings and garden were finished five years later. The Taj Mahal has become recognized as one of the most famous and beautiful structures in the world and stands as a symbol of eternal love.

Q What is the talk mainly about?
(a) The love story of Shah Jahan and Mumtaz Mahal
(b) A description of the construction of the Taj Mahal
(c) The reason the Taj Mahal is so famous
(d) The inspiration for the building of the Taj Mahal

해석 1631년 뭄타즈 마할은 무굴제국 황제인 샤 자한의 14번째 아이를 낳다가 세상을 떠났다. 뭄타즈는 황제가 총애하던 부인이었고, 그는 그녀의 죽음에 비통해 했다. 그녀에 대한 그의 사랑을 추모하며 샤 자한은 그녀의 묘지로 쓰일 타지마할이라는 웅장한 건축물을 짓기로 했다. 본관을 짓는 데 수천 명의 장인과 공예가가 투입되어 건축하는 데 16년이 걸렸고 주변 건물과 정원은 그로부터 5년 뒤에나 완성되었다. 타지마할은 세계에서 가장 유명하고 아름다운 건축물로 인정받았으며 영원한 사랑의 상징을 의미한다.

Q 담화는 주로 무엇에 관한 것인가?
(a) 샤 자한과 뭄타즈 마할의 사랑 이야기
(b) 타지마할 건축의 묘사
(c) 타지마할이 유명한 이유
(d) 타지마할 건축에 대한 영감

정답분석 황제는 자신이 아끼던 부인이 출산 중 사망하자 매우 슬퍼하며 그녀에 대한 사랑을 기리기 위해 타지마할을 건축했다는 내용이다. 담화는 부인의 죽음이 황제에게 타지마할을 건축하도록 영감을 주었다는 내용을 중심적으로 다루고 있으므로 답은 (d)이다.

give birth 낳다 emperor 황제 heartbroken 비통해 하는 in memory of ~를 추모하여 monument 기념비적인 건축물 burial place 묘지 mausoleum (중요 인물·가문의) 묘 등 artisan 장인 craftsman 공예가 eternal 영원한 inspiration 영감

51

Chemistry begins defining matter by dividing it into two broad types, 'pure substances' and 'mixtures.' In pure substances, only a single type of matter is present. Mixtures occur when two or more pure substances are intermingled with each other. For example, table salt is a pure substance. So is water, and so is table sugar. If you put salt and sugar in a jar together and shake, however, you have a mixture. Dissolve sugar in water and you have another mixture. Some things that you might not think of as mixtures actually do fit the definition. For example, in most rocks you'll see a mixture of different minerals, each a different pure substance.

Q **What is the passage mainly about?**
(a) The two categories of matter
(b) How to make a mixture
(c) How different pure substances mix
(d) Classifying different mixtures

해석　　화학은 물질을 '순수 물질'과 '혼합물'이라는 크게 두 가지 유형으로 나눔으로써 물질에 대한 정의를 시작한다. 순수 물질에는 오직 한 유형의 물질만 존재한다. 혼합물은 둘 또는 그 이상의 순수 물질이 서로 섞일 때 발생한다. 예를 들어 식탁용 소금은 순수 물질이다. 물도 그렇다. 그리고 식탁용 설탕도 마찬가지이다. 그러나 만약 소금과 설탕을 병에 같이 넣고 흔든다면 혼합물이 생긴다. 설탕을 물에 녹이면 또 다른 혼합물이 생긴다. 혼합물이라고 생각하지 않을지도 모르는 몇 가지들이 사실은 이 정의에 들어맞는다. 예를 들어 대부분의 바위에서 각각 다른 순수 물질인 여러 가지 광물의 혼합물을 볼 수 있다.

Q **무엇에 관한 담화인가?**
(a) 물질의 두 가지 범주
(b) 혼합물을 만드는 방법
(c) 서로 다른 순수 물질이 어떻게 섞이는가
(d) 여러 가지 혼합물 분류하기

정답분석　주로 화학에서 정의하는 물질의 두 가지 유형, 순수 물질과 혼합물에 대해 이야기하고 있으므로 정답은 (a)이다.

chemistry 화학　define 정의하다　matter 물질　broad 넓은　pure substance 순수 물질　mixture 혼합물　intermingle 섞다　dissolve 녹이다　mineral 광물　category 범주　classify 분류하다

52

Researchers in California have released a new study suggesting childhood obesity is contagious. According to Dr. Jeffrey Schwimmer of Rady Children's Hospital, a strain of the common cold, Adenovirus-36, could be adding inches to teenagers' waistlines. The study indicates that 80 percent of the children who have had the virus were obese by a whopping 35 pounds. This particular strain of the virus is one of the 55 known for the common cold, but it is now receiving a lot of attention.

Q **What is the main idea of the passage?**
(a) Children losing weight will prevent common colds.
(b) Children given cold medicine will help them become less obese.
(c) One strain of the common cold is creating an obesity problem in children.
(d) There are 55 strains of the common cold that create obesity in children.

해석　　캘리포니아의 연구원들은 소아 비만이 전염성이라는 새로운 연구를 발표했다. 래이디 어린이 병원의 제프리 쉬머 박사에 따르면 감기의 한 종류인 아데노 바이러스-36이 10대의 허리 둘레를 늘릴 수 있다고 한다. 연구는 이 바이러스를 가진 80%의 어린이들이 35파운드라는 엄청난 차이로 비만이었다고 지적한다. 이 특정 종류의 바이러스는 감기 바이러스로 알려진 55가지 중 하나이나 현재 많은 주목을 받고 있다.

Q **담화의 요점은?**
(a) 체중이 감소하는 어린이들은 감기를 예방할 것이다.
(b) 감기약 처방을 받은 어린이들은 보다 적게 비만이 되는 데 도움이 될 것이다.
(c) 감기의 한 종류가 어린이들에게 비만 문제를 일으키고 있다.
(d) 어린이들에게 비만을 일으키는 55가지 종류의 감기가 있다.

정답분석　감기 바이러스의 한 종류인 아데노 바이러스-36을 가진 어린이들의 80%가 비만이라는 연구 결과를 말하고 있으므로 정답은 (c)이다.

release 발표하다　obesity 비만　contagious 전염성의　according to ~에 따르면　strain 종류　common cold 감기　indicate 지적하다　whopping 엄청 큰　particular 특정한　attention 주목

53

More lives are being saved from HIV/AIDS than ever and 8 developing countries now give drug treatment to all those who need it, according to a United Nations report being published tomorrow. However, those gains could be reversed without extra money from donors, the report warns. About 5.2 million people with HIV now receive antiretroviral drugs that keep them not only alive, but fit and well — an increase of more than 1.2 million people in a year, says the report from the World Health Organization, UNICEF, and UNAIDS. However, the sustainability of many HIV programs is at risk should the recent worldwide financial crisis affect the financial commitments of donors, without which, there is considerable danger that these achievements could be undone.

Q **What is correct according to the UN's report?**
(a) People doing antiretroviral drugs often contract HIV and AIDS.
(b) To continue their success, HIV/AIDS programs need continued support.
(c) The financial crisis has already undone the work of aid organizations.
(d) HIV/AIDS programs are sustainable if people scale back their donations.

해석　내일 발표될 유엔의 보고에 따르면 그 어느 때보다도 많은 생명이 HIV나 에이즈로부터 살아남았고 8개의 개발 도상국이 필요한 모든 이에게 약물치료를 제공한다고 한다. 그러나 그런 개선은 기부자로부터 추가 자금이 없다면 취소될 수 있다고 경고한다. 약 520만 명의 HIV 보균자가 지금 그들을 살릴 뿐 아니라 건강하고 안전하게 지켜 줄 항RNA 종양 바이러스 약물을 투여 받는데, 이는 1년에 120만 명이 넘는 증가라고 세계보건기구, 유니세프, 유엔 에이즈 보고는 말한다. 그러나 최근 전 세계적인 재정 위기가 기부자들의 재정적 약속에 영향을 미침에 따라 많은 HIV 프로그램의 지속 가능성이 위험에 처해있고, 기부자의 재정적 약속 없이는 공적이 수포로 돌아갈 수도 있는 상당한 위험에 처해 있다.

Q　유엔 보고의 내용과 일치하는 것은?
(a) 항RNA 종양 바이러스 약물 복용자들은 종종 HIV와 에이즈에 걸린다.
(b) 성공을 이어 나가기 위해 HIV/에이즈 프로그램은 계속적인 지원이 필요하다.
(c) 재정 위기가 이미 지원 단체의 업적을 수포로 돌렸다.
(d) 사람들이 기부금의 규모를 축소한다면 HIV/에이즈 프로그램은 지속 가능하다.

정답분석　유엔 보고에 따르면 많은 사람들이 HIV나 에이즈로부터 생명을 구하고 있고 약물치료를 받고 있는데 기부자의 도움이 없다면 취소될 수 있다고 하므로 (b)가 정답이다.

drug 약물　**treatment** 치료　**reverse** 취소하다　**donor** 기부자　**antiretroviral drug** 항RNA 종양 바이러스 약물 (주로 HIV와 같은 종양 바이러스에 쓰이는 약물)　**fit** 건강한, 적합한　**sustainability** 지속 가능성　**at risk** 위험한 상태에 있는　**affect** 영향을 미치다　**financial** 재정적인　**commitment** 약속　**considerable** 상당한　**crisis** 위기　**sustainable** 지속 가능한　**scale back** 축소하다

54

Ezone is pleased to announce important updates to its feedback, seller's standards and buyer protection system. For example, when you provide users with one day handling, upload the relevant tracking information and show package arrival, we provide your business with a gold star rating. As well, we grant you a full dashboard of analysis to track your business success such as traffic reports, amount and quality of your site feedback and competitive bid prices.

Q　**What is correct according to Ezone's announcement?**
(a) If you provide one day payment services, you receive a gold rating.
(b) You can track the free gifts you receive from this company.
(c) You can track your competition's site analysis.
(d) Analytical information for a business website is available.

해석　이존은 피드백에 대한 중요한 최신 정보와 판매자 표준, 구매자 보호 시스템을 발표하게 되어 기쁩니다. 예를 들어 사용자에게 당일 출하를 제공하고 관련된 추적 정보를 업로드하며 물품 도착을 보여주면 저희는 귀사에 골드스타 등급을 부여합니다. 뿐만 아니라 저희는 사업 성과를 추적할 수 있는 트래픽 보고서, 귀사 사이트의 양과 질적인 면에서의 피드백, 경쟁 입찰가와 같은 종합 분석 정보 관리 기능을 승인하는 바입니다.

Q　이존의 발표 내용에 대해 옳은 것은?
(a) 당일 상환 서비스를 제공하면 골드 등급을 받을 것이다.
(b) 이 회사에서 받는 사은품을 추적할 수 있다.
(c) 경쟁 사이트의 분석을 추적할 수 있다.
(d) 회사 사이트 분석 정보를 입수할 수 있다.

정답분석　사용자에게 당일 출하 서비스와 관련 정보 등을 제공하면 골드스타 등급을 줄 뿐만 아니라 종합 분석 정보 관리 기능을 승인한다고 했으니 (d)가 발표 내용과 일치한다.

handling (상품의) 출하　**relevant** 관련 있는, 적절한　**track** 추적하다　**rating** 등급　**grant** 승인하다　**dashboard** 웹 상에서 정보를 중앙 집중적으로 관리하는 기능　**bid price** 입찰가　**payment** 상환

55

Researchers argue that mainstream cleaning supplies are dangerous for people because they contain toxic chemicals such as phosphates. It has been proven that these airborne chemicals increase the risk of asthma and other diseases for young children inhaling them. Furthermore, some of the cleaning products can imitate estrogen and cause severe health problems for women. Researchers advocate switching to natural cleaning products deemed to be safer and more effective, not to mention more environmentally friendly for plant and animal life as well.

Q　**What is correct about mainstream cleaning products according to the passage?**
(a) Mainstream cleaners may cause breathing difficulties for children.
(b) Estrogen levels in women may decline with use of mainstream cleaners.
(c) Phosphates are absorbed into people's skin and can cause topical irritations.
(d) Researchers want a ban on natural cleaning products that aren't proven.

해석　연구자들은 주류 청소 물품이 인산염과 같은 유독성 화학 물질을 함유해 사람들에게 위험하다고 주장한다. 공기에 떠다니는 화학 물질을 들이마시는 어린이에게 천식이나 다른 질병을 일으킬 위험을 높인다는 것이 증명되었다. 더욱이 어떤 청소 제품은 에스트로겐을 모방해 여성에게 심각한 건강 문제를 일으킨다. 연구자들은 자연 청소 제품으로 바꾸는 것이 식물과 동물에게 환경친화적이라는 것은 말할 필요도 없고 더 안전하고 효과적이라고 지지한다.

Q　주류 청소 제품에 대해 옳은 것은?
(a) 주류 청소 용품은 어린이에게 호흡 문제를 일으킬 수도 있다.
(b) 여성의 에스트로겐 수준이 주류 청소 용품을 사용함에 따라 줄어들 수 있다.
(c) 인산염은 사람의 피부로 흡수되어 국부 염증을 유발할 수 있다.
(d) 연구자들은 증명되지 않은 자연 청소 제품의 금지를 원한다.

정답분석　공기 중의 화학 물질을 어린이가 들이마시면 천식 등을 유발할 위험을 높인다고 했으므로 (a)가 정답이다.

mainstream 주류의　**supply** 물품　**toxic** 유독성의　**chemical** 화학 물질　**phosphate** 인산염　**airborne** 공기로 운반되는　**asthma** 천식　**inhale**

숨을 들이마시다　imitate 모방하다　estrogen 에스트로겐 (여성 호르몬의 일
종)　severe 심각한　advocate 지지하다　deem 여기다. 생각하다　not to
mention ~은 말할 것도 없고　topical 국부의　irritation 염증

56

According to Yahoo Research writers, Michael Schwarz and Yuri Takhteyev, the reason that open source programs are superior to proprietary ones is based on what economists call 'the hold up problem.' When a business relies on assets owned by another party, it may become dependent on that party's cooperation in the future. In this situation, the party with ownership of a key resource may gain the ability to 'hold up' its partner, demanding an unreasonably high price. Hold up becomes a problem especially when a business needs to make large capital investments that assume future cooperation from the owner of the company's core asset.

Q **What is correct about the 'hold up' problem in proprietary programs?**
(a) Programmers are dependent on a successful launch party.
(b) Investors hold up the programmer from charging clients higher prices.
(c) Programmers can refuse to comply with the business plans of investors.
(d) Training business partners to hold up the business is quite expensive.

해석　야후의 연구 저자인 마이클 슈워츠와 유리 타케예브에 따르면 개방형 소스 프로그램이 소유형 프로그램보다 우수한 이유는 경제학자들이 말하는 '홀드업 문제'에 기초한다고 한다. 한 사업체가 상대방이 소유한 자산에 의지하면 그 사업체는 미래에 상대방의 협조에 의존할지도 모른다. 이런 상황에서 핵심 자원을 소유한 상대방이 지나치게 높은 가격을 요구하며 그 파트너를 '강탈'하는 능력을 얻을 수도 있다. 홀드업은 한 사업체가 회사의 핵심 자산 소유주로부터 장래 협력의 양상을 띠는 대규모 자본 투자를 해야 할 때 특히 문제가 된다.

Q **소유형 프로그램에 있어서 '홀드업' 문제에 대해 옳은 것은?**
(a) 프로그래머는 성공적인 출시 기념식에 의존한다.
(b) 투자자는 고객에게 더 높은 금액을 부과하는 프로그래머를 저지한다.
(c) 프로그래머는 투자자의 사업 계획을 따르기를 거부할 수 있다.
(d) 사업을 지속하도록 사업 파트너를 훈련시키는 것은 꽤 비싸다.

정답분석　소유형 프로그램에 있어서 프로그래머는 핵심 자산을 보유한 자인데, 그들을 믿고 투자하는 투자자에게 협조를 안 한다면 홀드업 문제가 발생하는 것이므로 (c)가 정답이다. 홀드업은 해외 진출 기업이 현지 정부의 제도나 정책 변화로 손을 들고 철수하는 경우를 말하는데, 외국인 투자 기업의 입장에서 현지 정부의 잦은 제도 · 정책 변경은 노상 강도나 강탈과 다름이 없다는 의미를 담고 있다.

superior 우수한　**proprietary** 소유주의　**hold up** 강탈　**rely on** ~
에 의지하다　**asset** 자산　**cooperation** 협력　**unreasonably** 지나치게
capital 자본　**assume** (양상을) 띠다. 취하다　**core** 핵심　**comply** 따르다

57

According to a study published in the journal of *Psychological Science* led by Baba Shiv, people with brain dysfunctions specifically affecting their emotions were able to make more advantageous decisions under certain circumstances. The study had a 'Group A' of twenty people with these types of brain disorders instructed to gamble with a large amount of money in a coin toss game (heads you win, tails you lose). A 'Group B' was formed with another twenty people without brain disorders and instructed to do the same. Researchers found that Group B became discouraged after a run of bad coin tosses so they gambled too cautiously and lost their money while Group A were unaffected by bad luck and took larger risks sometimes leading to better pay-offs.

Q **What is correct about the study?**
(a) The study tested the emotional reactions of people with brain disorders.
(b) People with normal functioning brains don't take risks.
(c) It's always better to be emotional in making decisions.
(d) In some cases, emotions can have a negative effect on decision-making.

해석　바바 시브가 이끄는 〈심리적 과학〉 저널에 발표된 연구에 따르면 감정에 특히 영향을 주는 뇌 기능 장애를 가진 사람들이 어떤 상황에서는 좀 더 유리한 결정을 내릴 수 있었다고 한다. 이 연구는 이런 유형의 뇌 장애를 가진 20명의 '그룹 A'에게 동전을 던지는 게임(앞면이면 이기고, 뒷면이면 짐)에서 많은 돈을 가지고 도박을 하도록 지시했다. '그룹 B'는 뇌 장애가 없는 또 다른 20명의 사람들로 구성되었고 똑같이 하도록 지시 받았다. 연구자들은 그룹 B는 몇 번 동전을 잘못 던진 후 낙담해서 지나치게 신중하게 도박을 해 돈을 잃은 반면, 그룹 A는 불운에 영향을 받지 않고 이따금 더 좋은 수익을 가져오는 더 큰 위험을 감수하는 것을 발견했다.

Q **연구 내용에 대해 옳은 것은?**
(a) 연구는 뇌 장애를 가진 사람들의 감정적 반응을 시험했다.
(b) 정상적으로 기능하는 뇌를 가진 사람들은 위험을 감수하지 않는다.
(c) 결정을 하는 데 있어 감정적인 것이 항상 더 낫다.
(d) 어떤 경우에는 감정이 의사 결정에 부정적인 영향을 끼칠 수 있다.

정답분석　연구 결과에 따르면 감정에 영향을 미치는 뇌 기능 장애가 없는 사람들이 어떤 상황에서는 감정에 영향을 받아 불리한 결정을 하기도 하므로 (d)가 연구 내용과 일치한다.

psychological 심리적인　**dysfunction** 기능 장애　**specifically**
특히　**affect** 영향을 미치다　**advantageous** 유리한　**circumstance** 상
황　**disorder** 장애　**instruct** 지시하다　**cautiously** 신중히　**take a risk**
위험을 감수하다　**pay-off** 수익

58

This announcement is a sincere effort to raise awareness of our annual charity drive. The aim of this year's drive will be to collect any old or unused items of clothing, shoes, jewelry, games or anything else that would be considered appropriate to donate to needy families throughout the Gainsbrooke area. As responsible members of our society, I know that we can set a great example to be emulated by other communities. Please notify me of your contact information and I will arrange a schedule for everyone's participation.

Q **What can be inferred from the announcement?**
(a) Gainsbrookers don't want the speaker to be the spokesperson of their annual charity drive.
(b) Gainsbrookers are being reminded not to forget about the annual charity drive.
(c) Gainsbrookers won't care about setting a good example for other communities.
(d) Gainsbrookers are reluctant to give the speaker their personal contact information.

해석　　　이 안내문은 저희 연례 자선운동에 대한 관심을 높이기 위한 참된 노력입니다. 올해 자선운동의 목표는 낡은 혹은 사용하지 않는 의류, 신발, 보석, 게임 또는 게인스브룩 전역의 어려운 가정에 기부하기에 적당하다고 여겨지는 모든 것을 수집하는 것입니다. 우리 사회의 책임감 있는 구성원으로서 다른 지역 사회에서 본받을 훌륭한 본보기를 세울 수 있다는 것을 압니다. 연락처를 알려주시면 모든 이가 참여할 수 있도록 일정을 잡아보겠습니다.

Q **공고문으로부터 유추할 수 있는 것은?**
(a) 게인스브룩 주민들은 화자가 연례 자선운동의 대변인이 되기를 원치 않는다.
(b) 게인스브룩 주민들은 연례 자선운동에 대해 잊지 않도록 일깨워지고 있다.
(c) 게인스브룩 주민들은 다른 지역 사회를 위해 좋은 본보기를 세우는 것에 상관하지 않을 것이다.
(d) 게인스브룩 주민들은 화자에게 개인 연락처를 주기를 꺼린다.

정답분석　담화의 첫 부분에서 안내문이 연례 자선운동에 대한 관심 혹은 의식을 높이기 위한 것이라고 했으므로 정답은 (b)이다.

announcement 안내　**sincere** 참된　**awareness** 관심　**charity drive** 자선운동　**aim** 목표　**consider** 여기다　**needy** 어려운　**responsible** 책임감 있는　**emulate** 모방하다, 따라가다　**arrange** 마련하다

59
With Japanese fish stocks in crisis, Japanese fishing

companies built larger boats to extend the territory they could fish. While large hauls were achieved far offshore, on their return, the fish became 'off'. They froze the fish for the voyage back, but it still had a lackluster taste. They outfitted their vessels with tanks, keeping the fish alive, yet to no avail. Finally, they placed small sharks in the tanks with the fish. Some of the fish were eaten, but the remaining fish had a fresh taste and were sold immediately. People in Japan use this anecdote as a guiding principle in their lives.

Q **What can you infer about the meaning of this talk?**
(a) It is important to be persistent in a crisis situation.
(b) Challenges are needed to keep people active and engaged.
(c) Innovation is the key to survival.
(d) Japanese employees must endure a lot of pressure.

해석　　　일본의 어종이 위기에 있는 가운데, 일본의 어업 회사들은 그들이 어획할 수 있는 영역을 확대하기 위해 더 큰 배들을 만들었다. 많은 어획량을 연안 멀리에서 획득했지만 돌아오는 길에 물고기는 '상했다'. 그들은 귀항을 위해 생선을 얼렸으나 겨전히 맛이 별로 였다. 그들은 배에 탱크를 갖춰 생선이 살아있도록 유지했으나 소용이 없었다. 마침내 그들은 탱크에 생선과 함께 작은 상어들을 넣었다. 어떤 물고기들은 잡아 먹었지만 남아 있는 물고기들은 맛이 신선했고 즉시 팔렸다. 일본 사람들은 이 일화를 생활 지침으로 사용한다.

Q **담화의 의미로 유추할 수 있는 것은?**
(a) 위기 상황에서 버티는 것은 중요하다.
(b) 사람들이 적극적으로 열심히 살기 위해서 도전이 필요하다.
(c) 혁신이 생존의 열쇠다.
(d) 일본의 고용인들은 많은 압박감을 인내해야만 한다.

정답분석　담화에서 싱어는 도전을 의미하는데 상어가 물고기들을 신선하게 유지시켜 준다는 것은 도전이 있음으로써 사람들이 적극적으로 열심히 산다는 것이므로 정답은 (b)이다.

stock 군체　**crisis** 위기　**territory** 영역　**haul** 어획량　**offshore** 연안의　**off** 상한　**lackluster** 광택이 없는, 활기 없는　**outfit** 갖추어 주다　**vessel** 배

avail 소용되다　**anecdote** 일화　**principle** 신념, 신조　**engaged** 바쁜　**endure** 인내하다

60
With his new ban on outdoor smoking, the mayor continues his relentless quest to bully and harass smokers into living the life he's chosen for them; a repressed, exiled existence with no basic freedoms. It seems that his hypocrisy knows no bounds when it comes to political pandering. It's commonly said that actions speak louder than words, and his latest actions against smokers clearly reveal that his respect for freedom and liberty is as deep as a puddle in the Sahara desert.

Q **What does this passage suggest about the mayor?**
(a) Though a smoker, he won't allow others to smoke.
(b) He is imposing his smoking on others.
(c) He is unfairly restricting the freedom of others.
(d) He wants to rid his city of smokers by any means.

해석　　　실외 흡연에 대한 새로운 금지와 더불어 시장은 흡연자를 위해 그가 선택한, 기본적인 자유도 없는 억압되고 추방된 존재로서의 삶을 살도록 흡연자를 괴롭히고 귀찮게 구는 집요한 추구를 계속한다. 정치적인 이용에 관한 한 시장의 위선은 한계를 모르는 것 같다. 흔히 말보다 행동이 중요하다고 하는데 흡연자에 대한 그의 최근 행동은 자유에 대한 존중이 사하라 사막의 웅덩이 깊이밖에 안 된다는 것을 여실히 보여준다.

Q **시장에 대해 시사하는 것은?**
(a) 흡연자임에도 불구하고 시장은 다른 이의 흡연을 허락하지 않을 것이다.
(b) 자신이 담배 피는 것을 다른 이에게 강요하고 있다.
(c) 다른 이의 자유를 불공평하게 제한하고 있다.
(d) 어떻게 해서든 자신의 시에서 흡연자를 없애기를 원한다.

정답분석　담화는 흡연에 대한 시장의 금지와 제재가 흡연자를 괴롭히고 타인의 자유를 억압하는 행동이라고 비난하고 있으므로 정답은 (c)이다.

ban 금지　**relentless** 집요한　**quest** 추구　**bully** 괴롭히다　**harass** 귀찮게 굴다　**repressed** 억압된　**exiled** 추방된　**hypocrisy** 위선　**when it**

comes to ~에 관한 한　**bound** 한계　**pander** 이용하다　**reveal** 보이다　**liberty** 자유　**impose** 강요하다　**restrict** 제한하다　**rid** 없애다　**by any means** 어떻게 해서든

Practice Test 2

⇒ P51

46 (d)	47 (c)	48 (a)	49 (d)	50 (a)	51 (b)
52 (d)	53 (d)	54 (b)	55 (b)	56 (a)	57 (b)
58 (b)	59 (a)	60 (c)			

46

Bob Dylan was best known for his work in the 1960s, when he became a reluctant figurehead of American unrest. His musical styling incorporated political and social commentary, often with unorthodox moral stances that appealed heavily to a growing counterculture at the time. Many involved in the civil rights movement found an anthem in his song 'Blowin' in the Wind' while millions of young Americans embraced 'The Times They are A-Changin' as an icon of the decade.

Q **What is the best title for this talk?**
(a) Bob Dylan: Mainstream Thoughts Turned Rogue
(b) Bob Dylan: Poet Turned Politician
(c) Bob Dylan: Embracing Fame for the Good of the Nation
(d) Bob Dylan: Subversive Thoughts through Song

해석　밥 딜런은 1960년대 노래로 가장 잘 알려졌는데, 그 당시 그는 미국의 사회적인 불안의 마지못한 간판이 되었다. 그의 음악적 스타일은 정치적, 사회적 비평과 함께 종종 그 당시에 커가고 있던 반체제에 호소하는 특이한 도덕적 입장을 혼합했다. 인권 운동에 관련된 많은 이들이 그의 노래 'Blowin' in the Wind'에서 의미를 발견한 반면 수백만의 젊은 미국인들은

The Times They are A-Changin'을 그 시대의 아이콘으로 받아들였다.

Q **담화에 가장 적절한 제목은?**
(a) 밥 딜런: 범죄자가 된 주류 사상
(b) 밥 딜런: 정치인이 된 시인
(c) 밥 딜런: 국익을 위해 명성을 받아들이다
(d) 밥 딜런: 노래를 통한 체제 전복적인 사상

정답분석　밥 딜런의 노래들이 1960년대 미국 사회와 정치에 대한 불만과 반체제적인 태도를 반영하고 있다고 했으므로 정답은 (d)이다.

reluctant 마지못한　**figurehead** 표면상의 대표　**unrest** (사회적인) 불안　**incorporate** 혼합하다　**commentary** 비평　**unorthodox** 특이한, 정통적이 아닌　**moral** 도덕적인　**stance** 입장　**appeal** 호소하다　**counterculture** 반체제　**anthem** 성가, (어떤 단체에 중요한 의미가 있는) 노래　**embrace** 받아들이다　**rogue** 범죄자　**subversive** 체제 전복적인

47

Graceful 1940s sterling silver candlesticks with removable sterling and hand-etched crystal chimneys; Look beautiful with or without their chimneys. The crystal chimneys are hand-engraved with a floral design that sparkles in candlelight, giving an elegant effect to a Thanksgiving or Christmas table, or to make a birthday or any dinner a special event. All pieces are in perfect condition, all marked 'STERLING.' The chimneys have no cracks, chips, or fleabites and sit snugly into the bases.

Q **What is mainly being advertised?**
(a) Chimney sweeping service in England
(b) A hand etched sign
(c) An antique candlestick set
(d) A used bookcase

해석　탈부착할 수 있고 순은 제품이며 손으로 새긴 크리스털 등피가 달린 우아한 1940년대의 순은 촛대는 등피와 함께 또는 없이도 아름답습니다. 크리스털 등피는 촛불 빛에 반짝이는 꽃무늬 디자인이 수공 조각되었고, 추수 감사절이나 성탄절 식탁에 혹은 생일이나 저녁 식사를 특별한 행사로 만들 고상한 효과를 줍니다. 모든 부품은 완벽한 상태이고 모두 'STERLING'

이라고 표시되어 있습니다. 등피는 금이나 이가 나가지 않았고 얼룩이 없으며 촛대에 아늑하게 올려집니다.

Q **주로 무엇을 광고하고 있나?**
(a) 영국의 등피 청소 서비스
(b) 손으로 새긴 기호
(c) 고풍스러운 촛대 세트
(d) 중고 책장

정답분석　첫 부분을 들으면 이 광고가 candlestick(촛대)에 관한 것임을 알 수 있고 이후 촛대의 부품에 대해 설명하고 있으므로 정답은 (c)이다.

sterling silver 순은　**removable** 떼어낼 수 있는　**etch** 새기다　**chimney** 등피 (등불이 꺼지지 않도록 남포등에 씌우는 유리로 만든 물건)　**engrave** 새기다　**floral** 꽃무늬의　**sparkle** 반짝이다　**elegant** 고상한　**crack** 금　**chip** 이 빠진 자국　**fleabite** 갈색 얼룩　**snugly** 아늑하게　**sweep** 청소하다

48

According to Roger Ebert, a famous movie reviewer in America, the movie, 'The Last Airbender', was an agonizing experience in every category he could think of. He said that one fatal decision was to make a live action movie out of material that was born to be anime, adding as well that the absurd visuals in the movie were allowed to be plausible in that medium. Compounding the issue was the atrocious special effects that seemed almost laughable.

Q **What main claim does the passage make about the movie, 'The Last Airbender'?**
(a) The movie format was incorrectly chosen according to Mr. Ebert.
(b) The movie had terrible special effects according to Mr. Ebert.
(c) Roger Ebert didn't like the movie's storyline.
(d) Anime is the best medium to make movies.

해석　미국의 유명한 영화 평론가인 로저 에버트에 의하면 영화 〈라스트

에어벤더〉는 그가 생각할 수 있는 모든 면에서 고통스런 경험이었다고 한다. 그가 말하길 일본 만화 영화용으로 탄생한 소재로 라이브 액션 영화를 만들기로 한 것이 치명적인 결정이었다고 말하며, 영화의 터무니없는 영상은 그 매체에서는 그럴듯하게 받아들여졌다고 덧붙였다. 문제를 악화시킨 것은 우스꽝스러운 듯한 형편없는 특수 효과였다.

Q 영화 〈라스트 에어벤더〉에 대한 담화의 주장은?
(a) 에버트 씨에 의하면 영화의 전체 구성이 잘못 선택되었다.
(b) 에버트 씨에 의하면 영화의 특수 효과는 형편없었다.
(c) 로저 에버트는 영화의 줄거리를 좋아하지 않았다.
(d) 일본 만화 영화는 영화를 제작하기에 가장 좋은 매체이다.

정답분석 로저 에버트는 〈라스트 에어벤더〉의 영상이나 특수 효과 등이 형편없었지만 무엇보다도 치명적인 것은 일본 만화 영화 소재를 가지고 라이브 액션 영화를 만들기로 한 것이라 했으므로 정답은 (a)이다.

reviewer 평론가 agonizing 고통스러운 fatal 치명적인 material 소재 anime 일본 만화 영화 absurd 터무니없는 plausible 그럴듯한 medium 매체 compound 악화시키다 atrocious 형편없는 laughable 우스꽝스러운 storyline 줄거리

49

Among the most popular games of strategy in the world is the game of chess. Enjoyed even in Renaissance times, chess has now become a worldwide phenomenon with chess clubs, chess tournaments and even online games. Its origins are said to be from India where it was known as 'four military divisions.' Pieces in that game that represented infantry, cavalry, elephants, and chariotry evolved into the modern pawn, knight, bishop, and rook, respectively. By 1475, several major changes to the game were made regarding movement of the pieces that has made chess into the game as it is known today.

Q What is the speaker's main point in the talk?
(a) The popularity of the game of chess
(b) The first version of the game of chess
(c) The origins of the pieces of chess
(d) The evolution of the game of chess

해석　　체스 게임은 세계에서 가장 유명한 전략 게임 중 하나이다. 르네상스 시대에도 즐긴 체스는 이제 체스 클럽, 체스 토너먼트, 심지어 온라인 게임도 있을 만큼 세계적인 게임이 되었다. 체스는 인도에서 기원해 '네 개의 군사 사단'으로 알려졌다고 한다. 보병대, 기병대, 코끼리 부대, 전차대를 상징하는 말들은 각각 현대의 졸, 나이트, 비숍 그리고 루크로 변화했다. 1475년까지 말의 이동 규칙에 관한 여러 커다란 변화가 있었고, 결국 그것이 오늘날 우리가 알고 있는 체스 게임이 되었다.

Q 화자의 요점은?
(a) 체스 게임의 인기
(b) 체스 게임의 초기 형태
(c) 체스 말의 기원
(d) 체스 게임의 발전

정답분석 체스는 인도에서 기원했고, 초기 말은 군사 사단을 의미하며 요즘에는 다른 이름으로 불리고 있다. 또한 15세기에 현대 체스의 규칙이 확립되었다고 했으므로 시간 순서에 따른 체스 게임의 발전이 알맞다. 따라서 답은 (d)이다.

phenomenon 경이로운 사람[것] division 분할, 사단 piece (장기 등의) 말 represent 상징하다 infantry 보병대 cavalry 기병대 chariotry 전차대 evolve 점진적으로 변화하다 respectively 각각 popularity 인기

50

Homelessness is not new in America. There have always been homeless people in the United States. But the homeless today differ in some ways from their counterparts of the 1950s and 1960s. More than 50 years ago, most of the homeless were old men, only a handful were women, and virtually no families were homeless. Today, the homeless are younger and include more women and families with young children. Today's homeless people are much more likely to sleep on the streets or in other public places. In recent years, however, most cities have cracked down on the homeless, removing them from the streets.

Q What is this talk mainly about?

(a) How homelessness has changed over time
(b) The numbers of people that are homeless
(c) Cities' solutions for homelessness
(d) The causes of homelessness

해석　　노숙은 미국에서 새로운 일이 아니다. 미국에는 항상 노숙자들이 있었다. 그러나 오늘날의 노숙자들은 1950년대와 1960년대의 노숙자들과 어떤 면에서 다르다. 50여 년 전에 대부분의 노숙자들은 나이 든 남자들이었고 여자는 단지 소수였으며, 가족이 노숙자인 경우는 거의 없었다. 요즈음 노숙자들은 더 젊고 더 많은 여자들과 어린 아이들이 딸린 가족들이 있다. 현대 노숙자들은 거리에서 잠을 자거나 다른 공공장소에서 잘 가능성이 훨씬 많다. 그러나 최근 몇 년간 대부분의 시들은 노숙자들을 엄하게 단속하며 거리에서 내몰았다.

Q 담화는 주로 무엇에 관한 내용인가?
(a) 시간이 지나며 노숙이 어떻게 변화했는가
(b) 노숙자들의 숫자
(c) 노숙에 대한 시의 해결책
(d) 노숙의 원인

정답분석 담화는 오늘날의 노숙자와 50여 년 전의 노숙자들의 차이점을 이야기하고 있으므로 정답은 (a)이다.

homelessness 노숙 differ 다르다 counterpart 상대 handful 소수 virtually 거의 crack down on 엄하게 단속하다 remove 몰아내다

51

In Arthur Lindman's book *The Harried Leisure Class*, the author describes people's leisure time and how there are many people who are doing more but enjoying it less. Lindman claims that as people's income rises, they buy more things to occupy their time but ironically, the more things they buy, the less they value any one item. This leads to massive boredom in the midst of tremendous variety. This is not a new concept in that Ecclesiastes expressed the same thought thousands of years ago when he wrote "it is better to have less but enjoy it more." The secret to enjoying life is to do a few things you love, not trying to buy new things to love.

Q **What is this talk mainly about?**
(a) It is a brand new concept on shopping habits.
(b) It advocates concentrating on a few things to be happy.
(c) People enjoy estimating the value of their items.
(d) It demonstrates why the rich are not happier than others.

해석 아더 린드맨의 책 〈유한계급론〉에서 저자는 사람들의 여가 시간과 더 많은 것을 하고도 덜 즐기는 사람들이 얼마나 많은지를 묘사한다. 린드맨은 사람들의 소득이 많아질수록 시간을 보내기 위해 더 많은 물건을 사지만 공교롭게도 더 많은 물건을 살수록 어느 것이든 덜 소중히 여긴다고 주장한다. 그렇기 때문에 엄청난 다양함 속에서 굉장히 지루함을 느끼게 되는 것이다. 같은 생각을 수천 년 전 전도서에 '덜 갖고 더 많이 즐기는 것이 더 낫다'라고 표현한 점에서 이것은 새로운 발상이 아니다. 삶을 즐기는 비결은 좋아하기 위해 새로운 것을 사는 것이 아니라 자신이 좋아하는 일 몇 가지를 하는 것이다.

Q **담화는 주로 무엇에 관한 것인가?**
(a) 쇼핑 습관에 대한 새로운 개념이다.
(b) 행복하기 위해 몇 가지에만 전념하는 것을 옹호한다.
(c) 사람들은 물품의 가치를 평가하는 것을 즐긴다.
(d) 부자가 다른 사람들보다 더 행복하지 않은 이유를 설명한다.

정답분석 린드맨의 책과 전도서에는 덜 가져야 더 즐겁다는 내용이 담겨 있고 마지막 부분에서는 The secret to enjoying life is to do a few things you love라고 했으므로 좋아하는 몇 가지에만 전념해야 행복하다고 한 (b)가 정답이다.

income 소득 **occupy** 소비하다 **ironically** 반어적으로 **value** 소중히 여기다 **massive** 엄청나게 큰 **boredom** 지루함 **in the midst of** ~중에 **tremendous** 엄청난 **variety** 다양성 **concept** 발상 **Ecclesiastes** [성서] 전도서 **advocate** 옹호하다

52

Most of the asteroids found outside the asteroid belt are probably on a course to eventually collide with another

object. But asteroids can safely congregate in two stable zones outside the main belt. These zones are found along Jupiter's orbit 60 degrees ahead of and behind Jupiter. The asteroids found in these two zones are called the Trojan asteroids, and the largest are named for the mythological Greek heroes of the Trojan War. The Trojan asteroids are stable because of a different type of orbital resonance with Jupiter. In this case, any asteroid that wanders away from one of these zones is nudged back into the zone by Jupiter's gravity.

Q **What is the topic of the talk?**
(a) The orbit around Jupiter
(b) The main belt's congregation
(c) Collisions with other objects
(d) The asteroids in two zones

해석 소행성대 바깥에서 발견된 대부분의 소행성은 아마 다른 물체와 결국 충돌하는 진로에 있을 것이다. 그러나 소행성은 주요 지대 밖의 안정된 구역에 모일 수 있다. 이 구역들은 목성의 앞뒤 궤도 60도를 따라 발견된다. 이 두 구역에서 발견되는 소행성은 트로이 소행성이라고 불리고, 가장 큰 것들은 트로이 전쟁의 그리스 신화 영웅들을 위해 명명되었다. 목성과는 다른 형태의 궤도 공명 때문에 트로이 소행성들은 안정적이다. 이 경우 이 구역 중 한 곳에서 벗어난 모든 소행성은 목성의 중력에 의해 그 구역으로 다시 돌려보내진다.

Q **담화의 주제는?**
(a) 목성 주변의 궤도
(b) 주요 지대의 통합
(c) 다른 물체와의 충돌
(d) 두 구역의 소행성

정답분석 두 개의 안정된 구역에 집합하는 소행성과 이것들의 이름, 특징을 설명하고 있으므로 정답은 (d)이다.

asteroid belt 소행성대 **eventually** 결국 **collide** 충돌하다 **congregate** 모이다 **stable** 안정적인 **zone** 구역 **name** 명명하다 **mythological** 신화의 **orbital resonance** 궤도 공명 (궤도를 도는 물체가 서로에게 정기적인 중력적 영향을 행사할 때 생기는 현상) **wander** 벗어나다

nudge 조금씩 움직이다 **gravity** 중력

53

Announcing the meeting of the National Association of Certified Home Inspectors! Realtors and Inspectors are cordially invited to attend the luncheon that will include the following key note speakers: Dr. Dave Suomie, Head Licensing Inspector, Nichol Gromanko, Executive Director of Home Inspectors and Mike Finn, an 11 year veteran Realtor. Though we mainly promote this event to people in the industry, the chapter meeting is open to anyone who wishes to come and listen. There will be a modest 25 dollar charge per person at the door for the lunch and a raffle ticket, offering a chance to win our fantastic door prizes!

Q **What is correct about the home inspector's meeting?**
(a) This meeting is strictly for inspectors and realtors only.
(b) Everyone attending the event will receive a door prize.
(c) It's mandatory for home inspectors and realtors to attend.
(d) Three experts in the real estate industry will speak.

해석 공인 주택 감독관 전국 협회 모임을 알립니다! 부동산업자와 감독관을 다음의 기조 연설자인 공인 감독관장 데이브 수오미 박사, 주택 감독자 사무총장 니콜 그로만코와 11년 경력의 부동산업자 마이크 핀이 함께 하는 오찬에 진심으로 초대합니다. 이번 행사는 주로 업계 종사자에게 홍보하지만, 지부 모임은 오셔서 듣고자 하는 모든 분들에게 열려 있습니다. 중식과 멋진 행운상 수여의 기회를 제공하는 추첨식 복권을 위해 입구에서 일인당 20달러 정도만 내시면 됩니다.

Q **주택 감독관 모임과 일치하는 것은?**
(a) 이 모임은 엄격히 감독관과 부동산업자만을 위한 것이다.
(b) 행사에 참여하는 모든 사람이 추첨 상품을 받을 것이다.
(c) 주택 감독관과 부동산업자는 의무적으로 참석해야 한다.
(d) 3명의 부동산 업계 전문가가 연설할 것이다.

정답분석 주택 감독관의 오찬 모임에 3명의 기조 연설자가 포함된다고 했으니 (d)가 정답이다. (a)의 경우 이 모임을 주로 업계 종사자에게 홍보한다는 것이 엄격히 감독관과 부동산업자에게 제한된다는 의미는 아니므로 오답이다.

association 협회 **certified** 공인의 **inspector** 감독관 **realtor** 부동산업자 **cordially** 진심으로 **keynote speaker** 기조 연설자 **promote** 홍보하다 **chapter** (협회의) 지부 **modest** 별로 많지 않은 **raffle ticket** 추첨식 복권 **door prize** 추첨 등을 통해 받는 상, 행운상

54

At Shitoba, we believe in preservation. As waves of new technology continue to impact our lives, finding a conscientious way to retire the old while bringing in the new is the key to keep us all from fouling our land and oceans with harmful substances. Shitoba's take-back and sell-back programs make it easy for consumers, businesses and institutions to do that responsibly, and often profitably. Call our customer service center today to find out how we can assist your business with its green ambitions!

Q **Which of the following is correct according to Shitoba's program announcement?**

(a) Shitoba primarily is focused on ocean preservation.

(b) Shitoba's program allows businesses to return used hardware for safe disposal.

(c) Shitoba is offering an affiliate program to outsource its green program.

(d) Shitoba wishes to hire retirees to work on its recycle program.

해석 시도바에서 우리는 보존을 믿습니다. 새로운 기술의 물결이 우리 삶에 계속 영향을 미침에 따라 새로운 것을 들여오며 옛것을 폐기하는 양심적인 방법을 찾는 것이 우리의 땅과 바다를 유해 물질로 오염시키지 않는 비결입니다. 시도바의 회수 재판매 프로그램은 소비자, 사업체, 기관이 수월하게 그것을 책임감 있게 종종 이익을 내며 하도록 합니다. 오늘 고객 서비스 센터에 전화하셔서 저희가 환경친화 포부를 가진 당신의 사업을 어떻게 도울 수 있는지를 알아보세요.

Q **시도바의 프로그램 안내 내용과 일치하는 것은?**

(a) 시도바는 주로 해양 보존에 전념한다.

(b) 시도바의 프로그램은 안전한 폐기를 위해 사업체들이 중고 장비를 반납하도록 한다.

(c) 시도바는 환경 보호 프로그램을 외부에 위탁하기 위해 계열사 프로그램을 제공한다.

(d) 시도바는 재활용 프로그램을 위해 퇴직자들을 고용하기를 희망한다.

정답분석 retire the old나 take-back이라는 표현에서 힌트를 찾을 수 있는데, 시도바의 보존게 대한 믿음과 오래된 장비의 안전한 폐기를 위한 회수 프로그램에 대해 안내하고 있으므로 정답은 (b)이다.

preservation 보존 **impact** 영향을 주다 **conscientious** 양심적인 **retire** (기계 등을) 폐기하다 **key** 비결 **foul** 더럽히다 **harmful** 유해한 **responsibly** 책임감 있게 **profitably** 이익이 되게 **assist** 돕다 **ambition** 포부 **disposal** 폐기 **affiliate** 계열 회사 **outsource** 외부에 위탁하다

55

Powerful katabatic winds sweep through parts of Europe every year and are created by the simultaneous existence of high pressure systems and low pressure systems pushing forcefully downward from a higher elevation to a lower elevation. Thus, these winds are most notable around mountainous areas that experience wind currents originating from both the North Atlantic Ocean and the Mediterranean Sea. While people in these regions usually have to live in only south facing homes, the air is comparatively clearer, and the people generally face fewer respiratory problems than other regions of Europe.

Q **What is correct about the katabatic winds in Europe?**

(a) These winds travel from east to west moving along the Mediterranean Sea.

(b) Katabatic winds are created by differences in air pressure and elevation.

(c) Mountains are shielded from these types of winds, especially in winter.

(d) People find it difficult to breathe when these winds are present.

해석 강력한 하강풍이 매년 유럽 지역을 휩쓸고 지나가는데 이는 높은 고도에서 낮은 고도로 강하게 밀어 누르는 고기압 배치와 저기압 배치가 동시에 존재함으로써 형성된다. 그래서 이 바람은 북대서양과 지중해로부터 시작된 풍류가 있는 산악 지역 주변에서 가장 두드러진다. 이 지역 사람들은 보통 남향인 집에 살아야 하지만 공기가 비교적 더 깨끗하고 이곳 사람들은 일반적으로 유럽의 다른 지역보다 호흡기 문제를 덜 겪는다.

Q **유럽의 하강풍과 일치하는 것은?**

(a) 이 바람은 지중해를 따라 움직이며 동쪽에서 서쪽으로 분다.

(b) 하강풍은 기압과 고도의 차이에 의해 생긴다.

(c) 특히 겨울에 산들은 이런 유형의 바람으로부터 보호된다.

(d) 이런 바람이 있을 때 사람들은 숨 쉬기 어렵다.

정답분석 담화에 의하면 하강풍은 높은 고도에서 낮은 고도로 강하게 밀어 누르는 고기압 배치와 저기압 배치가 동시에 존재하면서 만들어지므로 (b)가 정답이다.

katabatic (바람·기류가) 하강하는 **sweep** 휩쓸고 지나가다 **simultaneous** 동시의 **existence** 존재 **pressure** 기압 **elevation** 고도 **notable** 두드러진 **comparatively** 비교적 **respiratory** 호흡 기관의 **shield** 보호하다

56

Recently, 'Green Experts' have been touting the use of solar panels in homes. The basic principle behind them is that they are able to convert and store up enough surplus energy from the day's sunlight to offset a large percentage of the energy that would have been required if they maintained their conventional energy source. While the principle has appeal, the cost of the solar panels is comparatively greater than the return on investment in decreased energy bills in the short run. Therefore, it may take over ten years for families to realize the promised gains on their bills.

Q **Which is correct about solar panels according to the talk?**

(a) Currently, due to their expense, they are only feasible over long time horizons.
(b) The exorbitant costs of this alternative energy simply can't be recouped.
(c) Many families realize that they are paying incredibly high energy rates.
(d) Conventional energy is cheaper to produce and transport than solar energy.

해석　　최근 '녹색 전문가'는 가정에서 태양 전지판을 사용할 것을 권유해 왔다. 태양 전지판에 숨겨진 기본 원칙은 만약 종래의 에너지원을 유지한다면 필요한 상당 비율의 에너지를 벌충하기 위해 낮 동안의 햇빛을 전환하여 충분한 잉여 에너지를 저장할 수 있다는 것이다. 원리는 매력적이지만, 단기적으로 에너지 청구서 상에 태양 전지판의 비용이 투자 수익보다는 비교적 더 크다. 그래서 가정에서 고지서 상에 약속된 수익을 얻으려면 10년 이상 걸릴지도 모른다.

Q 담화의 태양 전지판과 일치하는 것은?
(a) 현재 그 비용 때문에 오직 장기간에 걸쳐서 실현 가능하다.
(b) 대체 에너지의 과도한 비용은 공제될 수 없다.
(c) 많은 가구가 엄청나게 높은 에너지 비용을 내고 있다는 것을 깨닫는다.
(d) 종래의 에너지가 생산하고 수송하기에 태양 에너지보다 더 싸다.

정답분석　태양 전지판이 비싸 단기적으로는 비용 절감을 느낄 수 없고, 그런 비용 절감을 얻기 위해서는 10년 이상의 긴 시간이 걸릴 수 있다고 했으니 (a)가 정답이다.

tout 귀찮게 권유하다　**solar panel** 태양 전지판　**principle** 원칙　**convert** 전환하다　**store** 저장하다　**surplus** 과잉의　**offset** 벌충하다　**maintain** 유지하다　**conventional** 종래의　**comparatively** 비교적　**in the short run** 단기적으로　**realize** (재산·수입·이익을) 얻다　**gain** 수익　**feasible** 실현 가능한　**exorbitant** 과도한　**recoup** 공제하다

57

Following the US Civil War, a passenger ship called *The Republic* sailing from New York to New Orleans carrying some 100 passengers and $400,000 in currency designed to help reconstruct the South, sank on October 25th, 1865 due to a hurricane off the coast of Georgia. Although the majority of the passengers were saved, the coins were unrecoverable at the time and lost to the sea. In August 2003, *The Republic* was found 100 miles off the coast of Georgia in 1,700 feet of water. Salvagers managed to recover 51,000 coins, roughly 1/3 of what the ship was carrying. Today, the coins are worth more than $75 million. Salvagers continue to survey the coast for the remaining coins.

Q **What is correct about *The Republic* according to the passage?**

(a) The ship was claimed by a hurricane stemming from New York.
(b) The ship cargo holds were carrying approximately 150,000 coins.
(c) Of the 100 people that died, many had all of their money with them.
(d) The funds on board were to be issued to the needy in New York.

해석　　미국 남북 전쟁 후, 승객 100명과 남부 재건에 보탬이 될 예정이었던 40만 달러의 화폐를 싣고 뉴욕에서 뉴올리언스까지 항해하던 리퍼블릭이라는 여객선이 1865년 10월 25일 조지아 연안에서 떨어진 곳에서 허리케인으로 인해 침몰했다. 대부분의 승객은 구조되었지만 주화는 그 당시 찾아내기가 불가능해 바다로 사라졌다. 2003년 8월 리퍼블릭 호가 조지아 해변에서 100마일 떨어진 수심 1,700피트에서 발견되었다. 구조선들은 선박이 운반 중이었던 동전의 대략 3분의 1에 해당하는 51,000개의 동전을 되찾았다. 오늘날 동전은 7,500만 달러가 넘는 가치가 있다. 구조선들은 남은 동전을 찾기 위해 계속해서 해안을 조사한다.

Q 리버플릭 호와 일치하는 것은?

(a) 배는 뉴욕에서 생긴 허리케인에 의해 침몰했다.
(b) 배의 화물 적재실은 대략 15만 개의 동전을 싣고 있었다.
(c) 사망한 100명 중 다수가 가진 돈 전부를 소지하고 있었다.
(d) 배의 자금은 뉴욕의 빈민에게 지급될 것이었다.

정답분석　담화에 따르면 가라앉은 동전의 3분이 1이 발견됐고 그 수가 51,000개였으니 그 당시 배에는 대략 15만 개의 동전이 실려 있었음을 알 수 있으므로 (b)가 정답이다.

passenger ship 여객선　**currency** 통화　**design** 계획하다　**reconstruct** 재건하다　**unrecoverable** 되찾을 수 없는　**salvage** 구조하다, 인양하다　**recover** 되찾다　**survey** 조사하다　**stem from** ~에서 생겨나다　**issue** 지급하다

58

New Orleans is a city that seems to be engulfed in endless swamp heat. No amount of airport air conditioning could shield us from the all-consuming humidity and the elevated temperature that, even at 10:30 on a winter night, was more akin to the dog days of summer in our hometown. Though we had experienced three different airports on our way down over half a continent, we were not ready for the thick air of the bayou in our lungs. From the time we arrived at our 14th-floor room until the day we drove to the airport again, we had the air conditioning on continuous buzz.

Q **What can be inferred about the speaker's hometown location?**

(a) It must have been located close to the equator.
(b) It must have been located north of New Orleans.
(c) It was a place with extreme levels of humidity.
(d) The air was polluted and people had to leave.

해석　　뉴올리언스는 끝이 없는 늪의 열기에 휩싸인 듯한 도시이다. 공항의 에어컨도 모두를 지치게 하는 습기로부터 우리를 보호할 수 없고 겨울밤 10시 30분에도 높은 기온은 우리 고향 여름의 삼복더위와 더 비슷했다. 대륙 절반을 걸쳐 내려가는 길에 세 개의 다른 공항을 경험했지만 우리는 늪지

대의 질은 공기를 우리의 폐 속에 받아들일 준비가 되어있지 않았다. 14층 우리 방에 도착한 시간부터 다시 공항으로 운전해 간 날까지 우리는 에어컨이 울리도록 계속해서 틀어 두었다.

Q 화자의 고향의 위치에 대해 유추할 수 있는 것은?
(a) 적도 가까이에 위치했음에 틀림없다.
(b) 뉴올리언스 북쪽에 위치했음에 틀림없다.
(c) 습도가 아주 높은 곳이었다.
(d) 공기가 오염되어 사람들이 떠나야만 했다.

정답분석 화자는 뉴올리언스에 가기 위해 대륙 절반을 내려가야 했고, 뉴올리언스의 겨울밤이 고향의 삼복더위와 비슷했다는 표현으로 미루어 보면 화자의 고향은 뉴올리언스 북쪽에 위치한 좀 더 시원한 곳이라는 것을 유추할 수 있으므로 정답은 (b)이다.

engulf 휩싸다 swamp 늪 consume 사로잡다 humidity 습도 akin 비슷한 dog days 삼복더위 hometown 고향 bayou 후미 lung 폐 equator 적도 pollute 오염시키다

59

Online booksellers, offering unsustainably low prices, are effectively putting small book shops out of business. Local bookstores are forced to pay overhead having a brick and mortar shop, and thus, can't possibly compete. The sad fact is that local bookstores have always been an important part of the community, offering a place for members of the community to gather. It would be a mistake to allow these important features of community life to disappear simply because items are cheaper to purchase online. People should demand that government place restrictions on online book sales to protect local industry.

Q What can be inferred from the talk?
(a) He has a negative perspective on selling books online.
(b) He's concerned about the quality of online books.
(c) He believes online sales will corrupt society.
(d) He wants a ban on all online book sales.

해석　유지할 수 없을 정도로 낮은 가격을 제시하는 온라인 서점은 사실상 소규모 서점을 폐업으로 몰고 있다. 지역 서점은 오프라인 상점을 가지고 있기에 간접 비용을 부담해야만 하고, 따라서 경쟁이 불가능하다. 슬픈 사실은 지역 서점은 항상 지역 사회 구성원이 모일 수 있는 장소를 제공하는 지역 사회의 중요한 부분이었다는 것이다. 단지 온라인으로 물건을 구입하는 게 더 저렴하기 때문에 지역 사회 생활의 이런 중요한 특색이 사라지도록 하는 것은 실수일 것이다. 사람들이 지역 산업을 보호하기 위해 정부가 온라인 도서 판매에 대해 제한을 두도록 요구해야 한다.

Q 담화로부터 유추할 수 있는 것은?
(a) 온라인 도서 판매에 부정적인 시각을 가지고 있다.
(b) 온라인 도서의 질에 대해 우려한다.
(c) 온라인 판매가 사회를 부패시킬 것이라 믿는다.
(d) 모든 온라인 도서 판매의 금지를 원한다.

정답분석 화자는 아주 저렴한 금액에 도서를 판매하는 온라인 서점이 소규모의 지역 서점들을 망하게 하고 있다며 소규모 서점들이 지역 사회의 중요한 한 부분이니 이를 보호해야 한다고 주장하고 있다. 따라서 책의 온라인 판매에 대한 부정적인 시각을 가진 것으로 유추할 수 있으므로 정답은 (a)이다.

out of business 폐업한 overhead 간접비의 brick and mortar 오프라인 가게 compete 경쟁하다 community 지역 사회 restriction 제한 corrupt 부패시키다

60

Mayoral candidate, James Stenfield, has stated that violence in video games compels young people to commit violent acts. His position is based on a recent situation in which a young boy who had been playing a violent video game later perpetrated the same violent crime in real life. Stenfield is now calling for strict regulations or a ban of these types of games. Opponents to Stenfield argue that the games weren't to blame and that it was the boy's abusive parents that drove him to violence. They further pointed out that this was an isolated incident and that Stenfield was using this tragedy for political gain.

Q What can be inferred about the mayoral candidate?
(a) He has invested a considerable amount in video game companies.
(b) His opponents have tremendous respect for his political strategies.
(c) He believes the majority of the people view video games as too violent.
(d) He is a recovering offender that recognizes the need for regulation.

해설　시장 후보 제임스 스텐필드는 비디오 게임의 폭력이 젊은이에게 폭력적인 행동을 하도록 강요한다고 했다. 그의 입장은 폭력적인 비디오 게임을 하던 소년이 나중에 현실에서 동일한 폭력 범죄를 저지른 최근 상황에 근거한다. 스텐필드는 현재 이런 유형의 게임에 대한 엄격한 규제나 금지를 요구하고 있다. 스텐필드의 경쟁 후보들은 게임을 비난할 것이 아니라 소년을 폭력으로 몰아 넣은 것은 그를 학대하는 부모였다고 주장한다. 그들은 더 나아가 이것은 별개의 사건이고 스텐필드는 그의 정치적인 이익을 위해 이 참사를 이용하고 있다고 지적했다.

Q 시장 후보에 대해 유추할 수 있는 것은?
(a) 비디오 게임 회사에 상당한 금액을 투자했다.
(b) 경쟁 후보들은 그의 정치적 전략에 대해 굉장한 존경심을 갖고 있다.
(c) 그는 대다수의 사람들이 비디오 게임을 너무 폭력적으로 여긴다고 생각한다.
(d) 규제의 필요성을 인식하는 재기 중인 범죄자이다.

정답분석 시장 후보가 비디오 게임이 젊은이의 폭력성을 부추긴다고 말하며 엄격한 규제나 금지를 요청한다는 것은 다른 많은 사람들도 같은 의견이라고 믿기 때문이라고 볼 수 있으므로 정답은 (c)이다.

mayoral 시장의 candidate 후보 compel 강요하다 commit (죄·과실 등을) 저지르다 violent 폭력적인 perpetrate (나쁜 짓·과오 등을) 저지르다 crime 범죄 regulation 규제 opponent 상대, 반대자 abusive 학대하는 isolated 고립된 단 하나의 tragedy 참사

Practice Test 3

→ P52

46 (d)	47 (d)	48 (c)	49 (d)	50 (a)	51 (d)
52 (d)	53 (d)	54 (d)	55 (c)	56 (a)	57 (c)
58 (d)	59 (c)	60 (b)			

46

Mr. Smith, the owner of Wealth Management Group Today, is pitching his high-yielding, high-risk investments through not only infomercials, but also by traveling town to town giving presentations. Focusing on the elderly and unsophisticated investors and previously having been fired for selling securities illegally, this man needs to be jailed. This situation represents a microcosm of the industry today which seems to be prevalent with fly-by-night advisors that are out to bilk anyone they can from their life savings.

Q **What is the main idea of this talk?**
(a) Mr. Smith is forcing people to invest their money rather foolishly.
(b) Mr. Smith has been focusing on old but knowledgeable investors.
(c) Being fired for his illegal behavior did much to stop Mr. Smith.
(d) Mr. Smith's unethical behavior represents the behavior of the industry.

해석　웰스 매니지먼트 그룹 투데이의 소유자 스미스 씨는 정보 광고를 통해서뿐만 아니라 프레젠테이션을 하며 곳곳을 돌아다니면서 고수익 고위험 투자를 홍보하고 있다. 노인과 단순 투자자에 집중하며 이전에 불법으로 유가 증권을 팔다 해고된 적이 있는 이 남자는 수감되어야 한다. 이런 상황은 평생 저축한 타인의 돈을 사취하여 빨리 한몫 잡으려는 투자 상담가들이 만연해 있는 것 같은 오늘날 업계의 축소판을 나타낸다.

47

The Peg allows you to be the greenest you can be. This lightweight and unobtrusive little gadget can be carried in a briefcase, purse or even a large pocket and offers a personalized power source. Simply plug in your cell phone, GPS, or MP3 player, and move. In concert with your movement, this device transforms your kinetic energy into electric power. You can get an 80% charge in one hour through even low impact movement such as riding a bus. Green and brilliant!

Q **What is mainly being advertised?**
(a) A new cell phone, GPS, and MP3 player device
(b) A new service plan for a cell phone, GPS, and MP3 player
(c) A device that replaces your cell phone, GPS, or MP3 player
(d) A kinetic power converter that charges your cell phone, GPS, or MP3 player

해석　페그는 당신을 가장 환경친화적으로 만들어 줍니다. 가볍고 지나

Q **담화의 요점은?**
(a) 스미스 씨는 사람들에게 약간 바보같이 돈을 투자하라고 강요하고 있다.
(b) 스미스 씨는 나이가 많지만 식견이 있는 투자자들을 주목했다.
(c) 불법 행위로 해고된 일은 스미스 씨를 막는 데 효과가 있었다.
(d) 스미스 씨의 비윤리적인 행실은 업계의 습성을 보여준다.

정답분석　재산 고문인 스미스 씨가 잘 모르는 노인이나 단순 투자자에게 불법적으로 유가 증권을 판 적이 있고, 이는 상대가 누구든 타인의 돈을 사취하여 한몫 잡으려는 그 업계의 축소판이라고 했으니 정답은 (d)이다.

pitch 홍보하다　**high-yielding** 고수익　**high-risk** 위험성이 큰　**investment** 투자　**infomercial** 정보를 제공하는 방식의 광고　**unsophisticated** 단순한　**security** 유가 증권　**illegally** 불법적으로　**represent** 나타내다　**microcosm** 축소판　**prevalent** 일반적인, 널리 퍼진　**fly-by-night** 빨리 한몫 잡으려는　**advisor** 고문, 조언자　**bilk** 사취하다

치게 요란스럽지 않은 이 소형 장치는 서류 가방, 지갑 혹은 심지어 큰 주머니에도 가지고 다닐 수 있고 개인 전력원을 제공합니다. 간단히 휴대 전화, GPS 또는 MP3 플레이어에 꽂고 이동하세요. 당신의 움직임을 따라 이 장치는 당신의 운동 에너지를 전력으로 전환합니다. 버스 탑승과 같은 충격이 적은 움직임을 통해서도 한 시간에 80%를 충전할 수 있습니다. 환경친화적이고 똑똑합니다.

Q **주로 무엇을 광고하는가?**
(a) 신형 휴대 전화, GPS, MP3 플레이어 장치
(b) 휴대 전화, GPS, MP3 플레이어를 위한 새로운 서비스 제도
(c) 휴대 전화, GPS 또는 MP3 플레이어를 대신하는 장치
(d) 휴대 전화, GPS 또는 MP3 플레이어를 충전하는 운동 에너지 변환기

정답분석　담화에서 charge는 '충전하다'라는 의미로, 쉽게 가지고 다니면서 운동 에너지를 전력으로 바꾸어 휴대 전화, GPS 또는 MP3 플레이어를 충전할 수 있는 장치를 광고하고 있으므로 정답은 (d)이다.

lightweight 가벼운　**unobtrusive** 지나치게 야단스럽지 않은　**gadget** 장치　**personalize** 개인화하다　**in concert with** ~와 협력하여　**device** 장치　**transform** 전환하다　**kinetic energy** 운동 에너지　**charge** 충전하다　**impact** 충격　**converter** 변환기

48

Due to complaints from customers about its factory assembly-line methods, Sunbucks has instructed its baristas to slow down and to stop making multiple drinks at the same time. Sunbucks has also said it wants its employees to take more care in preparing each order. In this way, Sunbucks believes its stores will be more efficient, lead to fresher and hotter drinks being served, and reduce the possibility of errors. However, some baristas are worried that the new procedures will cause longer lines and the workers will not be able to keep up with the volume of customers if they are forced to make one drink at a time.

Q **What is the passage mainly about?**
(a) Sunbucks' efforts to make stores more relaxing for everyone

(b) Sunbucks' employees' concerns over their new procedures

(c) Sunbucks' efforts to bring more personal service to its customers

(d) Sunbucks' new policies to cut down on errors in drink orders

해석 공장의 조립 라인 방식에 대한 고객의 불평 때문에 선벅스는 바리스타에게 속도를 늦추고 여러 음료를 동시에 만드는 것을 중단하라고 지시했다. 선벅스는 또한 종업원이 각각의 주문을 준비하는 데 좀 더 신경을 쓰기를 원한다고 말했다. 선벅스는 이런 방식을 통해 지점이 좀 더 효율적이고, 좀 더 신선하고 뜨거운 음료를 접대하며 실수할 가능성을 줄일 것이라 믿는다. 그러나 어떤 바리스타들은 새로운 절차로 줄이 더 길어지고 종업원이 한 번에 한 가지 음료만을 만들도록 강요된다면 많은 고객을 상대할 수 없을 것이라고 걱정한다.

Q **담화는 주로 무엇에 관한 것인가?**
(a) 도두에게 좀 더 편안한 가게를 만들려는 선벅스의 노력
(b) 새로운 절차에 대한 선벅스 종업원들의 우려
(c) 고객에게 좀 더 개인 서비스를 제공하기 위한 선벅스의 노력
(d) 음료 주문에 대한 실수를 줄이기 위한 선벅스의 새로운 정책

정답분석 공장 조립 라인 같은 종업원들의 음료 만드는 방식에 대한 고객들의 불평에 대처하는 선벅스의 노력을 이야기하고 있으므로 정답은 (c)이다.

complaint 불평   **assembly line** 조립 라인   **instruct** 지시하다
multiple 다수의   **efficient** 효율적인   **lead to** ~에 이르다   **procedure** 절차   **keep up with** ~의 속도를 따라가다

49

The visual system does not always work perfectly because it is so complicated. People with myopia, or nearsightedness have difficulty focusing on distant objects because an eyeball is too long to focus the image on the retina properly. Another visual problem is hyperopia, or farsightedness, in which people have difficulty focusing on near objects because an eyeball is too short or a lens is too thin to allow the image on the retina to focus properly. Finally, there is astigmatism, a defect in the curvature of the cornea or lens causing blurriness. Astigmatism like nearsightedness and farsightedness can be corrected with eyeglasses.

Q **What is the best title for this talk?**
(a) Causes of Myopia
(b) Retinal Images
(c) Correcting the Visual System
(d) Out of Focus

해석 시각 체계는 매우 복잡해서 항상 완벽하게 작용하지는 않는다. 근시가 있는 사람들은 안구가 망막에 맺힌 상에 정확히 초점을 맞추기에는 너무 길어 멀리 있는 사물에 초점을 맞추는 데 어려움을 겪는다. 또 다른 시각 문제는 원시인데 안구가 너무 짧거나 수정체가 너무 얇아 망막에 맺힌 상이 정확하게 초점을 맞출 수 없기 때문에 사람들이 가까운 사물에 초점을 맞추는 데 어려움을 겪는다. 마지막으로 각막이나 수정체의 굴곡에 결함이 흐릿함을 유발하는 난시가 있다. 난시는 근시와 원시와 같이 안경으로 교정될 수 있다.

Q **담화에 가장 알맞은 제목은 무엇인가?**
(a) 근시의 원인
(b) 망막상
(c) 시각 체계의 교정
(d) 초점이 맞지 않음

정답분석 주로 사물에 초점을 맞추는 데 어려움을 겪는 근시와 원시, 난시를 포함한 시각적 문제에 대해 설명하고 있으므로 가장 적절한 제목은 (d)이다.

visual 시각의   **complicated** 복잡한   **myopia** 근시   **focus** 초점을 맞추다   **eyeball** 안구   **retina** 망막   **properly** 정확하게   **hyperopia[farsightedness]** 원시   **lens** 수정체   **astigmatism** 난시   **defect** 결함   **curvature** 굴곡   **cornea** 각막   **blurriness** 흐릿함

50

Businesses do not exist in a vacuum but rather exist within a business environment that includes economic, legal, cultural, and competitive factors. Economic factors affect businesses by influencing what and how many goods and services consumers buy. Laws and regulations have an impact on many activities in a business, determining what and how goods and services can be sold. Cultural and social factors influence the characteristics of the goods and services sold by businesses. Competition affects what products and services a business offers and the price it charges.

Q **What is this talk mainly about?**
(a) Business surroundings
(b) Economic factors in business
(c) Business activities
(d) Competition in business

해석 기업은 외부와 단절된 상태에서 존재하지 않고, 오히려 경제적, 법적, 문화적, 경쟁적인 요인을 포함하는 기업 환경 속에 존재한다. 경제적 요인은 고객이 어떤 그리고 얼마나 많은 상품과 서비스를 구매하는지에 영향을 미침으로써 기업에 영향을 준다. 법률과 규정은 어떤 상품과 서비스가 어떻게 팔릴 수 있는지를 결정하며 기업의 많은 활동에 영향을 준다. 문화와 사회적 요인은 기업이 판매하는 상품과 서비스의 특징에 영향을 미친다. 경쟁 기업은 기업이 어떤 제품과 서비스를 제공하는지와 책정하는 가격에 영향을 준다.

Q **담화는 주로 무엇에 관한 것인가?**
(a) 기업 환경
(b) 비즈니스에서의 경제적 요인
(c) 기업 활동
(d) 기업 간 경쟁

정답분석 기업을 둘러싼 경제, 법률, 문화, 경쟁 요인들, 즉 기업 환경에 대해 이야기하고 있으므로 정답은 (a)이다. (b), (c), (d)는 지엽적인 내용일뿐 주제는 아니다.

in a vacuum 외부와 단절된 상태에서   **factor** 요인   **affect** 영향을 주다   **goods** 상품   **regulation** 규정   **impact** 충격, 영향   **characteristic** 특징   **charge** 요금을 청구하다

51

The slave trade emerged in the beginning of the 17th century where European ships sailed to the West African coast to exchange cheap goods for black slaves and then brought them to the Americas to be sold. During these voyages, the slave-traders brought slaves of different language backgrounds together to make it difficult for them to plan rebellions. This resulted in the use of several pidgin forms of communication among the slaves and with the sailors. This Creole English continued between the slaves and their new owners and among the slaves themselves until eventually it became the mother tongue of the children of the slaves.

Q **What is the speaker's main point in the talk?**
(a) How pidgin English was used on ships
(b) The history of the slave trade
(c) How slaves communicated with their owners
(d) The origins of Creole English

해석　노예 무역은 17세기 초 유럽 선박이 서아프리카 대륙 연안으로 항해해서 값싼 물건과 흑인 노예를 교환한 후 노예를 팔기 위해 아메리카 대륙에 데리고 가면서 생겨났다. 항해를 하는 동안 노예 무역상은 다른 언어를 사용하는 노예를 함께 태워 반란 계획을 세우지 못하도록 했다. 이는 노예와 선원이 여러 형태의 피진어로 의사소통을 하는 결과를 낳았다. 이 크리올 영어는 노예와 새로운 주인 사이와 노예 사이에서도 지속적으로 사용되었고, 결국 노예 자녀의 모국어가 되었다.

Q **화자의 요점은?**
(a) 피진 영어가 배에서 어떻게 사용되었는가
(b) 노예 무역의 역사
(c) 노예가 주인과 어떻게 의사소통을 했는가
(d) 크리올 영어의 기원

정답분석 노예 무역의 시작으로 다른 언어를 사용하는 노예끼리 항해하는 중에 크리올 영어가 생겨났고, 이는 노예, 선원, 주인 사이에 의사소통 수단이 되었다고 했으므로 답은 (d)이다.

slave trade 노예 무역[매매]　**emerge** 생겨나다　**voyage** 항해

---

rebellion 반란　**pidgin** 피진어 (문법이 간략하고 어휘가 극도로 제한된 영어)　**sailor** 선원　**continue** 계속되다　**eventually** 결국　**mother tongue** 모국어　**origin** 기원

52

When traveling to foreign countries, Americans are very concerned about the water. Many people will only quench their thirst with bottled water, fearing the water from the tap is dangerous to their health. But unless you are in a country where dreaded diseases like cholera, malaria, or yellow fever are common, you do not need to worry about the safety of the water. However, one concern of being in a foreign country involves medication. If you are taking medication of any kind, you should make sure the country you are visiting sells it in a pharmacy or that you bring enough to last the whole trip, since the availability of medicine varies from country to country.

Q **What is the talk mainly about?**
(a) Where to find medication in other places
(b) Diseases that should concern you
(c) The safety of water in foreign countries
(d) Tips for when you are abroad

해석　외국으로 여행할 때 미국인은 물에 대해 매우 염려한다. 많은 사람들이 수돗물은 건강에 위험할 거라 우려해 오직 생수로 갈증을 해소할 것이다. 그러나 콜레라, 말라리아 또는 황열병과 같은 무서운 병이 흔한 나라에 있는 것이 아니라면 물의 안전성에 대해 걱정할 필요가 없다. 그러나 외국 체류에 따른 한 가지 우려는 약제에 관한 것이다. 어떤 종류이든 약을 복용하고 있다면 나라에 따라 약의 구입 여부가 다르기 때문에 방문국 약국에서 확실히 파는지 알아보거나 여행 기간 동안 쓸 수 있을 만큼 충분히 가져가야 한다.

Q **담화는 주로 무엇에 관한 것인가?**
(a) 타지에서 약을 찾을 수 있는 곳
(b) 당신이 염려할 질병
(c) 외국에서의 물의 안전성
(d) 해외 체류 시의 조언

정답분석 외국으로 여행 가는 미국인을 위해 식수와 복용하는 약에 관해 조언을 제시하고 있으므로 (d)가 정답이다.

be concerned about ~을 염려하다　**quench** (갈증 등을) 가시게 하다　**thirst** 갈증　**bottled water** 생수　**tap** (수도 등의) 꼭지　**dreaded** 두려운, 무서운　**medication** 약제　**availability** 구입 가능성　**vary** 다르다

53

St. Simeon was a Christian ascetic saint who achieved fame because he lived for 37 years on a small platform on top of a pillar near Aleppo in Syria. The impetus for choosing this odd living arrangement was his will to avoid the many followers that were taxing his time too much with requests for prayers and advice, preventing him from his personal prayer. Some people said that he seemed unable to avoid the world horizontally so he thought he would attempt to escape it vertically. For sustenance, small boys from the village would scale the pillar and pass him small parcels of flat bread and goat milk.

Q **Which of the following is correct according to the passage?**
(a) Authorities of St. Simeon's time taxed him too much for living on a pillar.
(b) People in Aleppo were trying to build a tower to God similar to the Tower of Babel.
(c) It was fame that St. Simeon decided to live atop a platform for.
(d) St.Simeon lived atop a platform to focus his energy on his private prayer.

해석　성 시므온은 시리아 알레포 근처 기둥 위의 작은 재단에서 37년을 살아 명성을 얻은 금욕적인 기독교 성자이다. 이런 이상한 생활 방식을 선택하게 한 자극제는 기도와 조언을 요청하며 그의 시간에 너무 많은 부담을 줘 개인적인 기도를 할 수 없게 하는 많은 추종자를 피하고자 했던 그의 의지였다. 어떤 이는 그가 수평적으로는 세상을 피할 수 없어 보여 수직적으로 세상 탈출을 시도하겠다고 생각했다고 말한다. 생명 유지를 위해 마을의 어

린 소년들이 기둥에 올라가 둥근 빵과 염소 우유 보따리를 건네곤 했다.

Q 다음 중 옳은 내용은?
(a) 성 시므온 시대의 당국은 그가 기둥 위에 사는 것에 대해 세금을 많이 부과했다.
(b) 알레포 사람들은 바벨탑과 비슷한 신에게 이르는 탑을 지으려고 노력 중이었다.
(c) 성 시므온이 재단 꼭대기에 살기로 결심한 것은 바로 명성 때문이었다.
(d) 성 시므온은 그의 에너지를 개인적 기도에 집중하고자 재단 꼭대기에 살았다.

정답분석 사람들이 기도와 조언을 요청하며 부담을 줘 성 시므온이 개인 기도를 할 시간이 없어 탑 위에 사는 이상한 생활 방식을 택했다는 내용이 담화 초반에 나오므로 정답은 (d)이다.

ascetic 금욕적인 saint 성인, 성자 platform 연단, 대 pillar 기둥 impetus 자극제, 추동력 tax 많은 부담을 주다; 세금을 부과하다 sustenance 생명을 건강하게 유지시켜 주는 것, 자양물 scale (가파른 곳을) 오르다 atop 꼭대기에

54

Offered exclusively to our subscribers, Pecker University is a unique academic experience bringing together experts in the fields of religion, American history, and economics. Through captivating lectures and interactive online discussions, these experts will explore the concepts of various belief systems, philanthropy, and moral governance in terms of their influence on America's past, her present, and most importantly her future. So don't miss out on this amazing experience. Enroll in Pecker University today by subscribing to *Extreme Known-sense Magazine*.

Q **Which of the following is correct according to the promotional passage?**
(a) Students can register for Pecker University at the main building.
(b) The experts will only answer student questions in the forum.
(c) Students give lectures on philanthropy and experts discuss them.
(d) One can attend this university by subscribing to a magazine.

해석 구독자에게만 독점적으로 제공되는 페커 대학교는 종교와 미국 역사, 경제 분야의 전문가들을 초빙하는 특별한 학문적 경험입니다. 마음을 사로잡는 강의와 온라인 상호 토론을 통해 전문가들은 다양한 신념 체계, 박애주의, 도덕적 통치의 개념을 미국의 과거, 현재, 그리고 가장 중요한 미래에 미치는 영향이라는 측면에서 탐구할 예정입니다. 그러니 이 굉장한 경험을 놓치지 마세요. 오늘 〈익스트림 노운 센스〉지를 구독 신청함으로써 페커 대학교에 등록하세요.

Q 다음 중 홍보문에 관해 옳은 것은?
(a) 학생들은 본관에서 페커 대학교에 등록할 수 있다.
(b) 전문가들은 포럼에서 오직 학생들의 질문에만 답할 것이다.
(c) 학생들은 자선 사업에 대해 강연하고 전문가들은 그것을 논의한다.
(d) 잡지를 구독함으로써 이 대학교에 다닐 수 있다.

정답분석 담화의 앞부분과 뒷부분에서 잡지 구독을 신청하고 페커 대학교에 등록하라고 했으므로 (d)가 정답이다.

exclusively 독점적으로 subscriber 구독자 expert 전문가 field 분야 captivating 마음을 사로잡는 interactive 상호적인 explore 탐구하다 philanthropy 박애주의 moral 도덕적인 governance 통치 in terms of ~의 측면에서 enroll 등록하다 subscribe 구독하다 forum 포럼, 공개 토론(장)

55

'Alternative medicine' is not meant to take the place of orthodox medicine but to be used as a supplement to modern medicine. The problem is that many doctors refuse to recognize natural or alternative medicine and choose not to subscribe to these types of treatments because those who administer it are often not trained professionals. Even so, the demand for alternative forms of medical therapy is stronger than ever, as the limitations of modern medical science become more widely recognized. Even the World Health Organization has begun to advocate the integration of proven alternative medicine with current western medicine treatments.

Q **According to the talk, which of the following is true about alternative medicine?**
(a) It is well regarded by the medical establishment.
(b) It has no limitations in treating patients.
(c) It is combined with western medicine nowadays.
(d) It is becoming more popular with many doctors.

해석 '대체 의학'은 정통 의학을 대신하기보다는 현대 의학의 보조제로 사용될 운명이다. 문제는 대체 의학을 행하는 사람들이 보통 훈련된 전문가가 아니기 때문에 많은 의사가 자연 의학 또는 대체 의학을 인정하지 않으려 해서 이런 종류의 치료를 선택하지 않는다는 것이다. 그렇기는 하지만 많은 사람들 사이에서 현대 의학의 한계가 인식되면서 대체 의학 치료에 대한 수요는 그 어느 때보다 높아지고 있다. 심지어 세계보건기구는 입증된 대체 의학과 현대 양약 치료와의 통합을 옹호하기 시작했다.

Q 다음 중 대체 의학에 관해 옳은 것은?
(a) 의학적 확립으로 높이 평가 받는다.
(b) 환자 치료에 있어 한계가 없다.
(c) 요즘은 양약과 결합된다.
(d) 많은 의사들 사이에서 인기가 높아지고 있다.

정답분석 대체 의학은 현대 의학의 보조제라고 했으므로 (a)는 맞지 않고, 의사들은 대체 요법을 행하는 사람들이 전문가가 아니라는 이유로 인정하지 않는다고 했으므로 (d)도 오답이다. (b)는 담화에서 언급되지 않았고, 세계보건기구에서 양약 치료와 통합을 옹호하고 현대 의학의 보조 요법으로 사용된다고 했으므로 (c)가 정답이다.

alternative 대체의 take the place of 대신하다 orthodox 정통의 supplement 보충 recognize 인정하다 administer 집행하다 therapy 치료(법) integration 통합 proven 입증된 regard (높이) 평가하다 medical establishment 의료계

56

Besides originating the Spanish rice dish, paella, Valencia, Spain is known for its annual Fallas Festival. Every day there are parades and fireworks displays, with explosions being heard all day long. Everyone from young children to old men litter the streets with fireworks and bangers. For the festival, every neighborhood designs a wood and plaster sculpture that is filled with fireworks, and on the last day of the festival, all the sculptures are set alight in a spectacular showing. What started in medieval times as an annual burning of unwanted wood has turned into a spectacle that is unseen anywhere else in the world.

Q **Which of the following is correct about the Fallas Festival?**
(a) The whole city participates in the festival.
(b) Its sculptures are made from unwanted wood.
(c) It is Valencia's only famous attraction.
(d) It celebrates the medieval spectacle of burning wood.

해석 　　 스페인의 도시 발렌시아는 쌀로 만든 스페인 음식인 빠에야의 유래지라는 것 외에도 매년 열리는 파야스 축제로 잘 알려져 있다. 온종일 폭발음이 들리면서 매일 퍼레이드와 불꽃놀이가 펼쳐진다. 어린아이로부터 노인에 이르기까지 모든 사람들은 불꽃놀이와 폭죽으로 거리를 지저분하게 만든다. 축제를 위해 모든 이웃 사람들은 폭죽으로 채워진 나무와 석고로 된 조각품을 만들고, 축제 마지막 날, 모든 조각품은 장관을 이루는 볼거리를 제공하며 불에 태워진다. 중세 시대에 매년 불필요한 나무를 태우는 것으로 시작해 지금은 세계 어느 곳에서도 볼 수 없는 구경거리로 변했다.

Q 다음 중 파야스 축제에 관해 옳은 것은?
(a) 도시 전체가 축제에 참여한다.
(b) 조각품은 불필요한 나무로 만들어진다.
(c) 이 축제는 발렌시아의 유일한 명물이다.
(d) 중세 시대에 나무 태우는 행사를 기념하기 위한 것이다.

정답분석 어린아이부터 노인까지 모든 사람들이 폭죽으로 거리를 더럽히고 모든 이웃 사람들이 폭죽으로 채워진 조각품을 만든다고 했으므로 도시 전체가 참여한다고 한 (a)가 정답이다. (b)는 담화에서 언급되지 않았고, 중세

시대에 불필요한 나무를 태운 것에서 유래되었다고 한 것이지 기념하는 의미는 아니므로 (d)도 오답이다. 또한 발렌시아는 빠에야의 유래지로도 유명하므로 (c) 역시 오답이다.

dish 음식 **annual** 해마다의 **fireworks** 불꽃놀이 **explosion** 폭발 **litter** 어지럽히다 **banger** 폭죽 **plaster** 석고 **set alight** 태우다 **spectacular** 장관을 이루는 **medieval** 중세의 **spectacle** 구경거리

57

The history of maps goes back thousands of years. In Babylonia, in approximately 2300 B.C., the oldest known map was drawn on a clay tablet. The map showed a man's property located in a valley surrounded by tall mountains. Later around 1300 B.C. the Egyptians drew maps that detailed the location of Ethiopian gold mines and that showed a route from the Nile Valley. The ancient Greeks were early mapmakers as well, although no maps remain for us to examine. It is estimated that in 300 B.C. they drew maps showing Earth as round. The Romans drew the first road maps, a few of which have been preserved for study today.

Q **According to this passage, what was special about the ancient Greeks?**
(a) They did not draw their maps on cloth or paper.
(b) Their maps don't exist anymore.
(c) They understood Earth to be a sphere.
(d) They were the earliest mapmakers.

해석 　　 지도의 역사는 수천 년을 거슬러 올라간다. 대략 기원전 2300년 바빌로니아에서 가장 오래된 것으로 알려진 지도가 점토판에 그려졌다. 지도는 높은 산에 둘러싸인 계곡에 위치한 한 남자의 소유지를 보여준다. 후에 기원전 1300년 경 이집트인은 에티오피아 금광의 위치를 상술하고 나일 계곡으로부터의 경로를 보여주는 지도를 그렸다. 우리가 살펴볼 수 있는 지도들이 남아 있지는 않지만 고대 그리스인도 초기 지도 제작자였다. 기원전 300년에 그들은 지구를 둥글게 나타낸 지도를 그린 것으로 추정된다. 로마인이 최초의 도로 지도를 그렸는데, 그 중 몇 점은 오늘날 연구를 위해 보존되었다.

Q 고대 그리스인에게 특별한 점은 무엇이었는가?
(a) 직물이나 종이에 지도를 그리지 않았다.
(b) 그들의 지도는 더 이상 존재하지 않는다.
(c) 지구가 구형이라고 이해했다.
(d) 가장 초기의 지도 제작자였다.

정답분석 담화에 따르면 고대 그리스인들이 기원전 300년에 지구가 둥근 것을 보여주는 지도를 그렸다고 했으니 정답은 (c)이다.

approximately 대략 **clay tablet** 점토판 **property** 소유지 **detail** 상술하다 **location** 위치 **mine** 광산 **remain** 남아있다 **estimate** 추정하다 **preserve** 보존하다 **sphere** 구형

58

It has been reported that if Rudy Giuliani's daughter completes one day of community service, the shoplifting charge against her will be dropped. Rudy Giuliani, former prosecutor and presidential candidate, is very well off and has many influential friends. His daughter, Caroline, a student at Harvard University, has been estranged from him since he divorced her mother. Needless to say, Rudy Giuliani's image would be damaged, perhaps irreparably, should his daughter go to jail. This story is only one of many cases in which high- profile people have been able to shield their family and friends from prosecution.

Q **What can be inferred from the passage?**
(a) High profile people are unfairly targeted by the media.
(b) Family must do everything possible to help each other in times of need.
(c) Divorce can be the catalyst for bad behavior.
(d) Powerful people can live above the law.

해석 　　 루디 길리아니의 딸이 일일 사회봉사를 끝낸다면 그녀의 절도 고소가 취하될 것이라고 보도되었다. 전 검사이자 대통령 후보인 루디 길리아니에게는 매우 부유하고 영향력 있는 친구들이 많다. 그의 딸 캐롤라인은 하버드대생으로 루디 길리아니가 이혼을 한 이후 관계가 소원해졌다. 물론 루디 길리아니의 이미지는 손상될 것이고, 아마도 돌이킬 수 없이 그의 딸은 감

옥에 가야 할 것이다. 이 이야기는 단지 세간의 이목을 끄는 인사들이 그들의 가족과 친구를 기소로부터 보호할 수 있었던 많은 경우 중의 하나이다.

Q 담화에서 유추할 수 있는 것은?
(a) 세간의 이목을 끄는 이들은 불공평하게 매체의 목표물이 된다.
(b) 필요 시 가족은 서로 돕기 위해 가능한 한 모든 일을 해야 한다.
(c) 이혼은 나쁜 행실의 기폭제일 수 있다.
(d) 영향력 있는 사람들은 법 위에 살 수 있다.

정답분석 부유하고 영향력 있는 친구가 많은 한 인사의 딸이 절도를 저질렀으나 일일 사회봉사를 마침으로써 기소가 취하될 것이라는 보도가 있었다고 말하고 있으니 정답은 (d)이다.

shoplifting 좀도둑질 charge 혐의 drop 취하하다 former 예전의 prosecutor 검사 candidate 후보자 well off 부유한 influential 영향력 있는 estrange 소원하게 하다 irreparably 돌이킬 수 없이 high-profile 세간의 이목을 끄는 shield 보호하다 prosecution 기소 catalyst 기폭제

59

A key consideration for doing business in Brazil is the fact that Brazilians prioritize social interaction above all other aspects and as a result, relationship building is infinitely more important than profit-margins when it comes to making their decisions. Further, entire deals may be won and lost based on the strength of the parties' abilities to nurture a strong chemistry. Therefore, when first starting out in the Brazilian market, it is important to work through a local contact. However, ensure that this contact has the ability to introduce you to the right people, set up meetings, and deal with paperwork.

Q **What can be inferred about doing business in Brazil?**
(a) The rate of alcoholism in Brazil is double that of other nations.
(b) Business deals are only done through family members.
(c) Foreigners may have to invest more time to get a deal done.
(d) Bribery is the only way to get an important deal done.

해석　　브라질에서 사업을 하기 위한 가장 중요한 고려 사항은 브라질 사람들은 다른 면보다 사회적 상호 작용을 우선시한다는 사실이고, 그 결과 의사 결정을 하는 데 있어 관계 형성이 이윤 폭보다는 훨씬 더 중요하다는 사실이다. 전체 거래는 더 나아가 강한 친화력을 형성하는 당사자의 능력에 따라 딸 수도, 놓칠 수도 있다. 그래서 브라질 시장에서 처음 시작할 때 지역 연줄을 통해 일을 하는 것이 중요하다. 그러나 연줄이 당신을 적임자에게 소개하고 만남을 주선하고, 서류 작업을 처리할 수 있는 능력이 있는지를 확실히 하라.

Q 브라질에서 사업을 하는 것에 대해 유추할 수 있는 것은?
(a) 브라질의 알코올 중독 비율은 다른 나라의 두 배이다.
(b) 사업 거래는 가족 구성원을 통해서만 이루어진다.
(c) 외국인은 거래를 성사시키기 위해 좀 더 많은 시간을 투자해야 할 것이다.
(d) 뇌물 수수가 중요한 거래를 성사시킬 수 있는 유일한 방법이다.

정답분석 브라질 사람의 특성상 외국인이 사업을 시작할 때는 직접 하기보다는 지역의 연줄을 통해 사람을 만나고 모임을 잡고 서류 작업을 해야 한다고 한다. 따라서 외국인이 거래를 성사시키는 데에는 좀 더 많은 시간이 필요하다는 것을 유추할 수 있으므로 정답은 (c)이다.

prioritize 우선 순위를 매기다 interaction 상호 작용 aspect 측면, 양상 infinitely 대단히 profit-margin 이윤 폭 nurture 양성하다 chemistry (사람과 사람 사이의) 친화력 ensure 확실히 하다 bribery 뇌물 수수

60

According to the *British Medical Journal*, researchers have found that constant noise at the workplace can double your risk of having serious heart problems and make you weigh and smoke more. For the study, the researchers studied more than 6,000 employees over a 5-year period, dividing them into those who endured persistent loud noise at work for at least 3 months and those who did not. They found those in noisy environments tended to weigh and smoke more than those who worked in quiet offices. Workers under 50 were three to four times more likely to have angina, coronary artery disease, or have had a heart attack.

Q **What can be inferred about the study's claim?**
(a) Researchers have defied the meaning of noisy environments.
(b) Noise causes stress that makes people want to eat or smoke to avoid it.
(c) A noisy environment makes people work faster and get more done.
(d) Smokers and over-eaters tend to be attracted to noisy work environments.

해석　　〈영국 의학 학술지〉에 의하면 연구자들은 직장에서의 지속적인 소음은 심각한 심장 문제를 일으킬 위험을 두 배로 증가시키고 체중 증가와 더 많은 흡연을 일으킬 수 있다는 것을 발견했다. 연구를 위해 연구자들은 최소 3개월 동안 지속적으로 큰 소음을 견딘 사람과 그렇지 않은 사람으로 나누어 5년의 기간에 걸쳐 6,000명 이상의 직장인을 연구했다. 그들은 시끄러운 환경에 놓인 사람들이 조용한 사무실에서 일한 사람들보다 몸무게가 더 나가고 흡연도 더 많이 하는 경향이 있다는 것을 발견했다. 50세 미만의 직원들은 협심증이나 관상 동맥 질환을 겪을 가능성이 3~4배 더 높거나, 심장 마비를 경험한 적이 있었다.

Q 이 연구의 주장에 대해 유추할 수 있는 것은?
(a) 연구원들은 시끄러운 환경을 문제삼지 않았다.
(b) 소음은 스트레스를 일으켜 사람들이 스트레스를 회피하기 위해 먹거나 흡연하게 한다.
(c) 시끄러운 환경이 사람들이 더 빨리 일을 하고 더 많은 일을 끝내도록 한다.
(d) 흡연자와 과식을 하는 사람들은 시끄러운 작업 환경에 끌리는 경향이 있다.

정답분석 시끄러운 환경에서 일을 하는 사람이 조용한 환경에서 일을 하는 사람보다 몸무게도 더 나가고, 담배도 많이 피는 경향이 있다고 했으니 소음으로 인한 스트레스에 대한 반응으로 그런 행동을 한다는 것을 유추할 수 있으므로 (b)가 정답이다.

constant 지속적인　**double** 두 배로 만들다　**endure** 견디다
persistent 지속되는　**angina** 협심증　**coronary artery disease** 관상
동맥 질환　**defy** 문제삼지 않다

Practice Test 4
⇒P53

46 (d)	47 (b)	48 (a)	49 (c)	50 (d)	51 (b)
52 (c)	53 (c)	54 (b)	55 (a)	56 (a)	57 (c)
58 (a)	59 (c)	60 (a)			

46

There is a great debate about Title IX, a federal law mandating equal public education sports programs for males and females, and how we should or should not fund high school and college athletics. In these current financial times when tax dollars are being spread thinner and thinner, money for amateur athletics should rank fairly low on the list of priorities. It is time to return to a period when student athletes pay their own way just as other extracurricular activity participants do. If privately funded schools wish to give scholarships to their athletes, that is their choice, but tax dollars should not be spent sending other people's children to school.

Q **What is the talk mainly about?**
(a) Athletics are a waste of time.
(b) Taxpayers should be consulted on how their tax dollars are spent.
(c) Title IX has created a major problem within athletic programs.
(d) Taxpayers should not have to pay for student athletic programs.

해석　타이틀 IX(남녀의 동등한 공교육 스포츠 프로그램을 지시하는 연방법)과 우리가 어떻게 고등학교와 대학 운동 경기를 지원해야 하는지 혹은 하지 말아야 하는지에 대한 큰 논쟁이 있다. 세금이 더 적게 분산되는 이런 현 재정 시기에, 아마추어 운동 경기를 위한 돈은 우선순위 목록에서 아주 낮은 위치에 놓여야 한다. 학생 운동선수들이 다른 과외 활동 참가자들처럼 스스로 돈을 내는 시기로 돌아가야 할 때이다. 만약 사립 학교들이 그들의 운동선수에게 장학금을 주고자 한다면 그건 그들의 선택이지만 세금이 다른 이들의 아이들을 학교에 보내는 데 사용되어서는 안 된다.

Q **담화는 주로 무엇에 관한 것인가?**
(a) 운동 경기는 시간 낭비이다.
(b) 납세자들은 그들의 세금이 어떻게 쓰이는지에 대해 상의되어야 한다.
(c) 타이틀 IX는 운동 경기 프로그램에 큰 문제를 일으켰다.
(d) 납세자들이 학생 운동 경기 프로그램에 돈을 내서는 안 된다.

정답분석 세금이 학교 운동선수들에게 쓰이는 것을 반대하고 있으므로 정답은 (d)이다.

debate 논쟁　**mandate** 지시하다　**athletics** 운동 경기　**rank** 위치시키다
priority 우선　**extracurricular activity** 과외 활동　**participant** 참가자
scholarship 장학금　**consult** 상의하다　**taxpayer** 납세자

47

As technology continues to develop and change, so must businesses change and adapt to keep pace. The Internet, telecommunications, computers, and robotics all have an impact on business. For example, these days, almost all businesses have websites so customers can have their questions about products answered. Businesses must provide this type of service or they will lose customers to other businesses that do. Likewise, telecommuting is on the rise as companies have decided that it is more cost-effective to have some employees work from home. Awareness of technology will keep a business on the cutting edge of business growth and change.

Q **What is this passage mainly about?**
(a) The role of computers in business
(b) The role of technology in business
(c) The speed of change in business due to technology
(d) Cost analysis in business

해석　기술이 계속해서 발전하고 변함에 따라 기업들도 보조를 맞추도록 변하고 적응해야만 한다. 인터넷, 전자 통신, 컴퓨터, 로봇 공학은 모두 비즈니스에 영향을 준다. 예를 들어 오늘날 거의 모든 기업들은 웹사이트가 있어서 고객들은 제품에 대한 질문에 답변을 받을 수 있다. 기업들은 이런 유형의 서비스를 제공해야만 한다. 그렇지 않으면 서비스를 제공하는 다른 기업에 고객을 뺏길 것이다. 마찬가지로 회사들이 일부 직원들은 집에서 일하는 것이 더 비용효과적이라고 결정함에 따라 재택근무가 늘고 있다. 기술에 대한 인식으로 기업은 사업 성장과 변화의 최첨단에 설 것이다.

Q **담화는 주로 무엇에 관한 것인가?**
(a) 비즈니스에 있어서 컴퓨터의 역할
(b) 비즈니스에 있어서 기술의 역할
(c) 기술로 인한 비즈니스 변화의 속도
(d) 비즈니스에 있어서 비용 분석

정답분석 담화는 인터넷, 컴퓨터, 통신 등을 모두 포함한 기술의 발전과 변화가 비즈니스에 미치는 영향에 대해 이야기하고 있으므로 정답은 (b)이다.

adapt 맞추다　**keep pace** 보조를 맞추다　**telecommunication**
전자 통신　**robotics** 로봇 공학　**impact** 영향　**likewise** 마찬가지로
telecommute 재택근무하다　**cutting edge** 최첨단

48

Dirty words are often used by teenagers in telling off-color stories and this can be considered part of their sex education. As their bodies grow and change, both boys and girls wonder and worry. To keep from being overwhelmed by these fears, they turn them into jokes or dirty-word stories. By telling and re-telling off-color stories, they learn that they aren't the only ones in the group disturbed about their future roles in courtship and marriage. Using dirty words and stories to laugh at sexual doubts and fears may make them less frightening.

Q **What is the talk mainly about?**

(a) How teenagers use dirty words to alleviate their fears
(b) How teenagers make jokes about future sexual roles
(c) Teenagers' sexual doubts and fears should be
    covered up.
(d) Teenagers' dirty-word stories are abnormal.

해석　　　음란한 말들이 외설적인 이야기를 할 때 십대들에 의해 종종 사용되는데 이것은 십대가 성교육의 일부로 여길 수 있다. 그들의 신체가 성장하고 변함에 따라 소년과 소녀 모두 궁금해 하고 걱정한다. 이런 두려움에 휩싸이는 것을 방지하기 위해 그들은 그것들을 농담이나 외설스런 이야기로 바꾼다. 외설적인 이야기를 하고 또 함으로써 그들은 또래에서 자기만이 연애와 결혼에 있어서 자신의 미래 역할에 대해 불안해 하는 게 아니라는 것을 배운다. 성적인 의구심과 두려움을 비웃기 위해 외설스런 단어나 이야기를 하는 것이 그것들을 덜 두렵게 하는지도 모른다.

Q 담화는 주로 무엇에 관한 것인가?
(a) 십대들이 그들의 두려움을 완화하기 위해 어떻게 음란한 말들을 쓰는가
(b) 십대들은 미래의 성 역할에 대해 어떻게 농담을 하는가
(c) 십대들의 성적 의구심과 두려움은 숨겨져야 한다.
(d) 십대들의 외설적인 이야기는 비정상적이다.

정답분석 십대들이 신체가 성장하고 변하면서 느끼는 의구심과 두려움에 휩싸이지 않고 그것들을 덜 무섭게 만들기 위해 농담이나 외설적인 이야기를 한다고 주로 이야기하고 있으므로 정답은 (a)이다.

dirty word 음란한 말　**off-color** 상스러운　**wonder** 궁금해 하다　**overwhelmed** 압도된, 어쩔 줄 모르는　**disturb** 불안하게 하다　**courtship** 연애　**doubt** 의문　**frightening** 무서운　**alleviate** 완화하다　**abnormal** 비정상적인

49

Although there were unions in the United States before the American Revolution, they have become major power blocks only in the last 60 years or so. Directly or indirectly, managerial decisions in almost all organizations are now influenced by the effect of unions. Managers in unionized organizations must operate through the union in dealing with their employees instead of acting alone.

Decisions affecting employees are made collectively at the bargaining tables and through arbitration, instead of individually by the supervisor. Wages, hours, and other terms and conditions of employment are largely decided outside of management's sphere of discretion.

Q **What is the speaker's main point in the talk?**
(a) Union memberships
(b) The history of unions
(c) The power of unions
(d) The establishment of unions

해석　　　독립 혁명 전에 미국에 노동조합이 있었지만 그들은 불과 지난 60여 년 동안 주요 세력 집단이 되었다. 직접적으로 또는 간접적으로 거의 모든 단체의 경영 관련 의사 결정은 이제 노동조합의 영향을 받는다. 노동조합에 가입한 단체의 경영자들은 고용인을 다룰 때 단독으로 행동하는 대신 조합을 통해서 운영해야 한다. 고용인들에게 영향을 미치는 결정은 감독관의 개인적 판단 대신 협상 테이블에서 중재를 통해 집단적으로 내려진다. 임금, 시간, 다른 고용 기간이나 조건들은 대부분 경영 재량권 밖에서 결정된다.

Q 화자의 요점은?
(a) 조합원 자격
(b) 노동조합의 역사
(c) 노동조합의 영향력
(d) 노동조합의 건립

정답분석 노동조합이 직간접적으로 경영과 고용인에 관련된 의사 결정에 영향을 미친다고 이야기하고 있으므로 정답은 (c)이다.

union 노동조합　**revolution** 혁명　**power block** 세력 집단　**indirectly** 간접적으로　**managerial** 경영의　**organization** 단체　**influence** 영향을 주다　**unionize** 노동조합을 결성하다　**operate** 운영하다　**affect** 영향을 미치다　**collectively** 집단적으로　**bargaining** 협상　**arbitration** 중재　**supervisor** 감독관　**discretion** 재량

50

The use of modern genetic engineering to produce pharmaceuticals and new crops has given rise to prodigious scientific, humanitarian and financial

successes. But its application to food production has lagged behind despite the fact that animal protein is expensive and increasingly sought-after worldwide. Thousands of animals with genes deleted or added have been engineered for scientific purposes. The catalogue of available lines is vast and these animals have made incalculable contributions to the understanding of mammalian gene function in health and disease. Thus, this lag isn't technological; rather, the obstacles have their origins in public policy, particularly government regulation.

Q **What is the speaker's main point of the talk?**
(a) Tampering with nature should be regulated.
(b) Science is limited by funding.
(c) Allowing animals to be engineered will harm them.
(d) Politics slows the commercialization of science, not
    know-how.

해석　　　약품과 새로운 작물을 생산하기 위한 현대 유전 공학의 사용은 엄청나게 과학적이고, 인도주의적이며 금전적인 성공을 가능케 했다. 그러나 동물 단백질이 값비싸고 점점 더 세계적으로 수요가 늘고 있다는 사실에도 불구하고 식량 생산에 유전 공학을 적용하는 것은 뒤쳐져 왔다. 유전자가 삭제되거나 추가된 수천 마리의 동물들은 과학적인 목적으로 유전자가 조작되어 왔다. 이용 가능한 분야의 목록은 방대하고, 이런 동물들은 건강과 질병에 있어 포유류의 유전자 기능을 이해하는 데 막대한 기여를 해왔다. 그래서 이런 지체는 기술적이라기보다는 공공 정책, 특히 정부 규정에 그 장애의 원인이 있다.

Q 화자의 요점은?
(a) 자연 조작은 규제되어야 한다.
(b) 과학은 재정 지원의 제한을 받는다.
(c) 동물의 유전자 조작 허용은 그들을 해칠 것이다.
(d) 노하우가 아닌 정치가 과학의 상업화를 늦춘다.

정답분석 우리에게 많은 혜택을 주는 유전 공학이 식량 증산을 위해 사용될 수 있음에도 불구하고 과학적으로만 사용되고 있는데, 그것은 기술적인 문제가 아니라 정부 규정에 기인한 것이라고 말하고 있으므로 정답은 (d)이다.

genetic engineering 유전 공학 pharmaceutical 제약(의) give rise to ~이 생기게 하다 prodigious 엄청난 humanitarian 인도주의적인 lag behind 뒤지다 sought-after 수요가 있는, 인기 있는 delete 삭제하다 engineer 유전자를 조작하다 catalogue 목록 incalculable 헤아릴 수 없는, 막대한 mammalian 포유류의 obstacle 장애, 장애물 tamper with 손대다, 조작하다 regulate 규제하다, 단속하다 commercialization 상업화

51

People who live in the suburbs do not experience the tight-knit community of a city neighborhood. Big houses with large backyard decks and streets with no sidewalks keep suburban dwellers focused on themselves. When I lived in the city, I sat down on the front porch with my family in the evening and talked with neighbors who were on their nearby front porches or took a leisurely stroll. We all knew and cared about each other. Whenever someone had a problem, we all helped. In the suburbs, you cannot walk around safely or linger in front of your house comfortably. People tend to stay inside or in the backyard and never get to know who lives next door.

Q **What is the best title for the passage?**
(a) A Stranger in the City
(b) Isolated on the Edge of a City
(c) Backyard Party in the Neighborhood
(d) A Stroll in the Park

해석 교외에 사는 사람들은 도시 사람들의 유대가 긴밀한 공동체를 경험하지 못한다. 넓은 뒤뜰이 있는 큰 집들과 보도가 없는 거리는 교외 거주자들이 그들 자신에게 집중하게 한다. 내가 도시에 살았을 때 나는 저녁에 앞 현관에 앉아 현관에 있는 가까운 이웃들과 이야기를 나누거나 느긋한 산책을 했다. 우리는 모두 서로에 대해 알고 관심을 가졌다. 누군가 어려움이 있을 때면 우리 모두 도왔다. 교외에서는 안전하게 돌아다니거나 당신의 집 앞에서 편하게 오랫동안 서성댈 수가 없다. 사람들은 실내 또는 뒤뜰에 있는 경향이 있어 옆집에 누가 사는지 전혀 알지 못한다.

Q 제목으로 가장 적절한 것은?
(a) 도시의 이방인
(b) 교외에서 고립되어 살기
(c) 동네에서의 뒤뜰 파티
(d) 공원 산책

정답분석 담화에 따르면 교외에 사는 사람들은 집안이나 뒤뜰에 주로 머물러 누가 옆집에 사는지 알지 못하고 자기 자신들에게 집중하는 고립된 생활을 한다고 하므로 정답은 (b)이다.

suburb 교외 tight-knit 유대가 긴밀한 community 공동체 neighborhood 이웃 사람들 suburban 교외의 dweller 거주자 porch 현관 leisurely 느긋한 stroll 산책 linger 서성거리다 isolated 고립된, 격리된

52

Managers who adopt an 'autocratic' style generally issue orders and expect them to be obeyed without question such as a military commander. Since no one else is consulted, the autocratic style allows for rapid decision making. Another managerial style is the 'democratic' style. Managers who adopt this generally ask for input from subordinates before making decisions but retain final decision-making power. Managers who adopt a 'free-rein' style typically serve as advisers to subordinates who are allowed to make decisions. The chairperson of a volunteer committee to raise funds may find this style most effective.

Q **What is the purpose of this talk?**
(a) To summarize the best decision-making styles
(b) To explain the effects of different management styles
(c) To describe different managerial styles
(d) To show which management style is best

해석 '독재적인' 스타일을 취하는 경영자들은 일반적으로 군사령관처럼 명령을 내리고 질문 없이 그 명령을 따르기를 기대한다. 누구와도 상의를 하지 않기 때문에 독재적인 스타일은 빠른 의사 결정을 할 수 있다. 또 다른 경영 방식은 '민주적인' 스타일이다. 이것을 취하는 경영자들은 보통 의사 결정을 내리기 전에 부하 직원들로부터 조언을 구하지만 마지막 의사 결정권은 유지한다. '무제한의 자유' 스타일을 택하는 경영자들은 전형적으로 결정하도록 허락된 부하 직원의 조언자의 역할을 한다. 기금을 모으기 위한 자원봉사 위원회의 의장은 아마도 이 스타일이 가장 효과적이라고 생각할 것이다.

Q 담화의 목적은?
(a) 가장 좋은 의사 결정 방식을 요약하기 위해
(b) 다양한 경영 방식의 효과를 설명하기 위해
(c) 다양한 경영 방식을 설명하기 위해
(d) 어떤 경영 방식이 최선인지 보여주기 위해

정답분석 담화는 세 가지 다른 경영 방식을 묘사하고 있으므로 (c)가 정답이다. 각각의 경영 방식에 대한 장단점이나 효과에 대해서는 이야기하고 있지 않으므로 (b)와 혼동하지 않도록 한다.

adopt 취하다, 채택하다 autocratic 독재적인 generally 일반적으로 issue 내리다 order 명령 obey 따르다 commander 사령관 consult 상의하다 decision making 의사 결정 managerial 경영의 democratic 민주적인 input 조언 subordinate 부하 retain 유지하다 free-rein 무제한의 자유 volunteer 자원봉사 committee 위원회 effective 효과적인

53

Discovered by Marco Polo 6 centuries ago, Ceylon today is a beloved destination for sophisticated travelers. Lush green fields, verdant hills, and golden beaches await your arrival, as does big game and magnificent plumage of rare birds. The easygoing tempo of Ceylon life combined with the hospitable and good-natured folks that reside in its wonderful towns makes this a wonderful place to gather your thoughts and regain a centered perspective.

Q **Which is true according to the advertisement?**
(a) Ceylon is a new, fast paced vacation destination that provides safari tours.
(b) People vacationing in Ceylon will be busy enjoying games and hunting birds.
(c) Ceylon offers a meditative environment that allows

people to reflect and relax.

(d) Though the surrounding nature may be barren, the people are very hospitable.

해석　　6세기 전 마르코 폴로가 발견한 실론은 오늘날 수준 높은 여행자들이 사랑하는 목적지입니다. 큰 사냥감과 희귀한 새의 장대한 깃털뿐만 아니라 우거진 초록 들판, 신록의 언덕과 황금빛 해변이 당신이 오기를 기다립니다. 이곳 아름다운 마을에 사는 친절하고 선량한 주민들과 더불어 느긋한 실론의 삶은 이곳을 당신이 생각을 정리하고 중심적인 관점을 되찾는 훌륭한 장소로 만들어 줄 겁니다.

Q 광고 내용에 대해 옳은 것은?

(a) 실론은 사파리 투어를 제공하는 새롭고 분주한 휴가지이다.

(b) 실론에서 휴가를 보내는 사람들은 게임과 새 사냥을 즐기며 바쁘게 보낼 것이다.

(c) 실론은 사람들이 돌아보고 휴식을 취할 수 있는 명상적인 환경을 제공한다.

(d) 주변 자연은 황량할지 모르지만 사람들은 매우 친절하다.

정답분석　담화의 마지막 부분에 의하면 실론의 느긋한 환경이 사람들이 생각을 정리하고 잃어버린 중심 관점을 되찾도록 한다고 했으므로 정답은 (c)이다.

beloved 인기 많은　**destination** 목적지　**sophisticated** 세련된　**lush** 우거진, 무성한　**verdant** 신록의, 파릇파릇한　**await** 기다리다　**game** 사냥감　**magnificent** 참으로 아름다운　**plumage** 깃털　**easygoing** 느긋한　**tempo** 박자, 속도　**hospitable** 환대하는, 친절한　**good-natured** 선량한　**meditative** 명상적인　**barren** 불모의, 메마른

54

In January, 1942, Britain had 19 German spies working as double agents who had been 'turned' to work against their homeland. Among them, two Norwegians, John Helge and Tor Glad, code-named Mutt and Jeff, had no intention of spying for Germany. Upon landing, they surrendered to the Scottish police. Jeff, failing to convince the authorities that he was genuine, was held captive on the Isle of Man. Mutt was put to work, feeding the Germans false information and disarming German troops still in Norway. Jeff, when he returned to Norway, was put on trial as a German spy, but after a discreet word from London's MI5, he was set free.

Q **What is correct about the double agents?**

(a) Mutt and Jeff were Germans that fought for Britain in the war.

(b) Mutt and Jeff were loyal to Britain and wished to assist it in the war.

(c) MI5 had one of them killed and the other sent to Germany.

(d) Mutt and Jeff were Germans that killed John and Glad for their identities.

해석　　1942년 1월 영국에는 조국에 대항해 활동하도록 '전향하여' 이중간첩으로 활동하는 독일 요원 19명이 있었다. 그들 중 무트와 제프라는 암호명을 가진 존 헬지와 토르 글래드라는 두 명의 노르웨이인은 독일을 위해 간첩 활동을 할 의사가 없었다. 침투와 동시에 그들은 스코틀랜드 경찰에 투항했다. 자신이 진실함을 당국에 설득하는 데 실패한 제프는 맨 섬에 유배되었다. 무트는 독일인에게 허위 정보를 제공하고 노르웨이에 여전히 주둔해 있는 독일 군대를 무장 해제시키는 임무를 시작했다. 노르웨이에 돌아갔을 때 제프는 독일 간첩으로 재판에 회부되었으나 영국의 군사 정보국인 MI5의 조심스러운 언급이 있은 후 자유의 몸이 되었다.

Q 이중간첩에 대해 옳은 것은?

(a) 무트와 제프는 전쟁 당시 영국을 위해 싸운 독일인이었다.

(b) 무트와 제프는 영국에 충성스러웠고 전쟁 당시 영국에 도움이 되고 싶었다.

(c) MI5는 그들 중 한 명을 살해했고 또 다른 이는 독일에 보냈다.

(d) 무트와 제프는 신분을 위해 존과 글래드를 살해한 독일인이었다.

정답분석　담화에 따르면 노르웨이 이중간첩은 독일을 위해 간첩 활동을 할 의사가 없어 영국 경찰에 투항했고, 그 중 한 명은 나중에 영국을 위해 독일에게 거짓 정보를 제공하는 등의 활동을 하게 되므로 (b)가 적절한 답이다.

spy 첩자, 스파이 활동을 하다　**homeland** 조국　**code-name** 암호명을 붙이다　**intention** 의도　**surrender** 투항하다　**convince** 설득하다　**authorities** 당국　**genuine** 진실한　**feed** (정보 등을) 주다　**disarm** 무장 해제시키다　**put on trial** 재판에 회부하다　**discreet** 신중한, 조심스러운　**set free** 풀려나다

55

Amish is a Protestant-based religious sect that strictly adheres to the authority of the Bible. The Amish shun modern conveniences, even still using a horse and buggy as their means of transportation. They have a very distinctive manner of dress, which symbolizes their separation from the world and is a constant reminder of their commitment to their religion. The Amish do not wear any jewelry or any embellishments on their clothes in order to maintain humility and avoid anything that might gain them recognition. Likewise, the Amish do not style their hair, wear makeup, manufactured clothing or anything that alters 'God's creation.'

Q **Based on this talk, which of the following best describes the Amish?**

(a) The Amish are very strict about their religion.

(b) The Amish believe clothes are not 'God's creation.'

(c) The Amish do not like to be recognized.

(d) The Amish believe that modern conveniences are evil.

해석　　아미쉬파는 개신교를 토대로 성경의 권위를 엄격히 고수하는 종파이다. 아미쉬파는 여전히 그들의 운송 수단으로 말과 마차를 이용하며 현대 문명의 이기를 멀리한다. 그들은 매우 독특한 옷차림을 하는데, 그것은 세상으로부터 그들의 분리를 상징하고 그들 종교에의 헌신을 끊임없이 상기시켜 주는 것이다. 아미쉬파는 겸손을 유지하고 그들이 인식되는 것을 피하기 위해 보석이나 옷에 어떤 장식도 하지 않는다. 마찬가지로, 아미쉬파는 그들의 머리를 치장하거나 화장을 하거나 생산된 의류를 입거나 '신의 창조'를 바꾸는 그 어떤 것도 하지 않는다.

Q 아미쉬파를 가장 잘 묘사한 것은?

(a) 종교에 대해 매우 엄격하다.

(b) 옷이 '신의 창조'가 아니라고 믿는다.

(c) 인식되는 것을 좋아하지 않는다.

(d) 현대 문명의 이기를 악이라고 믿는다.

정답분석　아미쉬파가 성경의 권위를 고수하는 그들의 종교를 얼마나 엄격히 따르는지를 보여주고 있으므로 (a)가 정답이다.

Protestant 개신교도 **religious** 종교적인 **sect** 종파 **adhere to** ~을 고수하다 **authority** 권위 **shun** 피하다 **buggy** 마차 **means** 수단 **distinctive** 독특한 **symbolize** 상징화하다 **separation** 분리 **commitment** 헌신 **embellishment** 장식 **humility** 겸손 **recognition** 인식 **likewise** 마찬가지로 **alter** 바꾸다

56

Next time you want to do a fun experiment with friends, why not try the Mentos eruption? All you need is a two liter bottle of cola and a pack of mint mentos. A popular theory for using this mint candy is that the other flavored one has a smooth waxy surface which prevents nucleation. The mint one has a very porous surface which allows carbon dioxide bubbles to form rapidly and in greater numbers which causes a greater physical reaction.

Q **Which is correct according to the talk?**
(a) You need a carbonated beverage to do this experiment.
(b) Carbon Monoxide bubbles are the result of the experiment.
(c) The smoothness of the candy has no effect whatsoever.
(d) You can use any kind of mentos for this experiment.

해석　다음에 친구들과 재미있는 실험을 하고 싶을 때, 멘토스 분출을 시도해 보는 건 어떨까요? 2리터짜리 콜라 한 병과 민트맛 멘토스 한 팩만 있으면 됩니다. 이 민트맛 캔디를 사용하는 것이 일반적인데 다른 맛의 캔디는 핵 생성을 방해하는 매끄러운 왁스 표면이 있기 때문입니다. 민트맛 캔디는 엄청나게 많은 이산화탄소 거품을 급속히 생성시키는 다공성 표면으로 되어 있어 광장한 물리적 반응을 일으킵니다.

Q **담화에 따르면 다음 중 옳은 것은?**
(a) 이 실험을 하려면 탄산음료가 필요하다.
(b) 일산화탄소 거품이 이 실험의 결과이다.
(c) 사탕의 매끄러움은 아무런 영향을 주지 않는다.
(d) 이 실험에는 모든 종류의 멘토스를 사용할 수 있다.

정답분석　멘토스를 이용한 분출 실험에 관한 내용이다. two liter bottle of cola가 필요하다고 했으므로 실험에 탄산음료가 필요하다고 한 (a)가 정답이다. 실험으로 이산화탄소가 생기므로 (b)는 오답이고, 다른 맛 사탕의 매끈한 표면은 거품이 생기지 않게 하므로 민트맛 멘토스만 실험이 가능하다고 했으므로 (c), (d)도 옳지 않다.

experiment 실험 **eruption** 분출 **flavor** 맛이 나다 **surface** 표면 **nucleation** 핵 생성 **porous** 다공성의 **carbon dioxide** 이산화탄소 **physical** 물리학의 **reaction** 반응 **carbonated** 탄산이 든 **beverage** 음료 **carbon monoxide** 일산화탄소

57

If you think being allergic to cats or strawberries is difficult, how about being allergic to water? Aquagenic urticaria is an extremely rare form of physical urticaria which causes the skin to itch and burn after any contact with water of any kind. The pain usually lasts from 10 minutes to 2 hours. There is no known treatment. Staying cool, avoiding water as much as possible are the only recommendations. So next time when you complain that you can't eat strawberry ice cream, think of the person who can't even take a shower without pain.

Q **Which is correct about Aquagenic urticaria according to the talk?**
(a) There are many cases of this allergy in the world.
(b) The effect of water contact can last up to 180 minutes.
(c) Even liquids such as sweat can affect you with this condition.
(d) If diagnosed with Aquagenic urticaria, you can't eat strawberries.

해석　고양이나 딸기에 알레르기가 있는 것이 힘겹단 생각이 든다면, 물에 알레르기가 있는 것은 어떻게 생각하나요? 수성 두드러기는 어떤 종류의 물이든 닿기만 하면 피부가 가렵고 화끈거리는 증상이 유발되는 극히 드문 신체 두드러기의 한 종류입니다. 통증은 보통 10분에서 2시간 가량 지속되고, 알려진 치료법은 없습니다. 시원하게 지내고 최대한 물을 피하는 것이 유일한 권고 사항입니다. 그러니 다음 번에 딸기 아이스크림을 먹을 수 없다고 불평할 때, 통증 없이 샤워도 할 수 없는 사람을 생각해 보세요.

Q **담화에 따르면 수성 두드러기에 대해 옳은 것은?**
(a) 세계적으로 이 알레르기 사례가 많다.
(b) 물에 닿은 영향은 180분까지 지속된다.
(c) 땀과 같은 액체도 이 질환에 영향을 미칠 수 있다.
(d) 수성 두드러기 진단을 받으면 딸기를 먹을 수 없다.

정답분석　희귀 알레르기인 수성 두드러기에 관한 글이다. 수성 두드러기는 water of any kind, 즉 어떠한 종류의 물이라도 닿기만 하면 가렵고 화끈거린다고 했고 땀도 여기에 포함되므로 답은 (c)이다. extremely rare, 즉 극도로 드물고, 2시간 가량 증상이 지속된다고 했으므로 (a)와 (b)는 오답이다. 수성 두드러기는 물과의 접촉으로 유발되므로 (d)도 틀리다.

allergic 알레르기가 있는 **aquagenic urticaria** 수성 두드러기 **extremely** 극히 **rare** 드문 **itch** 가렵다 **treatment** 치료 **recommendation** 권고 **complain** 불평하다 **liquid** 액체 **diagnose** 진단하다

58

When one is evaluating an argument, it is important to be able to distinguish between fact and theory. While theories can turn out to be true, arguments based solely on theories, in many cases, are too speculative to rely on. Arguments based on facts tend to be more compelling because the facts can be easily verified in similar situations and then extrapolated to the new situation. Many people argue their theories and don't have the facts to back them up, perhaps as a result of an emotional response to a situation rather than logical reasoning or research.

Q **What can be inferred about the evaluating arguments?**
(a) Facts are considered more important than theories.
(b) Unless one knows all the facts, one shouldn't argue.
(c) Theories without facts are just emotional responses.

(d) Speculation is always reliable when it is part of a theory.

해석 어떤 주장을 평가할 때 사실과 이론을 구별할 수 있는 것이 중요하다. 이론이 사실로 드러날 수도 있지만 오직 이론에만 근거한 주장은 많은 경우 신뢰하기에 너무 유추적이다. 사실에 근거한 주장은 그 사실이 비슷한 상황에서 쉽게 확인될 수 있고 새로운 상황으로 유추될 수 있기 때문에 좀 더 설득력 있는 경향이 있다. 아마도 어떤 상황에 대해 논리적인 유추이나 연구보다는 감정적으로 반응한 결과 많은 사람들이 자신들의 이론을 주장하지만 뒷받침할 사실이 없다.

Q 주장을 평가하는 것에 대해 유추할 수 있는 것은?
(a) 사실이 이론보다 더 중요하게 고려된다.
(b) 모든 사실을 아는 것이 아니라면 주장해서는 안된다.
(c) 사실이 없는 이론은 단지 감정적인 반응일 뿐이다.
(d) 추측이 한 부분이면 언제나 믿을 만하다.

정답분석 담화에 따르면 이론에만 근거한 주장은 믿을 수가 없고 사실에 근거한 주장이 좀 더 설득력이 있다고 하므로 정답은 (a)이다.

evaluate 평가하다 argument 주장 distinguish 구별하다 speculative 추측의 rely on 믿다 compelling 설득력 있는 verify 확인하다 extrapolate 유추하다 back up 뒷받침하다 emotional 감정적인 response 반응 logical 논리적인 reasoning 추리 speculation 추측, 짐작

59

Recently, the board of directors of a premier football club in the UK has been offered 300 million euros to transfer ownership of the club over to an American sports company. Though the football club is valued at over 600 million euros, its board of directors are seriously considering this deal and is most likely to accept it. Attempting to persuade the board not to accept the deal, of course, are the executives of the club through their appearances on various media and by pressuring coaches and players to publicly denounce the deal. Unfortunately for them, however, none of the coaches, players, or fans are showing signs of disapproval.

Q What can be inferred about the situation?
(a) The board of directors wants to own the American sports company.
(b) Some players and coaches approve of the sale.
(c) The American investors think that the club needs money badly.
(d) UK football fans would never support a US-owned team.

해석 최근 영국의 프리미어 축구 클럽 이사회는 클럽의 소유권을 미국의 스포츠 회사에 넘기도록 30여 유로를 제안 받았다. 축구 클럽은 60여 유로 이상의 가치가 있지만, 이사회는 이 거래를 진지하게 고려하고 받아들일 것으로 보인다. 물론 클럽의 간부들은 다양한 매체에 모습을 나타내고 코치와 선수들을 공개적으로 이 거래를 비난하도록 코치와 선수들을 압박함으로써 이사회가 이 거래를 받아들이지 않도록 설득하려고 시도 중이다. 그러나 그들에게는 불행하게도 어떠한 코치, 선수 또는 팬들도 반감의 신호를 보이고 있지 않다.

Q 상황에 대해 유추할 수 있는 것은?
(a) 이사회는 미국의 스포츠 회사를 소유하고 싶어한다.
(b) 몇의 선수들과 코치들 몇몇은 매매를 찬성한다.
(c) 미국의 투자가들은 이 클럽이 돈이 절실히 필요하다고 본다.
(d) 영국 축구 팬들은 더 소유의 팀을 절대 지지하지 않을 것이다.

정답분석 미국의 스포츠 회사가 60여 유로 이상의 가치가 있는 축구 클럽을 그 반값에 사겠다고 제안을 했다고 했는데 이는 그만큼 축구 클럽을 돈을 겪고 있어 그런 제안을 했다고 유추할 수 있기에 정답은 (c)이다.

board of directors 이사회 transfer 넘겨주다 ownership 소유 value 가치를 평가하다 persuade 설득하다 executive 중역, 간부 appearance 출연 various 다양한 pressure 압박하다 denounce 비난하다, 고발하다 disapproval 반감, 못마땅함

60

In the battle to fight the effects of aging, many people have turned to cosmetic remedies to keep their faces looking youthful. However, face-lifts and other plastic surgeries do not appeal to some due to the high price, lengthy recovery times, or risks of complications. That is why a widening array of minimally invasive treatments such as Botox injections and laser treatments have grown in popularity. Such procedures, while lasting only a few months, are affordable and can be done during one's lunch hour. This has made it possible for more people to be able to keep their faces wrinkle-free and to be able to be proud of their appearance.

Q According to the talk, what are the reasons Botox injections appeal to people more than plastic surgery?
(a) The cost and risk involved
(b) The ability to make the person look younger
(c) The length and longevity of the procedures
(d) The growing popularity of the procedures

해석 노화의 영향과의 싸움에서 많은 사람들은 성형 수술에 얼굴을 어려 보이게 하기 위해 많은 성형 요법에 의지해 왔다. 그러나 주름을 펴는 성형 수술과 다른 성형 수술은 비싼 가격과 긴 회복 기간 또는 합병증의 위험 때문에 어떤 사람들에게는 매력적으로 느껴지지 않는다. 그렇기 때문에 보톡스 주사와 레이저 치료와 같이 최소한으로 외과 시술을 적용하는 치료법이 다양해지고 대중의 인기를 얻고 있다. 이런 시술은 몇 달만 지속하지만, 비용이 적당하고 점심 시간에도 받을 수 있다. 이로 인해 더욱 많은 사람들이 얼굴의 주름을 없애고 외모에 자신감을 가질 수 있다.

Q 담화에 따르면, 보톡스 주사가 성형 수술보다 사람들에게 더 매력적인 이유는?
(a) 비용 및 관련 위험
(b) 더 젊어 보이게 만드는 능력
(c) 시술 시간과 오랜 지속성
(d) 높아지는 시술의 인기

정답분석 질문을 듣고 보톡스 주사의 장점이나 성형 수술의 단점을 찾아야 한다. do not appeal to some due to the high price, lengthy recovery times, or risks of complications에서 단서를 찾을 수 있다. 성형 수술은 고비용, 긴 회복 기간, 합병증의 위험 등의 단점이 있기 때문에 보톡스 주사나 레이저 치료가 선호된다고 했으므로 정답은 (a)이다.

aging 노화 cosmetic 화장품, 성형의 remedy 치료 face-lift 주름을 펴는 성형 수술 plastic surgery 성형 수술 lengthy 긴 recovery 회복 complication 합병증 array 모음 minimally 최소한으로 invasive 몸에 칼을 대는 procedure 시술 last 지속하다 wrinkle-free 주름 없는 appearance 외모 longevity 오래 지속됨

Practice Test 5

→P54

46 (d)	47 (c)	48 (c)	49 (b)	50 (b)	51 (a)
52 (d)	53 (b)	54 (c)	55 (b)	56 (a)	57 (a)
58 (d)	59 (b)	60 (b)			

46

'Popular culture' is the culture of people who embrace innovation and conform to changing norms. Popular culture may originate anywhere, and it tends to spread rapidly, especially wherever people have time, money, and inclination to indulge in it. 'Popular material culture' usually means mass culture, that is, items such as clothing, processed foods, books, CDs, and household goods that are mass produced for mass distribution. Popular culture is largely defined by consumption, so it is usually more closely related to social class, as defined by income and education, than folk cultures. The consumer items people buy are largely determined by what they can afford.

Q What is the purpose of the talk?
(a) To explain how different cultural groups are categorized
(b) To compare popular culture with popular material culture
(c) To describe the history of popular culture
(d) To characterize the features of popular culture

해석 '대중문화'는 혁신을 수용하고 변화하는 규범을 받아들이는 사람들의 문화이다. 대중문화는 어디에서든 시작될 수 있고, 사람들이 돈과 시간이 있고 그것을 마음껏 누릴 의향이 있는 곳이라면 어디든 급속히 퍼지는 경향이 있다. '대중 물질 문화'는 보통 대량의 문화를 의미하는데, 말하자면 대량 유통을 위해 대량 생산된 의류, 가공식품, 도서, CD, 가정용품과 같은 품목이다. 대중문화는 주로 소비에 의해 정의되어 민속 문화보다는 대개 소득과 교육에 의해 정의된 사회 계층과 좀 더 밀접한 관련이 있다. 사람들이 구입하는 소비자 물품은 주로 그들이 어떤 것을 살 여유가 되는지에 의해 결정된다.

Q 담화의 목적은?
(a) 다양한 문화 그룹이 어떻게 분류되는지를 설명하기 위해
(b) 대중문화와 대중 물질 문화 비교하기 위해
(c) 대중문화의 역사를 설명하기 위해
(d) 대중문화를 특징짓기 위해

정답분석 소비와 연관지어 대중문화를 설명하고 그 특징을 언급하고 있으므로 (d)가 정답이다.

embrace 수용하다 innovation 혁신 conform 따르다 norm 규범 originate 시작하다, 비롯하다 inclination 의향 indulge 마음껏 누리다 mass 대량의 that is 즉, 말하자면 processed food 가공식품 household goods 가정용품 distribution 유통 define 정의하다 consumption 소비 related to ~와 연관된 social class 사회 계층 folk culture 민속 문화 afford 형편이 되다 categorize 분류하다 characterize 특징짓다

47

In what has traditionally been a female dominated field, these days more and more men are working as nannies. While the pay is not very good, most male nannies say they do it because they love being around kids. Today's nannies are more highly qualified than those of the past, but while anyone can take a course and become a certified nanny, a person's personality is the most important aspect in being a nanny. A nanny has to have a good rapport with youngsters and babies, which is not an exclusive trait to women. It may be some time before male nannies are totally accepted in society, but there is no doubt their numbers are growing.

Q What is the main idea of the talk?
(a) Female nannies are better paid than males.
(b) The men have taken the course to become nannies.
(c) Society is becoming more receptive to male nannies.
(d) Today's nannies are less experienced than those of the past.

해석 전통적으로 여성이 주도했던 분야인데, 요즘은 점점 더 많은 남성들이 보모로 일하고 있다. 급여가 아주 좋은 건 아니지만 대부분의 남성 보모들은 아이들과 함께 있는 것이 좋아서 그 일을 한다고 한다. 오늘날의 보모들은 과거보다 자질이 훨씬 더 뛰어나지만 누구나 강습을 받으면 자격증을 가진 보모가 될 수 있기 때문에 보모가 되는 데 있어 성격이 가장 중요한 점이다. 보모는 어린이와 아기와 좋은 관계를 가질 수 있어야 하는데 이것은 여성에게만 국한된 특성은 아니다. 어느 정도 시간이 지나야 사회에서 남성 보모들이 완전히 받아들여지겠지만 그 수가 증가하고 있는 것은 확실하다.

Q 담화의 주제는?
(a) 여성 보모는 남성 보모보다 더 높은 급여를 받는다.
(b) 남성은 보모가 되기 위해 강습을 받는다.
(c) 사회는 점점 더 남성 보모를 받아들이고 있다.
(d) 오늘날의 보모는 과거의 보모보다 경험이 적다.

정답분석 보모라는 직업은 예전부터 여성이 우세를 보인 분야이지만 현재는 점점 더 많은 남성들이 보모로 일하고 있고, 남성 보모가 인정을 받기까지 시간이 걸리겠지만 수가 증가하고 있다고 했으므로 정답은 (c)이다.

dominate 우위를 차지하다 nanny 보모 certified 면허를 취득한 rapport 관계 youngster 어린이 exclusive 독점적인 trait 특성 receptive 수용적인

48

A group that works for the release of those imprisoned because of their beliefs, color, sex, ethnic origin, language or religion is called Amnesty International. This group is a volunteer organization that has no ties to any government, political party, ideology, or economic or religious interest, and is funded entirely by subscriptions and donations. When Amnesty finds a prisoner it wants to help, the case is handed over to a local group of ordinary people who share the same views. They then write letters to governments, leading newspapers and the prisoner's friends and family to get signatures and raise money to help the prisoners and their families.

Q **What is the main purpose of the article?**
(a) To request donations for the imprisoned
(b) To recruit new volunteers of Amnesty International
(c) To offer information about the role of Amnesty International
(d) To give an outline of the life of prisoners' friends and families

해석　　신념, 피부색, 성별, 출신 민족, 언어 또는 종교의 이유로 투옥된 사람들의 석방을 위해 일하는 단체를 국제사면위원회라고 한다. 이 단체는 정부, 정당, 이념 또는 경제적이나 종교적 이익 등 어떠한 곳과도 관련 없는 자원봉사 단체이고, 전적으로 정기적인 기부금과 기증품으로 자금을 조달한다. 국제사면위원회가 돕고자 하는 재소자를 발견하면, 이 건은 같은 견해를 공유하는 일반인으로 이루어진 현지 지부로 넘겨진다. 그러면 그들은 정부, 주요 신문사, 재소자의 친구와 가족에게 서명을 받기 위해 편지를 보내고 재소자와 가족을 돕기 위해 돈을 마련한다.

Q ㅈ문의 주요 목적은?
(a) 수감자를 위한 기부금을 요청하기 위해
(b) 국제사면위원회의 새로운 자원봉사자를 모집하기 위해
(c) 국제사면위원회의 역할에 관한 정보를 제공하기 위해
(d) 수감자의 친구와 가족들의 삶에 대해 대략 설명하기 위해

정답분석 국제사면위원회의 정의, 역할, 의의를 설명하고 있으므로 역할에 관한 정보를 제공하기 위해서라는 (c)가 정답이다.

release 석방　imprisoned 투옥된　ethnic 민족의　amnesty 사면　political party 정당　ideology 이념　entirely 전적으로

subscription 정기적인 기부금　donation 기증　hand over 양도하다　leading 주요한

49

Marvel Comics published a comic book called *Amazing Fantasy* in the early 1960s. Sales for the comic book quickly dwindled and it was decided that the fifteenth issue would be its last. Publisher Stan Lee had a revolutionary idea for a comic strip that would feature a teenager as the hero, instead of an adult, who would lose as much as he won in the stories. Since *Amazing Fantasy* was being canceled anyways, Lee had nothing to lose, and in the last issue he introduced his anti-superhero Spider-man. That issue became a bestseller and spawned a new monthly comic, *The Adventures of Spider-man*, one of Marvel's all-time favorite comics.

Q **What is the speaker mainly talking about?**
(a) The popularity of the character Spider-man
(b) The ups and downs of Marvel Comics
(c) Marvel Comics' future publishing plans
(d) Publisher Stan Lee's complete failure

해석　　마블 코믹스는 1960년대 초에 〈어메이징 판타지〉라는 만화책을 출판했다. 만화책의 판매는 급속히 떨어졌고 15번째 발행이 마지막이 될 것이라는 결정이 내려졌다. 출판인 스탠 리에게 이야기 속에서 이긴 만큼 지기도 하는, (성인 대신에) 십대를 영웅으로 그리는 만화에 대한 획기적인 아이디어가 있었다. 어쨌든 〈어메이징 판타지〉의 출판 계획이 취소되었기 때문에 리는 밑져야 본전이었고, 마지막 호에서 반슈퍼영웅인 스파이더맨을 소개했다. 마지막 호는 베스트셀러가 되었고 마블의 사상 최고의 인기 만화 중 하나인 〈스파이더맨의 모험〉이라는 새로운 월간 만화를 낳았다.

Q 화자가 주로 말하고 있는 것은?
(a) 스파이더맨 캐릭터의 인기
(b) 마블 코믹스의 성쇠
(c) 마블 코믹스의 미래 출판 계획
(d) 출판인 스탠 리의 챔패

정답분석 비록 1960년대 출간한 〈어메이징 판타지〉는 판매가 저조했지만 스탠 리의 획기적인 아이디어가 담긴 〈스파이더맨의 모험〉은 베스트셀러로 큰 인기를 얻었으므로 마블 코믹스의 성쇠를 주로 다루었다는 (b)가 정답이다.

dwindle 줄어들다　issue (정기 간행물의) 호　revolutionary 획기적인　comic strip 만화　feature 특색으로 삼다　spawn (어떤 결과를) 낳다　all-time 사상 최고/최저의, 시대를 초월한　ups and downs 성쇠

50

The biggest-ever security fix was recently released by Macrosoft. The new software update repairs flaws in the Windows operating system that make PCs susceptible to being taken control of by hackers. Macrosoft released 16 security patches to address almost 50 problems in its products and urged customers to install these software updates as soon as possible to protect their computers from attacks by viruses and hackers. Macrosoft became aware of the problems from outside researchers who look for such vulnerabilities to win cash bounties as well as gain notoriety for their technical prowess.

Q **What is the talk mainly about?**
(a) Hackers taking control of PCs
(b) Macrosoft's newly launched software
(c) The testing done by Macrosoft engineers
(d) How to keep malignant viruses from spreading

해석　　매크로소프트 사에서 사상 최대의 보안 해결책을 최근 발매했다. 이 새로운 소프트웨어 업데이트는 해커들의 조종에 PC가 민감해지는 윈도우 운영 체제의 결함을 고친다. 매크로소프트 사는 자사 제품의 약 50가지 문제를 다루는 16개의 보안 패치를 발표했고 고객들에게 바이러스나 해커들로부터 컴퓨터를 보호하기 위해 되도록 빨리 최신 소프트웨어를 설치하기를 촉구했다. 매크로소프트 사는 기술적인 기량으로 악명을 얻을 뿐만 아니라 현금 포상금을 받기 위해 그런 취약점을 찾는 외부 연구자들로부터 문제점을 인식하게 되었다.

Q 담화의 주제는?

(a) PC를 조종하는 해커들
(b) 매크로소프트 사에서 새로 출시한 소프트웨어
(c) 매크로소프트 사 기술자들이 실시한 테스트
(d) 악성 바이러스 확산을 막는 방법

정답분석 매크로소프트 사에서 최근 새로운 소프트웨어를 발표했다는 이 소식과 소프트웨어의 기능을 말하고 있으므로 정답은 (b)이다.

security 보안 **fix** 해결(법) **release** 발표하다 **operating system** 운영 체제 **susceptible** 민감한 **address** (문제 등을) 다루다 **urge** 촉구하다 **install** 설치하다 **vulnerability** 취약성 **bounty** 풍부함, 포상금 **notoriety** 악명 **prowess** 기량 **malignant** 악성의

51

In Britain, pubs and clubs will be allowed to stay open round-the-clock under a planned change of licensing laws. Some places could be open all hours while others could choose to stagger closing times into the early hours. It is hoped that this change will help in the fight against anti-social behavior. In the past, all bars and clubs closed at the same time and many people filled the streets usually in a rowdy mood. With the new law, there won't be a concentration of people in the streets and hopefully less trouble. However, police are leery of this new proposal. Police believe something needs to be done about after-hours violence and crime, but that eliminating closing times is a dubious solution.

Q **What is the main topic of the passage?**
(a) Change in Britain's licensing laws
(b) The best solution for violence and crime
(c) How to revise the law to be effective
(d) The most famous pubs and clubs in Britain

해석　영국에서 펍과 클럽은 예정된 주류 판매법 변경에 따라 24시간 영업할 수 있도록 허가될 것이다. 어떤 지점은 24시간 열 수 있는 반면 다른 지점은 폐점 시간을 이른 시간으로 변경하는 쪽으로 선택할 수 있다. 이 변화가 반사회적인 행동에 맞선 싸움에 도움이 되기를 희망한다. 과거에는 모든 바와 클럽이 같은 시간에 문을 닫았고 많은 사람들이 대개 떠들썩한 분위기로 거리를 메웠다. 새로운 법안으로 거리에 사람들 무리가 없을 것이고, 바라건대 문제도 줄어들 것이다. 그러나 경찰은 이 새로운 안에 대해 미심쩍어 한다. 경찰은 영업시간 후의 폭력과 범죄에 대해 어떠한 조치가 필요하지만 폐점 시간을 없애는 것은 미덥지 않은 해결책이라고 믿는다.

Q **담화의 주제는?**
(a) 영국 주류 판매법 변경
(b) 폭력과 범죄에 대한 최고의 해결책
(c) 효과적인 법안으로 개정하는 방법
(d) 영국에서 가장 유명한 펍과 클럽

정답분석 변경된 영국의 주류 판매법의 변경, 즉 영업시간의 변경으로 인해 기대되는 효과를 설명하고 있으므로 정답은 (a)이다.

round-the-clock 24시간 계속되는 **licensing** 주류 판매를 허용하는 **stagger** (진행되는 일에) 시차를 두다 **anti-social** 반사회적인 **behavior** 행동, 태도 **rowdy** 소란스러운 **concentration** 집단 **leery** 미심쩍어 하는 **proposal** 안 **eliminate** 없애다, 제거하다 **dubious** 미덥지 않은 **revise** 개정하다

52

Obesity has become an epidemic in America and is associated with greater risk of potentially fatal diseases such as diabetes, heart disease, stroke, and some types of cancer. Rural communities are now more obese than urbanites. Having to traipse great distances or toil in the fields have become less prevalent; instead, rural residents now tend to eat high fat diets, exercise less and watch more television. Adding to the challenge are barriers to addressing the issues such as higher poverty levels, lack of major grocery chains, less exercise facilities and limited school resources to provide nutrition education and physical education.

Q **What is the best title for this talk?**
(a) Obesity Has Left Town
(b) Living High on the Hog
(c) Lifestyles that Make You Obese

(d) Waking up to the Issue of Rural Obesity

해석　비만은 미국에 만연해 있고 당뇨, 심장 질환, 뇌졸중, 이외 몇 가지 암과 같은 잠재적으로 치명적인 질병에 걸릴 높은 확률과 관련이 있다. 농촌 지역 사회는 이제 도시 거주자들보다 더 비만이다. 장거리를 걷거나 밭에서 고생스럽게 일하는 것은 덜 일반적인 것이 되었다. 대신, 농촌 거주자들은 이제 고지방 음식을 먹고, 더 적게 운동하고 TV를 더 많이 보는 경향이 있다. 이 문제와 더불어 더 높은 빈곤 수준, 주요 식료품 체인 부족, 더 적은 운동 시설, 영양 교육과 체육 교육을 제공하기에 제한된 학교 자원과 같은 문제를 다루는 것을 방해하는 장애가 있다.

Q **담화에 가장 적절한 제목은?**
(a) 비만은 도시를 떠났다
(b) 사치스럽게 살기
(c) 당신을 비만하게 만드는 생활 방식
(d) 농촌 비만 문제에 대한 각성

정답분석 담화는 비만의 무서움을 이야기하고 농촌 지역 사회의 비만과 그 문제점에 대해 집중적으로 이야기하고 있으므로 (d)가 정답이다.

epidemic (사상 등의) 보급 **associated with** ~와 결부된 **fatal** 치명적인 **diabetes** 당뇨 **stroke** 뇌졸중 **rural** 농촌의 **community** 지역 사회 **urbanite** 도시인 **traipse** 터벅터벅 걷다 **toil** 고생스럽게 일하다 **prevalent** 일반적인 **diet** 식사 **barrier** 장벽 **address** 다루다 **poverty** 빈곤 **high on the hog** 사치스럽게

53

The MacDonald Building has now been vacated for renovations. The main focus of the construction will be on the Benedis labs on the 5th floor which will offer state-of-the-art research and teaching facilities for environmental engineering. Additionally, due to concerns arising from inspectors regarding improper ventilation and air flow, a new heating, ventilation, and air conditioning system shall be installed throughout the building. During the construction period, a small portion of the main floor offices may be accessible; however, the building will be off limits to all except authorized personnel. Anyone wanting access will have to be registered with the head office.

Q **What is correct about the building renovation announcement?**
(a) The Macdonald Building is scheduled for demolition.
(b) Only approved entrants can access the building.
(c) A refurbished security and venting system will be installed.
(d) Limits to the number of workers on-site will be in place.

해석 맥도날드 건물이 현재 보수를 위해 비워졌다. 공사의 핵심은 환경 공학을 위한 최첨단 연구와 교육 시설을 제공할 5층에 위치한 베네디스 연구실이다. 또한 부적절한 환기와 공기 흐름에 대한 감독관의 우려에 따라 건물 전체에 새로운 난방, 환기, 에어컨 시스템이 설치될 것이다. 공사 기간 동안 1층 사무실 중 작은 일부분은 사용 가능하지만 건물은 관계자를 제외한 모든 이의 출입이 금지될 것이다. 건물에 들어가고자 하는 사람은 누구나 본사에 등록을 해야만 할 것이다.

Q 건물 보수 공사 안내와 일치하는 것은?
(a) 맥도날드 건물은 철거될 예정이다.
(b) 허가 받은 출입자만이 건물에 들어갈 수 있다.
(c) 새로 단장된 보안과 통풍 시스템이 설치될 것이다.
(d) 현장 인부의 수에 제한이 생길 것이다.

정답분석 안내의 마지막 부분을 들으면 공사 기간 동안 관계자 외 모든 이의 건물 출입이 제한되고, 출입하고자 하는 사람은 본사에 등록을 해야 한다고 했으므로 (b)가 정답이다.

vacate 비우다 **renovation** 수리, 리모델링 **construction** 공사 **state-of-the-art** 최신식의 **environmental engineering** 환경 공학 **concern** 우려 **regarding** ~에 관하여 **improper** 부적절한 **ventilation** 환기 **air flow** 공기 흐름 **install** 설치하다 **accessible** 접근 가능한 **off limits** 출입 금지의, 출입 금지 구역 **authorized personnel** 관계자 **demolition** 해체 **entrant** 출입자 **refurbish** 새로 단장하다 **on-site** 현장의

54

The phrase, "Man does not live by bread alone", was coined by the famous industrialist and philanthropist, Andrew Carnegie. The sentiment of this quote represents the crux of his philosophy that millionaires and the working class alike both possessed wealth and were starved for nourishment of different sorts simultaneously. Regardless of one's station in life, however, he believed whole-heartedly in education and felt that all should have access to information. Thus, he built a large number of libraries and educational facilities in addition to endowing many trusts and funds offering education to the people.

Q **Which of the following is correct according to the passage?**
(a) Andrew Carnegie felt that people needed guidance.
(b) People shouldn't complain about being wealthy or poor.
(c) Andrew Carnegie felt that all people should have the opportunity to learn.
(d) People, though segregated by income level, still want to be wealthy.

해석 '인간은 빵만으로 살 수 없다'는 문구는 유명한 기업가이자 박애주의자인 앤드류 카네기의 말이다. 이 인용구의 정서는 백만장자와 노동 계층을 막론하고 둘 다 부를 소유했으며 동시에 다른 종류의 영양에 굶주렸다는 그의 철학의 핵심을 반영한다. 그러나 처지에 상관없이 그는 전적으로 교육을 믿었고 모든 이가 정보를 이용할 수 있어야 한다고 생각했다. 그래서 그는 사람들에게 교육을 제공하는 많은 신탁과 기금을 기부했을 뿐만 아니라 다수의 도서관과 교육 시설을 세웠다.

Q 담화에 따르면 다음 중 옳은 것은?
(a) 앤드류 카네기는 사람들은 지도가 필요하다고 생각했다.
(b) 사람들은 부유하고 가난한 것에 대해 불평을 해서는 안된다.
(c) 앤드류 카네기는 모든 사람들은 배울 기회가 있어야 한다고 생각했다.
(d) 사람들은 소득 수준에 따라 분리되지만 여전히 부유하길 원한다.

정답분석 담화의 후반부를 들으면 앤드류 카네기는 모든 이가 정보를 이용할 수 있어야 한다고 믿었다고 하는데 이는 공평한 교육의 기회를 의미하므로 정답은 (c)이다.

coin (새로운 낱말·어구를) 만들다 **industrialist** 기업가 **philanthropist** 박애주의자 **sentiment** 정서 **quote** 인용(구) **represent** 나타내다 **crux** 핵심 **nourishment** 영양 **simultaneously** 동시에 **regardless of** ~와 상관없이 **whole-heartedly** 전적으로, 성심성의로 **endow** 기부하다 **trust** 신탁(물) **segregate** 분리하다

55

Every year from December to April in Sweden, a hotel entirely made of ice is operational. Since 1990, 50 different artists and engineers each year harvest frozen ice and snow blocks from the local Torne River to build the hotel. The Icebar, glasses, and classes are made of ice while the hotel structure is made of snow. The hotel itself contains a bar, church, main hall, reception area, rooms and suites. The hotel can room up to 100 guests.

Q **Which is correct according to the talk?**
(a) It takes them 5 months to construct the ice hotel.
(b) A nearby river supplies the building materials.
(c) Only 100 people want to stay in that place.
(d) The entire outside is made from ice.

해석 매년 12월부터 4월까지 스웨덴에서는 전부 얼음으로 만들어진 호텔이 운영된다. 1990년부터 매년 50명의 예술가들과 기술자들은 호텔을 짓기 위해 그 지역의 토르네 강에서 결빙된 얼음과 눈 덩어리를 채취한다. 아이스 바, 유리잔, 강의실은 얼음으로 만들어지고 호텔 건물은 눈으로 지어진다. 호텔 내에는 바, 교회, 대강당, 응접실, 객실과 스위트룸이 있다. 이 호텔은 100명의 손님까지 투숙 가능하다.

Q 담화에 따르면 다음 중 옳은 것은?
(a) 얼음 호텔을 건설하는 데 5개월이 걸린다.
(b) 인근의 강이 건축 자재를 공급해 준다.
(c) 단지 100명만이 그 호텔에 묵고 싶어한다.
(d) 외부 전체는 얼음으로 만들어진다.

정답분석 스웨덴에 있는 얼음 호텔에 관한 내용이다. 예술가들과 기술자들이 그 지역의 토르네 강에서 얼음과 눈을 채취해 호텔을 짓는다고 했으므로 (b)가 정답이다. 호텔의 운영 기간은 5개월이고, 100명을 수용할 수 있다고 했으므로 (a), (c)는 오답이다. 호텔은 외부 뿐 아니라 전체가 얼음으로 이루어져 있다고 했으므로 (d)도 오답이다.

entirely 전적으로 **operational** 사용할 준비가 갖춰진 **harvest** 수확하다 **structure** 건물 **contain** 들어있다 **main hall** 대강당 **reception area** 응접실 **room** (손님을) 재우다

56

Most people think that George Washington was the first president of the United States, but in actuality, some claim he was the 8th president. After the original 13 colonies ratified the Articles of Confederation in 1781, the Congress elected John Hanson of Maryland the 'President of the United States in Congress Assembled.' George Washington even referred to Hanson as 'the President.' 6 more presidents were elected before the current Constitution was ratified. After this, Washington was elected, making him actually the 8th President.

Q **Which is correct according to the talk?**
(a) Not everyone believes John Hanson was the first President.
(b) The 13 colonies elected Hanson as the first president.
(c) Congress was one of the colonies in the United States.
(d) Hanson named George Washington as the President.

해석　대부분의 사람들은 조지 워싱턴이 미국 최초의 대통령이라고 생각한다. 그러나 실제로 어떤 사람들은 그가 8번째 대통령이라고 주장한다. 최초의 13개 식민지가 1781년에 연합 규약을 비준한 후, 의회는 메릴랜드 주의 존 핸슨을 '미국연합회의 의장'으로 선출했다. 조지 워싱턴은 심지어 핸슨을 '대통령'이라고도 언급했다. 현재의 헌법이 비준되기 전까지 6명의 대통령이 더 선출되었다. 이후 워싱턴이 선출되어 사실상 8번째 대통령이 되었다.

Q **담화에 따르면 다음 중 옳은 것은?**
(a) 모든 이들이 존 핸슨을 최초의 대통령으로 생각하진 않는다.
(b) 13개 식민지가 핸슨을 최초의 대통령으로 선출했다.
(c) 의회는 미국에 있는 식민지 중 하나였다.
(d) 핸슨은 조지 워싱턴을 대통령으로 임명했다.

정답분석 대부분의 사람들은 조지 워싱턴이 최초의 대통령이라고 생각하지만, 몇몇은 조지 워싱턴이 8번째 대통령이고, 존 핸슨이 첫 번째 대통령이라고 주장한다고 했다. 따라서 모든 사람들이 존 핸슨이 최초의 대통령이라고 생각하지 않는다는 (a)가 옳다.

actuality 실제 **claim** 주장하다 **colony** 식민지 **ratify** 비준하다 **elect** 선출하다 **refer to** 언급하다 **constitution** 헌법 **name** 임명하다

57

Geoffrey West, author of *Growth, Innovation, and the Pace of Life from Cells to Cities and Corporations*, has developed a framework using scaling laws of networks to draw connections between systems at all levels from cells to power lines to social systems like cities and companies. One measure predicts that doubling the size of a city results in a 15% increase in income, wealth, and innovation per capita, as measured by its number of patents. On the downside, crime, pollution, and disease also increase by the same amount per capita in cities. He hopes his framework is adopted as a predictive tool.

Q **What is correct about West's framework?**
(a) As in nature, cities follow predictable growth patterns.
(b) Increasing income and wealth doesn't increase crime.
(c) Innovation only occurs in large commercial capitals.
(d) His framework has been adopted by many governments.

해석　〈성장, 혁신, 세포 조직에서 도시와 기업으로의 삶의 속도〉의 저자 제프리 웨스트는 세포 조직에서 송전선에 이르는, 도시와 회사와 같은 사회 시스템에 이르는 모든 단계에서 시스템 사이의 연관성을 끌어내기 위해 네트워크 규모의 법칙을 이용하는 체계를 개발했다. 한 측정은 한 도시의 크기를 두 배로 늘리는 것은 다수의 특허품으로 측정한 바와 같이 1인당 소득, 부, 혁신을 15퍼센트 증가시키는 결과를 가져온다고 예측한다. 부정적인 측면을 보면, 도시에서 1인당 범죄, 오염, 질병 또한 동일한 양으로 증가한다. 그는 자신의 체계가 예측 도구로 쓰이길 희망한다.

Q **웨스트의 체계와 일치하는 것은?**
(a) 자연과 마찬가지로 도시는 예측 가능한 성장 유형을 따른다.
(b) 늘어나는 소득과 부가 범죄를 증가시키지는 않는다.
(c) 혁신은 오직 대규모의 상업적 수도에서만 발생한다.
(d) 그의 체계는 많은 정부에 의해 채택되어 왔다.

정답분석 웨스트의 체계에 따르면 한 도시의 크기를 두 배로 늘리면 1인당 소득과 부뿐만 아니라 범죄와 오염도 똑같이 15퍼센트 늘어날 것이 예측된다고 했으니 도시가 예측 가능한 성장 유형을 따른다는 (a)가 정답이다.

innovation 혁신 **pace** 속도 **cell** 세포 **framework** 체계 **scaling laws** 규모의 법칙 **draw** 끌어내다 **connection** 연관성 **measure** 측정하다 **predict** 예측하다 **result in** ～한 결과를 가져오다 **per capita** 1인당 **patent** 특허(권) **on the downside** 부정적인 측면에서 **adopt** 취하다 **predictive** 예측의

58

A recent Newsflash poll conducted in San Francisco and Miami, known locations for gay settlement, has stated that the legal recognition of gay marriage was, for the first time, supported by a majority of Americans. 55% of the poll's respondents stated they would support legally sanctioned unions. Furthermore, the poll also indicated that there was increased backing for inheritance and other property rights, and that 39% support legalizing gay marriage. Politicians remain divided on the issue; however, a growing number have acknowledged that the public in their district are beginning to demand that a decision be made about this legal quandary.

Q **What can be inferred about the Newsflash poll?**
(a) Married gays were banned from demonstrating in the polling area.
(b) Politicians paid Newsflash to conduct this poll on their

behalf.
(c) The pollsters were only choosing gay activists to
participate.
(d) It was more likely that respondents in these areas
were gay.

해석　동성애자의 정착지로 알려진 샌프란시스코와 마이애미에서 최근 실시된 뉴스플래시 여론 조사에 따르면 처음으로 동성애자 결혼의 법적 인정이 미국인 대다수의 지지를 받았다고 했다. 여론 조사의 응답자 55퍼센트는 법적으로 허가된 결혼을 지지할 거라 말했다. 더욱이 조사는 유산 상속과 다른 재산권에 대한 지지 역시 증가했고, 39퍼센트는 동성애자 결혼의 합법화를 지지한다고 했다. 정치인들은 여전히 이 문제에 대해 의견이 나뉘지만 점점 더 많은 수가 그들의 지역민들이 이 법적 진퇴양난에 결정을 내릴 것을 요구하기 시작했다는 것을 인정했다.

Q 뉴스플래시 여론 조사에 대해 유추할 수 있는 것은?
(a) 조사 지역에서 결혼한 동성애자들이 시위하는 것은 금지되었다.
(b) 정치인들은 그들을 대신하여 이 조사를 실시하도록 뉴스플래시에 돈을 지불했다.
(c) 여론 조사원들은 여론 조사 참여에 동성애 운동가들만 골랐다.
(d) 이 지역의 응답자들은 아마 동성애자였을 것이다.

정답분석　여론 조사 응답자 중 많은 사람들이 동성애 결혼에 대해 지지를 나타냈는데, 이 여론 조사가 동성애자 정착지인 샌프란시스코와 마이애미에서 실시되었으므로 많은 응답자가 동성애자일 가능성이 높으므로 (d)를 유추할 수 있다.

poll 여론 조사　conduct 실시하다　settlement 정착(지)　state ~라는 것을 나타내다　legal 합법의　recognition 인정　respondent 응답자　sanction 허가하다　union 결혼; 부부 관계　indicate 명시하다　backing 지원　inheritance 유산(상속)　property 재산　legalize 합법화하다　acknowledge 인정하다　quandary 진퇴양난　ban from ~하는 것을 금지하다　pollster 여론 조사원

59

In India under certain circumstances, people aren't willing to express "no" to foreigners. For example, rather than telling you that something isn't available, they would prefer to tell you something that they believe you would like to hear. Don't misinterpret this as them deliberately telling you a lie, but on the contrary, showing you respect by making their effort to provide you with what you asked for or at least offering a reasonable substitute. If an Indian doesn't offer further specific details regarding their response to you such as where to find something, when something will be available, what features are included with something, etc, you can be sure the above has occurred.

Q What can be inferred about the Indian people?
(a) They don't respect other nations that say "no" to others.
(b) They would rather attempt to please than appear honest.
(c) It is impossible to understand when they want to say "no".
(d) They tend to be masterful negotiators in market settings.

해석　인도에서는 어떤 경우 사람들이 외국인들에게 '아니오'라고 표현하는 것을 꺼린다. 예를 들어, 당신에게 무언가 가능하지 않다고 말하는 대신 당신이 듣고 싶을 거라 믿는 것을 말하기를 선호한다. 이것을 그들이 당신에게 고의적으로 거짓말하는 것으로 오해하지 마라. 그와는 반대로 당신이 부탁한 것을 제공하려고 노력하거나 최소한 합리적인 대체물을 제공함으로써 당신에게 존중을 표하는 것이다. 만약 인도인이 당신에게 응답할 때 어디서 무엇을 찾을 수 있고, 언제 무엇이 가능해질지, 어떤 특징이 무엇에 포함되어 있는지와 같은 좀 더 구체적인 세부사항을 제공하지 않는다면, 위에서 말한 일이 일어났음을 확신할 수 있다.

Q 인도인에 대해 유추할 수 있는 것은?
(a) 타인에게 '아니오'라고 말하는 다른 나라를 존중하지 않는다.
(b) 정직해 보이기보다는 기쁘게 하려고 시도한다.
(c) 언제 '아니오'라고 하길 원하는지 아는 것은 불가능하다.
(d) 시장 환경에서 능수능란한 협상자가 되는 경향이 있다.

정답분석　담화에 따르면 인도인은 무엇이 불가능할 때 정직하게 '아니오'라고 말하기 보다는 당신이 듣고 싶어한다고 생각하는 것을 말한다고 했으므로 (b)가 정답이다.

circumstance 상황　willing 기꺼이 ~하는　prefer 선호하다　misinterpret 오해하다　deliberately 고의로　on the contrary 그와는 반대로　make an effort 노력하다　substitute 대체물　specific 구체적인　detail 세부사항　please 기쁘게 하다　appear ~인 것 같다　masterful 능수능란한　negotiator 협상가

60

Many people don't realize there are different types of vegetarians. Vegetarians have their own personal reasons for choosing their diet and what type of foods they eat. 'Total Vegetarians' eat only plant food and do not eat any animal foods, including fish, eggs, dairy products, and honey. 'Vegans' not only don't eat animal food, they also do not use products made from animals such as leather. 'Lacto-vegetarians' eat dairy products, while 'Lacto-ovo-vegetarians' also eat eggs along with dairy products. 'Pesco-vegetarians' include fish in their diets, and 'Pollo-vegetarians' eat poultry such as chicken.

Q According to the passage, which of the following will NOT wear animal fur?
(a) Total vegetarians
(b) Vegans
(c) Lacto-vegetarians
(d) Pollo-vegetarians

해석　많은 사람들은 채식주의자가 여러 종류라는 것을 모르고 있다. 채식주의자가 식습관과 먹는 음식의 종류를 선택하는 데에는 자기 나름의 이유가 있다. '토탈 채식주의자'는 채소 음식만 섭취하고 생선, 계란, 유제품 그리고 꿀 등을 포함한 어떠한 동물성 음식도 먹지 않는다. '비건'은 동물성 음식을 먹지 않을 뿐만 아니라 가죽처럼 동물에게서 원료를 얻는 제품도 사용하지 않는다. '락토 채식주의자'는 유제품은 먹고, '락토 오보 채식주의자'는 유제품을 포함해 계란도 먹는다. '페스코 채식주의자'는 식단에 생선도 포함하고, '폴로 채식주의자'는 닭고기와 같은 가금류도 먹는다.

Q 담화에 따르면 다음 중 동물 모피를 입지 않을 사람은?
(a) 토탈 채식주의자
(b) 비건
(c) 락토 채식주의자
(d) 폴로 채식주의자

정답분석 담화에서 비건은 they also do not use products made from animals, such as leather라고 했기 때문에 단순히 동물성 음식을 먹지 않을 뿐 아니라 동물성 제품도 사용하지 않는다는 비건이 모피를 입지 않을 것이다. 따라서 (b)가 정답이다.

vegetarian 채식주의자 diet 식사, 식습관 plant food 채식 dairy product 유제품 leather 가죽 poultry 가금류

Practice Test 6

⇨ P55

46 (d)	47 (d)	48 (b)	49 (c)	50 (c)	51 (a)
52 (d)	53 (d)	54 (c)	55 (c)	56 (d)	57 (d)
58 (c)	59 (d)	60 (b)			

46

Suppose a friend holds up her hand, palm flattened to signal 'stop' to someone standing across the room from you. A basketball coach may motion 'time out' with his hands to communicate to a player on the court that the player should signal the referee to stop playing so that the team can discuss a new strategy. Both of these situations demonstrate the use of emblems — body motions that take the place of words. In order for emblems to be an effective form of nonverbal communication, both parties must readily understand the motions being used. Emblems can be used effectively when there are obstacles to verbal communication such as when a person is too far away to be heard.

Q **What is the best title for this passage?**
(a) Talk to the Hand
(b) Obstacles in Verbal Communication
(c) Nonverbal Miscommunication
(d) Emblems for Words

해석 친구가 당신이 있는 방 건너편에 서 있는 누군가에게 '정지' 신호를 보내기 위해 손바닥을 짝 펴 손을 든다고 가정하라. 한 농구 감독이 코트에서 뛰고 있는 선수와 작전을 짜고자 '타임 아웃'이라는 몸짓을 하면 선수는 심판에게 경기를 중지하라는 신호를 보내고 팀은 경기 전략을 짤 수 있게 된다. 이 두 상황은 말을 대신하는 몸 동작인 상징의 사용을 보여준다. 상징이 효과적인 비언어적 의사소통의 형태이기 위해서는 두 당사자가 사용하는 동작을 손쉽게 이해해야 한다. 상징은 사람이 너무 멀리 있어 들리지 않는 때와 같이 언어적 의사소통에 장애가 있을 때 효과적으로 이용될 수 있다.

Q 가장 적절한 제목은?
(a) 손에 대고 이야기하기
(b) 언어적 의사소통의 장애
(c) 잘못된 비언어적 의사소통
(d) 말의 상징

정답분석 말을 대신하여 상징적인 몸 동작이 효과적인 비언어적 의사소통으로 이용되는 것에 대해 이야기하고 있으므로 (d)가 적절한 제목이다.

suppose 가정하다 flatten 평평하게 하다 signal 신호를 보내다 motion 몸짓으로 지시하다 communicate 의사소통하다 referee 심판 strategy 전략 demonstrate 보여주다 emblem 상징 effective 효과적인 nonverbal 비언어적인 readily 손쉽게 obstacle 장애

47

Automated radio has made large gains, as station managers try to reduce expenses by eliminating some of their on-the-air personnel. These stations broadcast packaged taped programs obtained from syndicates, hour after hour, or material delivered by satellite from a central program source. The closely timed tapes contain music and commercials, along with the necessary voice introductions and bridges. They have spaces into which a staff engineer can slip local recorded commercials. By eliminating disc jockeys in this manner, a station keeps its costs down but loses the personal touch and becomes a broadcasting automaton.

Q **What is the speaker mainly doing in the talk?**
(a) Introducing the relationship between music and commercials
(b) Planning the responsibility of station managers
(c) Detailing the procedures of broadcasting
(d) Explaining automated radio and its drawback

해석 자동화된 라디오는 방송국 경영자들이 방송 직원의 일부를 감원함으로써 비용을 줄이려고 노력함에 따라 많은 수익을 냈다. 방송국들은 연합체에서 구한 녹음된 일괄 방송 프로그램을 매시간 방영하거나 중앙 프로그램 정보원에서 위성으로 전해진 자료를 방영한다. 세세하게 시간을 맞춘 테이프는 필요한 음성 소개 및 브리지와 함께 음악과 광고가 들어 있다. 테이프에는 기술 담당 직원이 녹음된 지역 광고를 끼워 넣을 수 있는 공간이 있다. 이런 식으로 디제이들을 없앰으로써 방송국은 비용을 낮추나 사람의 흔적을 잃고 방송 자동 장치가 된다.

Q 담화에서 화자가 주로 말하는 것은?
(a) 음악과 광고의 관계 소개
(b) 방송 경영자의 임무 계획
(c) 방송 절차를 상세히 설명
(d) 자동화된 라디오와 문제점을 설명

정답분석 자동화된 라디오의 기능과 특징을 설명하면서 이로 인한 폐단을 설명하고 있으므로 (d)가 정답이다.

automated 자동화된 gain 수익 station 방송국 reduce 줄이다 eliminate 없애다 on-the-air 방송 중에 broadcast 방송하다 obtain 얻다 syndicate 연합체 hour after hour 매시간 satellite 위성 contain 들어있다. 억누르다 commercial 상업용 광고 bridge 브리지 (방송에서 프로그램 사이의 음악·해설 등) slip 살짝 넣다 automaton 자동 장치

48

Contrary to popular assumption, slavery was not usually based on racism but on one of three other factors. The first was debt. In some cultures, an individual who could not pay a debt could be enslaved by the creditor. The second was crime. Instead of being killed, a murderer or thief might be enslaved by the family of the victim as compensation for their loss. The third was war and conquest. When one group of people conquered another, they often enslaved some of the vanquished. The first people enslaved through warfare were women. Historically, when men raided a village or camp, they killed the men, raped the women, and then brought the women back as slaves. The women were valued for sexual purposes, for reproduction, and for their labor.

Q **What is the main purpose of the talk?**
(a) To disapprove of slavery
(b) To describe the three basis for slavery
(c) To call for anti-slavery movement
(d) To advocate women's rights to be freed

해석　　널리 알려진 가정과는 반대로 노예 제도는 보통 인종 차별에 근거했던 것이 아니라 다른 세 가지 요인 중 한 가지에 근거했다. 첫째는 빚이었다. 어떤 문화권에서는 빚을 갚지 못한 사람은 채권자에 의해 노예가 될 수 있었다. 둘째는 범죄였다. 목숨을 잃는 대신에 살인자 또는 도둑은 피해자들의 손실에 대한 보상으로 피해자의 가족에 의해 노예가 되기도 했다. 셋째는 전쟁과 정복이었다. 한 집단이 다른 이들을 정복했을 때 그들은 흔히 정복된 자들의 일부를 노예로 삼았다. 전쟁을 통해 제일 먼저 노예가 된 사람들은 여성이었다. 역사적으로 남자들이 마을이나 진영을 습격했을 때 그들은 남자들을 죽이고 여자들을 강간하고 나서 노예로 데려왔다. 여자들은 성적인 목적, 자손 번식, 노동력으로 가치 있게 여겨졌다.

Q **담화의 주요 목적은?**
(a) 느예 제도에 반대하기 위해
(b) 느예 제도의 세 가지 근거를 설명하기 위해
(c) 탄노예 제도 운동을 요청하기 위해
(d) 여성의 해방될 권리를 주장하기 위해

정답분석 노예 제도가 인종 차별에 근거한 것이 아니라 빚, 범죄, 전쟁과 정복에 근거했다고 세 가지로 나누어 설명하고 있으므로 정답은 (b)이다.

contrary to ~와 반대로　**assumption** 가설, 가정　**slavery** 노예 제도　**based on** ~에 근거한　**racism** 인종 차별　**debt** 빚　**enslave** 노예로 만들다　**creditor** 채권자　**crime** 범죄　**compensation** 보상　**conquest** 정복　**vanquish** 정복하다　**raid** 습격하다　**rape** 강간하다　**value** 귀중하게 여기다　**reproduction** 번식

49

Some research has suggested that day care can have problematic effects on child development. For example, studies indicate that children who begin day care as infants are more aggressive, more easily distracted, less considerate of their peers, less popular, and less obedient to adults than children who have never attended day care. Other studies have found that day care is associated with adaptive behaviors. Children who attend day care develop social and language skills more quickly than children who stay at home, although social skills even out in a few years. Children who go to day care are likely to develop better reading and math skills than children who stay at home.

Q **What is the main idea about day care?**
(a) It is renowned for its education.
(b) It helps kids to activate their brains.
(c) It assists in learning acaptive behaviors.
(d) It is highly recommendable for little children.

해석　　어떤 연구에서 탁아서비스가 어린이 발달에 문제점을 끼칠 수 있다고 했다. 예를 들어 어떤 연구는 유아기에 탁아서비스를 시작한 어린이들은 탁아소에 가 본 적이 전혀 없는 어린이들보다 좀 더 공격적이고, 더 쉽게 산만해지며 또래들에 대해 배려심이 덜 하고, 인기가 더 없으며 어른들에게 덜 순종적이라고 지적한다. 다른 연구는 탁아서비스가 적응 행동과 연관이 있다는 것을 발견했다. 탁아소에 가는 어린이들은 집에 있는 아이들보다 사회성 및 언어 능력은 더 빨리 발달하지만 몇 년 뒤에는 사회성 발달이 잠잠해진다. 어린이집에 가는 어린이들이 집에 머무는 어린이들보다 더 나은 독서와 수학 능력을 개발할 가능성이 있다.

Q **탁아서비스에 대한 요지는?**
(a) 교육으로 유명하다.
(b) 아이들의 뇌를 활성화하는 데 도움을 준다.
(c) 적응 행동을 배우는 데 도움을 준다.
(d) 어린 아이들에게 매우 추천할 만하다.

정답분석　한 연구에서 탁아서비스가 적응 행동과 연관이 있으며 탁아소에 가는 어린이들은 집에 있는 어린이들보다 사회성과 언어 능력이 더 빨리 발달한다고 했으므로 정답은 (c)이다.

day care 탁아[보육]서비스　**problematic** 문제가 많은　**infant** 유아　**aggressive** 공격적인　**distracted** 산만해진　**considerate** 배려하는　**peer** 또래　**obedient** 순종적인　**associate** 연관 짓다　**adaptive** 적응할 수 있는　**even out** 균등해지다

50

Many young people find themselves in some sort of trouble at school during their teen years. Usually a talk and simple punishment from teachers or school administrators are enough to keep children from repeating their offenses. However, some youths are not affected by lectures or detention, and unfortunately they go on to more serious crimes. In these cases, schools should hold parents responsible for their child's behavior. If a father has to pay for the window his son smashed, he will take a more active role in controlling that child's behavior. Discipline and control begin at home where parents are responsible for instilling values in their children.

Q **What is the speaker's main point of the talk?**
(a) Teachers and parents should communicate more.
(b) Students need to respond to school-imposed punishments.
(c) Parents should be held accountable for their children's actions.
(d) Children learn discipline and control at home.

해석 많은 젊은이가 십대 때 학교에서 어떤 곤경에 빠진 자신을 발견한다. 보통 선생님이나 학교 관리자로부터의 이야기나 간단한 처벌이 아이들이 그들의 위법 행위를 반복하지 않도록 하는 데 충분하다. 그러나 어떤 청소년들은 설교나 방과 후 남는 것에 영향을 받지 않고, 불행히도 더 심각한 범죄를 계속 저지른다. 이런 경우 학교는 아이들의 행동에 대해 부모에게 책임을 지워야 한다. 만약 아버지가 아이들이 깨뜨린 우리창을 변상해야 한다면, 그는 아이의 행동을 통제하는 데 더 적극적인 역할을 할 것이다. 훈육과 통제는 부모가 아이들에게 가치관을 서서히 심어줄 책임이 있는 가정에서 시작한다.

Q 화자의 요점은?
(a) 교사와 부모가 좀 더 의사소통을 해야 한다.
(b) 학생들은 학교가 내리는 처벌에 좀 더 반응을 보여야 한다.
(c) 부모가 아이들의 행동에 책임을 져야 한다.
(d) 아이들은 가정에서 훈육과 통제를 배운다.

정답분석 담화에 따르면 대화나 간단한 벌로 해결되지 않는 문제 청소년에 대해서는 그 부모에게 책임을 지워 그들의 훈육에 좀 더 적극적인 역할을 하도록 해야 한다고 했으니 정답은 (c)이다.

punishment 처벌 administrator 관리자 offense 위법 행위 lecture 설교 detention (학생에 대한 벌로서) 방과 후 남게 하기 responsible 책임이 있는 behavior 행동 discipline 훈육 instill 서서히 주입시키다 accountable 책임이 있는 impose 부과하다

51

Many elderly people have trouble getting the care and treatment they need for their ailments. Most hospitals, designed to handle injuries and acute illnesses that are common to the young, do not have the facilities or personnel to treat the chronic degenerative diseases of the elderly. Many doctors are also ill-prepared to deal with such problems. There is a widespread feeling among the aged that most doctors are not interested in them and are reluctant to treat people who are as little likely to contribute to the future as the aged are reputed to. Even with the help of Medicare, the elderly in the U.S. often have a difficult time getting the health care they need.

Q **What is the talk mainly about?**
(a) Why appropriate medical service is not provided for the elderly
(b) When the elderly accept Medicare's help for health care
(c) How the elderly can afford clinical treatments
(d) Where doctors handle the illnesses in the U.S.

해석 많은 노인이 질병에 필요한 보살핌과 치료를 받는 데 어려움을 겪는다. 부상과 젊은 사람들에게 흔한 급성 질병을 다루도록 세워진 대부분의 병원에는 노인들의 만성적인 퇴행성 질병을 다룰 시설이나 인력이 없다. 많은 의사 또한 그런 문제들을 다룰 준비가 되어있지 않다. 노인들처럼 미래에 기여를 못할 것으로 평판이 나 있는 사람들을 치료하기를 꺼린다는 느낌이 널리 퍼져 있다. 심지어 노인 의료 보험 제도의 도움이 있어도 미국의 노인들은 종종 필요로 하는 의료 서비스를 받는 데 어려움을 겪는다.

Q 강연의 주된 내용은?
(a) 왜 적절한 의료 서비스가 노인들에게 제공되지 않는지
(b) 언제 노인이 건강관리를 위해 노인 의료 보험 제도의 도움을 받아들일지
(c) 어떻게 노인이 임상 치료를 할 형편이 될지
(d) 미국에서 어디에서 의사들이 병을 다루는지

정답분석 담화의 중간 부분에서 대부분의 의사들이 노인들에게 관심이 없거나 노인들처럼 미래에 기여할 것으로 별로 보지 않는다고 했으므로 정답은 (a)이다.

elderly 나이가 지긋한 treatment 치료 ailment 질병 acute 급성의 chronic 만성적인 degenerative 퇴행성의 ill- deal with 다루다 widespread 널리 퍼진 prepared 준비가 안된 reluctant 꺼리는 contribute 기여하다. 공헌하다 reputed ~라고 평판이 나있는 Medicare (미국의) 노인 의료 보험 제도 afford 형편이 되다

52

Many people assume that the law is based on the consent of the citizens, that it treats citizens equally, and that it serves the best interests of society. If we simply read the U.S. Constitution and statutes, this assumption may indeed be justified. But focusing on the law on the books may be misleading. The law on the books does indeed say that the authorities ought to be fair and just. But are they? To truly understand law, we need to look at the law in action and how legal authorities actually discharge their duty. After studying the law in action, we can see that legal authorities are actually unfair and unjust, favoring the rich and powerful over the poor and weak.

Q **What is the topic of the talk?**
(a) Law enforcement in society
(b) The U.S. constitution and statutes
(c) A written constitution and legal actions
(d) The law in action and in actual practice

해석 법은 시민의 합의에 기초하고, 시민을 동등하게 대우하고, 사회 최선의 이익에 이바지한다고 많은 사람들이 생각한다. 우리가 단순히 미국 헌법과 법규를 읽는다면 이런 가정은 정말 정당화될 수 있다. 그러나 법전에만 초점을 맞추면 오해할 수 있다. 법전은 진정으로 당국은 공정하고 공평해야 한다고 한다. 그러나 그러한가? 법을 진정으로 이해하기 위해 우리는 실행되는 법과 법 당국이 어떻게 그들의 임무를 실제로 이행하는지 살펴볼 필요가 있다. 실행되는 법을 진정으로 이해하면서, 법 당국이 사실은 불공정하고 불공평하며, 가난하고 약한 자들보다 부유하고 힘 있는 자들에게 호의적임을 알 수 있다.

Q 담화의 화제는?
(a) 사회의 법 집행
(b) 미국 헌법과 법령
(c) 성문 헌법과 소송
(d) 실행법과 그의 이행

정답분석 법이 책에 쓰인 방법만 아니라 실행법과 법 당국이 실제로 그들의 임무를 어떻게 이행하는지를 보여 한다고 했으므로 정답은 (d)이다.

assume 생각하다 consent 합의 citizen 시민 interest 이익 constitution 헌법 statue 법규 indeed 실로 justify 정당화하다 misleading 오해의 소지가 있는 authorities 당국 fair 공평한 just 공평한 discharge 이행하다 duty 의무 favor 우호 편들다 in action 실행 중인

53

Faces are so visible and so sensitive. Because one pays more attention to people's faces than to any other nonverbal feature, the face has become an efficient and high-speed means of conveying meaning. Gestures, postures, and larger body movements require some time to change in response to a changing stimulus, whereas facial expressions can change instantly, sometimes even at a rate imperceptible to the human eye. As an instantaneous response mechanism, it is the most effective way to provide feedback to an ongoing message. This is the process of using the face as a regulator.

Q **What is the speaker's main point of the talk?**
(a) Body movements include facial expressions.
(b) Body language is a very useful social skill.
(c) Nonverbal and verbal communication complement each other.
(d) Facial expressions are a major means of nonverbal communication.

해석　얼굴은 매우 뚜렷하고 예민하다. 사람은 다른 어떤 비언어적인 특징보다도 사람들의 얼굴에 더 주목하기 때문에, 얼굴은 의미를 전달하는 효율적이고 빠른 수단이 되었다. 몸짓, 자세, 좀 더 큰 몸의 움직임은 변화하는 자극에 반응하여 바뀌는 데 시간이 좀 요구되는 반면, 얼굴 표정은 즉각, 가끔은 육안으로 감지할 수 없는 속도로 바뀔 수 있다. 순간 반응 메커니즘으로써 이것은 진행 중의 메시지에 반응을 보이는 가장 효과적인 방법이다. 이것이 조절 장치로써 얼굴을 이용하는 과정이다.

Q **화자의 요점은?**
(a) 몸의 움직임은 표정을 포함한다.
(b) 신체 언어는 매우 유용한 사회성이다.
(c) 비언어적, 언어적 의사소통은 서로 보완된다.
(d) 표정은 비언어적 의사소통의 주요 수단이다.

정답분석　다른 신체 언어와 달리 얼굴 표정은 진행 중인 메시지에 가장 즉각적으로 반응하며 가끔은 사람의 눈으로 감지할 수 없는 속도로 바뀐다고 했으니 (d)가 정답이다.

visible 뚜렷한　**sensitive** 예민한　**pay attention to** 주목하다　**nonverbal** 비언어적인　**efficient** 효율적인　**convey** 전달하다　**meaning** 의미　**posture** 자세　**response** 반응　**stimulus** 자극　**facial expression** 얼굴 표정　**instantly** 즉각　**at a rate** ~의 비율로　**imperceptible** 감지할 수 없는　**instantaneous** 순간의　**ongoing** 진행 중의　**regulator** 조절 장치　**complement** 보완하다

54

The Legal Aid Organization(LAO) of Bright Town has a range of free services that may help you. Though we give priority to people with low incomes, many services are available to all Bright Towners. In particular, we offer free access to our legal publications, our Family Law website, and our paralegals. Further, advice may be sought from our duty counsel lawyers. Finally, should applicants qualify and have serious family, child protection, immigration, mental health, or even criminal issues, we may offer full representation as well. You can apply for legal aid by phone or in person.

Q **What is correct about the LAO's advertisement?**
(a) Legal issues arising from work related injuries can be dealt with through the LAO.
(b) All services are available to the citizens of Bright Town if they show identification.
(c) Some services of the LAO are preferentially offered to financially less fortunate in Bright Town.
(d) Many applicants registering on the LAO's website have to pay a small fee.

해석　브라이트 타운의 법률구조단(LAO)에는 당신을 도울 수 있는 다양한 무료 서비스가 있습니다. 저소득층에 우선권을 주기는 하지만, 많은 서비스가 모든 브라이트 타운 거주자에게 이용 가능합니다. 특히, 법률 출판물, 가족 법률 웹 사이트, 법률 보조원을 무료로 이용할 수 있습니다. 뿐만 아니라 근무 중인 고문 변호사에게 조건을 구할 수도 있습니다. 마지막으로 신청자가 자격이 충분하고 심각한 가족, 어린이 보호, 이민, 정신 건강, 범죄 관련 문제를 가지고 있다면, 저희가 완벽하게 대신해 드릴 수 있습니다. 전화나 혹은 직접 법률 구조를 신청할 수 있습니다.

Q **LAO의 광고 내용과 일치하는 것은?**
(a) 직업 관련 부상에서 생기는 법률 문제는 LAO를 통해 처리될 수 있다.
(b) 브라이트 타운 시민은 신분증을 보여 준다면 모든 서비스를 이용할 수 있다.
(c) LAO의 어떤 서비스는 브라이트 타운의 재정적으로 어려움을 겪는 이들에게 우선적으로 제공된다.
(d) LAO의 웹 사이트에 등록하는 많은 신청자는 소액의 수수료를 내야 한다.

정답분석　담화에 따르면 많은 서비스가 브라이트 타운 거주자에게 제공되지만, 몇몇 서비스는 저소득층에게 우선권이 주어진다고 했으므로 정답은 (c)이다.

legal aid 법률 구조　**range** 다양성　**priority** 우선권　**income** 소득　**available** 이용할 수 있는　**in particular** 특히　**access** 이용　**paralegal** 법률 보조원　**further** 게다가　**seek** 찾다, 구하다　**qualify** 자격이 있다　**counsel** 고문 변호사　**representation** 대변　**in person** 직접　**arise** 발생하다　**preferentially** 우선적으로

55

Nobel Peace Prize winner, Mother Teresa, was famous for her life dedicated to serving the poor and destitute. In her early years she worked as a teacher in the slums of Calcutta, the widespread poverty made a deep impression on her. From this experience, she felt a calling to serve through helping the poor there, and at the age of 18 she was given permission to join a group of nuns in Ireland. After a few months of training, Mother Teresa travelled to Calcutta, India where she formally accepted the vows of a nun. There she formed a new order called 'The Missionaries of Charity.' Nowadays this group continues to do her work in branches throughout the world focusing on the homeless and people affected by AIDS.

Q **What is correct about Mother Teresa?**
(a) Her orders to world governments were found in the Missionaries of Charity.
(b) She was positively impressed by the environment of the slums.
(c) Though she trained in Ireland, she actually became a nun in India.
(d) Mother Teresa remained only in Calcutta, refusing to travel elsewhere.

해석　노벨 평화상 수상자인 테레사 수녀는 가난하고 궁핍한 사람들에게 그녀의 삶을 헌신한 것으로 유명하다. 캘커타의 빈민가에서 교사로 일하던 초년에 만연했던 빈곤이 그녀에게 깊은 인상을 남겼다. 이런 경험으로부터 그녀는 가난한 사람들을 도우며 봉사하라는 소명을 느꼈고 18살의 나이에 아일랜드에서 한 무리의 수녀와 합류할 허가를 받았다. 몇 달의 교육 후에 테레사 수녀는 정식으로 수녀 서약을 받아들인 인도의 캘커타로 갔다. 그곳에서 그녀는 '사랑의 선교수녀회'라는 새로운 교단을 형성했다. 오늘날 이 단체는 노숙자와 에이즈로 고통 받는 사람들에게 초점을 맞추며 전 세계 지부에서 그녀가 했던 일을 계속한다.

Q 테레사 수녀에 대해 옳은 것은?
(a) 세계 정부에 대한 그녀의 지시가 사랑의 선교수녀회에서 발견되었다.
(b) 그녀는 빈민가의 환경에 대해 긍정적인 인상을 받았다.
(c) 그녀는 아일랜드에서 교육을 받았지만 실제로 인도에서 수녀가 되었다.
(d) 테레사 수녀는 다른 곳으로 여행하길 거부하며 오직 캘커타에만 머물렀다.

정답분석　테레사 수녀는 18살의 나이에 아일랜드에서 다른 수녀와 합류하여 몇 달간 교육을 받은 후 캘커타로 가서 정식으로 수녀 서약을 받아들였다고 하였으므로 정답은 (c)이다.

dedicate 헌신하다　**destitute** 궁핍한　**widespread** 널리 퍼진　**poverty** 빈곤　**impression** 인상　**calling** 소명　**train** 교육을 받다, 훈련시키다　**nun** 수녀　**vow** 맹세, 서약　**order** 교단　**missionary** 선교사　**charity** 자선　**homeless** 노숙자의　**affected** (병 등에) 걸린

56

Today in the news, Indonesia's Mount Merapi volcano continues to erupt as it still emits a continual stream of gas and ash. As of today, the death count has reached 44 and has injured dozens more since it erupted last week. An estimated 75,000 people have been told to evacuate their homes to ensure their safety. Because of heavy rainfall, people have been warned not to go to the local rivers as well for fear of flash floods and possible mudslides. Also adding to the problem, a tsunami struck Indonesia last week killing at least 449 people.

Q **Which is correct according to the news report?**
(a) Only a few people have been injured since the eruption.
(b) Over 75,000 people have lost their homes because of this.
(c) The local rivers can be used as a gathering place.
(d) Mudslides could be a result from the large amount of rain.

해석　오늘 뉴스는 인도네시아 메라피 화산이 여전히 끊임없는 가스와 화산재 줄기를 내뿜으며 여전히 분출하고 있다는 내용입니다. 지난주 화산 폭발이래로 오늘까지 사망자 수는 44명에 이르렀으며 수십 명이 부상을 입었습니다. 약 7만 5천 명의 사람들이 안전 확보 차원에서 집에서 대피하라는 지시를 받았습니다. 폭우로 인한 갑작스러운 홍수와 이류의 가능성으로 사람들에게 지역의 강에도 가지 말라는 경고가 있었습니다. 또한 지난주 쓰나미가 인도네시아를 덮쳐 최소 449명의 사망자를 내 문제를 가중시켰습니다.

Q 뉴스 보도에 따르면 다음 중 옳은 것은?
(a) 화산 폭발로 몇 명의 사람만이 부상을 입었다.
(b) 7만 5천 명 이상의 사람들이 이 사건으로 집을 잃었다.
(c) 그 지역의 강은 모임 장소로 이용될 수 있다.
(d) 이류는 많은 양의 비로 인한 결과일 수 있다.

정답분석　mudslide란 산사태 때 걷잡을 수 없이 흘러내리는 진흙 더미를 말하는 것이다. 폭우로 인한 이류의 가능성으로 인근 강에 나가지 말라는 경고를 내렸다고 했으므로 답은 (d)이다. 화산 폭발로 12명 이상이 부상을 입고 7만 5천 명 이상이 집을 떠나 대피했다고 했으므로 (a)와 (b)는 오답이다. 강은 위험하므로 (c)는 문맥과 맞지 않는다.

volcano 화산　**erupt** 분출하다　**emit** 내뿜다　**continual** 끊임없는　**stream** 줄기　**injure** 부상을 입히다　**estimated** 추측의　**evacuate** 대피하다　**ensure** 보장하다　**flash flood** 갑작스러운 홍수　**mudslide** 진흙 더미　**tsunami** 쓰나미

57

In the mid-1950s in Britain and in the late 1950s in America, there was a new movement in art. This movement was called Pop Art. Pop Art wanted to take the mass produced objects of popular culture and isolate them or combine them with other objects for contemplation. Such popular culture items used were comic books, advertisements, and mundane cultural objects. For example, the famous Pop Art artist Andy Warhol created a piece called *Campbell's Soup Cans*. It was simply 32 canvases with a painting of one of Campbell's 32 soup cans on each canvas.

Q **Which is correct according to the talk?**
(a) Pop Art advertised themselves in comic books.
(b) Andy Warhol was the creator of a type of soup called Campbell's.
(c) This new kind of art first started in America and then in Britain.
(d) The artists wanted people to think about popular culture with their art.

해석　1950년대 중반 영국과 1950년대 후반 미국에서는 예술계에 새로운 움직임이 있었다. 이 움직임을 팝 아트라고 불렀다. 팝 아트는 대중문화와 관련해 대량 생산된 물건을 관조하기 위해 그 일부를 따로 분리시키거나 다른 대상과 결합하기도 했다. 이렇게 사용된 대중문화 품목으로는 만화책, 광고, 일상적인 문화와 관련된 물건이었다. 예를 들어, 유명한 팝 아트 예술가인 앤디 워홀은 〈캠벨 수프 캔〉이라는 작품을 창작했다. 이것은 단순히 32개의 화폭에 32개의 캠벨 수프를 각각 하나씩 그려놓은 것이었다.

Q 담화에 따르면 다음 중 옳은 것은?
(a) 팝 아트는 만화책에 자신들을 광고했다.

(b) 앤디 워홀은 캠벨이라고 불리는 수프 종류를 만들어 낸 사람이었다.
(c) 이 새로운 예술은 처음에 미국, 그 다음에 영국에서 생겨났다.
(d) 예술가들은 사람들이 대중문화를 그들의 예술과 함께 생각하기를 바랐다.

정답분석 팝 아트는 대중문화를 보여주는 만화책, 광고, 주변에서 쉽게 볼 수 있는 대량 생산된 물건 등을 주제로 작품을 만들었기 때문에 사람들이 대중문화와 팝 아트를 함께 생각해 주기를 바란다는 (d)가 정답이다. 또한 여기에서 (a)는 단순히 같은 단어를 반복하는 함정이라는 것도 알 수 있다. 앤디 워홀은 캠벨 수프를 이용해서 작품을 만들었다고 했으므로 (b)도 옳지 않다. (c)는 영국과 미국의 순서가 바뀌어야 옳다.

movement 움직임 **mass produce** 대량 생산하다 **popular culture** 대중문화 **isolate** 격리하다 **combine** 결합하다 **contemplation** 사색, 명상 **mundane** 일상적인 **canvas** 화폭

58

Technopop, an electronics company known for their innovation, began to furiously market their latest music player, 'Dio,' a few months ago. Being lightweight, highly portable, and cordless, the player was viewed as highly competitive with other players on the market. Songs could be downloaded quickly from Technopop's website for a small fee, although it wasn't compatible with other sites. After five months on the market however, the device hadn't sold well. Making matters worse, the competition's players were continuing to sell well in spite of the fact that their players were more cumbersome and didn't offer some of the same features.

Q **What can be inferred about the new player offered by Technopop?**
(a) Techies don't easily adopt new technology, preferring older models.
(b) The competition announced a free upgrade to their existing players.
(c) Dio, only able to play songs from Technopop's website, was too limited.

(d) Technopop's competitor started a rumor that it was going bankrupt.

해설 기술 혁신으로 알려진 전자업체 테크노팝은 몇 달 전 최신 뮤직 플레이어인 '디오'를 맹렬히 마케팅하기 시작했다. 가볍고 매우 간편하며 무선인 이 플레이어는 시장의 다른 플레이어와 매우 경쟁적으로 보였다. 노래는 테크노팝 웹 사이트에서 저렴한 요금으로 신속히 다운받을 수 있었지만 타 사이트와 호환되지 않았다. 그러나 출시된 지 5개월 후 그 기기는 잘 팔리지 않았다. 설상가상으로 경쟁사의 플레이어는 더 번거롭고 그 기기와 동일한 몇몇 기능을 제공하지 않는다는 사실에도 불구하고 잘 팔리고 있었다.

Q 테크노팝의 새 플레이어에 대하 유추할 수 있는 것은?
(a) 기술 전문가들은 쉽게 신기술을 수용하지 않으며 이전 모델을 선호한다.
(b) 경쟁사는 기존 플레이어의 무료 업그레이드를 발표했다.
(c) 디오는 테크노팝 웹 사이트로부터만 곡을 재생할 수 있어 너무 제한적이었다.
(d) 테크노팝의 경쟁사는 테크노팝이 파산할 것이라는 소문을 퍼뜨리기 시작했다.

정답분석 디오는 테크노팝 웹 사이트에서 저렴한 요금으로 곡을 다운받을 수 있지만 타 사이트와 호환되지 않는다고 했으므로 제한적이라는 (c)를 유추할 수 있다.

electronics company 전자 회사 **innovation** 혁신 **furiously** 맹렬히 **market** 마케팅하다 **portable** 휴대가 쉬운 **cordless** 무선의 **competitive** 경쟁적인 **compatible** 호환성의 **device** 기기 **to make matters worse** 설상가상으로 **competition** 경쟁 **cumbersome** 다루기 힘든, 번거로운 **bankrupt** 파산한

59

With the proliferation of the Internet, the world is getting closer and closer. It is much simpler to reach out to people than in the past. There are many social sites that allow people to keep in touch and reconnect with friends they have not contacted in years or to make new acquaintances. The Internet especially comes in handy when traveling abroad. Through the Internet, people can find groups in the area they are visiting that cater to their interests and allow them to have trips that are much

more fulfilling. Instead of going on package sightseeing tours, people can participate in activities that are more of interest to them.

Q **According to the talk, which of the following is the most helpful use of the Internet?**
(a) Planning events with friends
(b) Meeting new people
(c) Joining social networks
(d) Making vacations more interesting

해석 인터넷의 확산으로 세계는 점점 가까워지고 있다. 과거보다 사람들에게 접근하는 것이 훨씬 더 간단해졌다. 수년간 연락이 끊겼던 친구들과 다시 연결을 시켜 주거나 새로운 사람들을 만날 수 있게 해 주는 친목 사이트가 많이 있다. 인터넷은 특히 해외 여행시에 유용하다. 인터넷을 통해 사람들은 자신이 방문하고 있는 곳에서 구미에 맞는 그룹을 찾을 수 있어 여행이 보다 만족스러워진다. 패키지 관광 투어를 가는 대신, 사람들은 자신에게 더욱 흥미가 끌리는 활동에 참여할 수 있다.

Q 담화에 따르면 다음 중 인터넷이 가장 도움이 되는 경우는?
(a) 친구들과 이벤트 계획을 세우는 것
(b) 새로운 사람을 만나는 것
(c) 친목 네트워크에 가입하는 것
(d) 휴가를 보다 흥미롭게 하는 것

정답분석 인터넷의 유용성에 대한 글로 인터넷이 언제 가장 도움이 되는지를 묻고 있다. Through the Internet, people can find groups in the area they are visiting… 부분에서 인터넷을 통해 해외 여행 시 구미에 맞게 다닐 수 있어 여행이 더욱 만족스러워진다고 했으므로 답은 (d)이다.

proliferation 확산 **reach out to** 접근하다 **keep in touch** 연락하다 **acquaintance** 지인 **especially** 특히 **come in handy** 도움이 되다 **cater to** 구미에 맞추다 **fulfill** 이행하다, 만족시키다 **participate in** 참여하다

60

When you look at a big bridge, your mind often wonders at the engineering and construction effort that goes into building such a structure. Bridges not only connect one piece of land to another, but are essential in giving rise to trade, commerce, and tourism. The Golden Gate Bridge in San Francisco is perhaps the most famous and most photographed bridge in the world. It connects San Francisco with Marin County and has become the symbol of San Francisco and California. Its distinctive red-orange color was chosen so that it could remain visible through the fog that often surrounds the bridge.

Q **What can be inferred from the passage?**
(a) Big bridges require only engineering and construction effort to build.
(b) The Golden Gate Bridge has increased business in Marin County.
(c) San Francisco is best known for the Golden Gate Bridge.
(d) The Golden Gate Bridge cannot be seen through the fog.

해석 큰 다리를 볼 때, 그런 구조물을 건설하는데 들어가는 기술과 노고에 종종 궁금증이 생길 것이다. 다리는 땅의 한 덩어리와 다른 땅을 연결할 뿐 아니라 무역, 상업, 관광업을 형성하는 데 필수적이다. 샌프란시스코의 금문교는 아마 세계에서 가장 유명하고 가장 사진 촬영이 많은 다리일 것이다. 샌프란시스코와 마린 카운티를 잇는 금문교는 샌프란시스코와 캘리포니아 주의 상징이 되었다. 다리의 독특한 붉은 오렌지색은 다리 주변에 흔히 생기는 안개 속에서도 잘 보이게 하기 위해 선택되었다.

Q 지문에서 유추할 수 있는 것은?
(a) 큰 다리를 건설하는 데에는 오직 기술과 노고만이 요구된다.
(b) 금문교는 마린 카운티의 사업을 번성하게 했다.
(c) 샌프란시스코는 금문교로 가장 유명하다.
(d) 금문교는 안개 속에서 볼 수 없다.

정답분석 Bridges not only connect one piece of land to another, but are essential in giving rise to trade, commerce, and tourism에서 단서를 찾을 수 있다. 다리는 육지간 연결을 통해 무역과 상업 등을 도모한다고 했으므로, 금문교는 샌프란시스코와 마린 카운티를 연결하여 양 도시간의 사업이 발달했다는 것을 유추할 수 있다. 그러므로 답은 (b)가 된다.

connect 연결하다 **essential** 필수적인 **give rise to** 생기게 하다 **commerce** 상업 **symbol** 상징 **distinctive** 독특한 **visible** 눈에 보이는 **surround** 둘러싸다

True&False Exercises ⇒ F56

1. Practice Test 1회 46번 문제
(1) 도시인들은 더 이상 브로드밴드를 이용할 수 없다. F
(2) 몇몇 이용자들은 10배의 비용을 내고 있었다. T

2. Practice Test 1회 47번 문제
(1) 이 오토바이는 숙련된 운전자에게 너무 작다. F
(2) 광고되고 있는 기계의 색상은 민트색이다. F

3. Practice Test 1회 48번 문제
(1) 카포네는 어떠한 갱단 경험 없이는 악명 높은 파이브 포인트 갱단에 합류하지는 않았다. T
(2) 하버드 인에서 언쟁이 벌어졌을 때 카포네는 용감하게 반격했고 부상은 입지 않았다. F

4. Practice Test 1회 49번 문제
(1) 무수한 살림을 구제하는 데 정부가 큰 역할을 했다. T
(2) 세 제조사는 파산했다. T

5. Practice Test 1회 50번 문제
(1) 묘와 정원을 건설하는 데 총 2년이 소요되었다. T
(2) 황후뿐만 아니라 14번째 아이도 결국 사망했다. F

6. Practice Test 1회 51번 문제
(1) 두 물질을 혼합했을 때에만 혼합물이라고 부를 수 있다. F
(2) 순수 물질은 오로지 한 물질로 구성되어 있다. T

7. Practice Test 1회 52번 문제
(1) 아데노 바이러스-36은 감기를 유발할 수 있다. T
(2) 감기뿐만 아니라 성인 비만도 전염성일 수 있다. F

8. Practice Test 1회 53번 문제
(1) HIV 프로그램은 기부금에 상당히 의존한다. T
(2) HIV 보균자가 1년 사이에 증가했다. T

9. Practice Test 1회 54번 문제
(1) 이존은 구매자와 판매자를 위해 최근 몇 가지 업데이트를 했다. F
(2) 기업은 단순히 소포 도착 기록을 보여 주는 것으로 등급을 올릴 수 있다. F

10. Practice Test 1회 55번 문제
(1) 이 담화는 어떤 청소 용품을 홍보하는 광고이다. F
(2) 어린이들은 천식을 쉽게 극복할 수 있다. F

11. Practice Test 1회 56번 문제
(1) 홀드업은 회사가 소규모 투자를 하려 할 때 문제가 된다. F
(2) 핵심 자원을 소유한 기업이 지나친 가격을 요구할 때 문제를 야기한다. F

12. Practice Test 1회 57번 문제
(1) 연구는 실험 대상을 두 집단으로 나누고 동전을 던져 도박을 하도록 했다. T
(2) '그룹 B'는 위험 부담을 망설이지 않고 많은 돈을 벌었다. F

13. Practice Test 1회 58번 문제
(1) 자선 활동은 1년에 두 번 열린다. F
(2) 수집된 물품은 판매용이 아니고 대신 빈곤 가정에 보내진다. T

14. Practice Test 1회 59번 문제
(1) 물고기를 신선하게 보존하는 가장 좋은 방법은 계속 움직이게 하는 것이다. T
(2) 단순히 선내 탑재한 탱크에 운반된 물고기 떼는 맛과 신선도 면에서 성공이었다. F

15. Practice Test 1회 60번 문제
(1) 시장은 완고하고 자신이 좋을 대로 행동한다는 것을 추측할 수 있다. T
(2) 이 담화는 실내가 아닌 실외 흡연을 다루고 있다. T

16. Practice Test 2회 46번 문제
(1) 인권 운동가들은 밥 딜런의 노래 중 한 곡에 공감했다. T
(2) 가수의 음악적 성향은 정치적인 동시에 사회적이다. T

17. Practice Test 2회 47번 문제
(1) 원할 때면 언제든 크리스털 등피를 탈부착할 수 있다. T
(2) 광고된 물품은 처음부터 끝까지 손으로 만들어졌다. F

18. Practice Test 2회 48번 문제
(1) 〈라스트 에어벤더〉는 만화 영화로도 개봉했다.   F
(2) 영화는 터무니없는 컴퓨터 그래픽이 특징이다.   T

19. Practice Test 2회 49번 문제
(1) 오늘날까지 체스 규칙은 수정되고 있다.   F
(2) 온라인 체스는 일종의 도박으로 볼 수 있다.   F

20. Practice Test 2회 50번 문제
(1) 과거와 현재의 노숙자는 공통점이 거의 없다.   F
(2) 도시는 노숙자들에게 아낌없이 주거지와 식량을 제공하기
위해 애쓰고 있다.   F

21. Practice Test 2회 51번 문제
(1) 책의 저자는 물건을 사면 살수록 더 행복해진다고 주장한다.   F
(2) 린드맨의 견해는 그 전에 누구도 제기하지 않은 것이다.   F

22. Practice Test 5회 52번 문제
(1) 비만하면 치명적인 질병을 유발할 수 있다.   T
(2) 시골 지역에 거주하는 사람들은 도시 거주자들보다 건강하다.   F

23. Practice Test 2회 53번 문제
(1) 모임 참석자에게 무료 중식이 제공된다.   F
(2) 추첨상은 최고급 문을 획득하는 상이다.   F

24. Practice Test 2회 54번 문제
(1) 이 프로그램 안내는 자신이 사용한 물건을 판매하고 싶은
개인을 위한 것이다.   F
(2) 시도바는 환경친화적인 기업인 듯하다.   T

25. Practice Test 2회 55번 문제
(1) 하강풍은 고기압 및 저기압 배치를 필요로 한다.   T
(2) 산악 지역 주민들은 북향 집을 선호한다.   F

26. Practice Test 2회 56번 문제
(1) 지금까지 태양 전지판은 아직 널리 사용되지 않는다.   T
(2) 태양 전지판에 투자한 비용을 만회하려면 10년 이상이 소요될
수 있다.   T

27. Practice Test 2회 57번 문제
(1) 동전은 현재 당시보다 100배 이상의 가치가 있다.   T
(2) 사망한 승객은 없었지만 3분의 2의 동전을 잃었다.   F

28. Practice Test 2회 58번 문제

---

(1) 화자는 말하는 당시 아직 뉴올리언스에 있었다.   F
(2) 뉴올리언스는 당시 여름이라 몹시 뜨거웠다.   F

29. Practice Test 2회 59번 문제
(1) 지역 서점은 지격 주민들에게 모임 장소로서의 역할을 한다.   T
(2) 정부는 책 판매 독점을 막기 위해 온라인 서점에 제재 규정을
설정할 것이다.   F

30. Practice Test 2회 60번 문제
(1) 후보자는 비디오 게임이 성인에게 위험하다고 주장한다.   F
(2) 상대 후보들은 스텐필드가 사실 비디오 게임의 폭력에 대해
크게 상관하지 않는다고 생각한다.   T

31. Practice Test 3회 46번 문제
(1) 스미스 씨는 철저하게 교육받은 전문 투자자를 겨냥하고
있다.   F
(2) 화자는 주식 시장의 많은 회사에 관해 아는 것이 많다.   F

32. Practice Test 3회 47번 문제
(1) 이 물체를 가지고 이리저리 움직이면, 그것은 당신의 운동
에너지를 전기로 변환시킨다.   T
(2) 소형 가죽 제품이 이 담화에서 광고되고 있다.   F

33. Practice Test 3회 48번 문제
(1) 수많은 불평 때문에 선벅스는 음료 준비에 변화를 주기로
결정했다.   T
(2) 몇몇 바리스타들은 이 갑작스러운 변화에 의심을 품고
그만두었다.   F

34. Practice Test 3회 49번 문제
(1) 근시와 원시의 특성은 정반대이다.   T
(2) 세 가지의 눈의 결점은 모두 안경으로 해결될 수 있다.   T

35. Practice Test 3회 50번 문제
(1) 회사들은 대체로 네 가지 요인의 영향을 받는다.   T
(2) 경쟁사는 주로 상품 가격과 서비스 비용이 얼마가 드는지에
영향을 준다.   F

36. Practice Test 3회 51번 문제
(1) 노예의 자녀들은 현지 언어를 빠르고 완벽하게 배울 수 있었
다.   F
(2) 노예상들은 같은 나라 출신의 노예들이 함께 있도록 놓아두곤
했다.   F

---

37. Practice Test 3회 52번 문제
(1) 어떤 약은 특정 국가에서 판매가 되지 않을 수 있다.   T
(2) 전염병으로 시달리는 국가들은 놀랍게도 물은 안전하다.   F

38. Practice Test 3회 53번 문제
(1) 성 시므온은 그의 전 생애를 작은 연단에서 보냈다.   F
(2) 이 성인이 좋아하는 음식은 납작한 빵(원 모양의 빵)과 염소
우유였다.   F

39. Practice Test 3회 54번 문제
(1) 이 담화문이 특정 잡지에 인쇄되어 있는 것을 보게 될 수도 있다.   T
(2) 페커 대학교 모든 교수들은 종교학, 미국 역사학, 경제학도
전공한 정교수들입니다.   F

40. Practice Test 3회 55번 문제
(1) 정식 교육을 받지 않고 대체 의학 의사가 되는 것은 불가능하다.   F
(2) 대체 의학은 머지않아 현대 의학을 능가할 것으로 기대된다.   F

41. Practice Test 3회 56번 문제
(1) 남녀노소 함께 발렌시아의 거리에서 불꽃놀이를 즐긴다.   T
(2) 축제 기간에 스페인식 쌀 요리를 먹는 것은 여러 세대에 걸쳐
전해 내려오고 있다.   F

42. Practice Test 3회 57번 문제
(1) 지도에 구형의 지구를 그린 것은 이집트인들이었다.   F
(2) 고대 그리스 지도는 현재 남아있지 않다.   T

43. Practice Test 3회 58번 문제
(1) 루디 길리아니의 딸은 부모의 이혼을 언짢아했다.   T
(2) 한때 대통령 후보였던 길리아니는 아직도 검사로 활동하고 있다.   F

44. Practice Test 3회 59번 문제
(1) 브라질 사람들은 사람들 간의 관계를 비즈니스에서 중요하게
여긴다.   T
(2) 브라질에서 사업 계약을 따내거나 잃는 것은 사교 기술에
달려있는 듯 하다.   T

45. Practice Test 3회 60번 문제
(1) 시끄러운 사무실은 직원들을 과체중으로 만드는 경향이 있지만,
이는 흡연과는 무관하다.   F
(2) 커다란 소음은 거의 언제나 사람들에게 심장마비를 유발한다.   F

46. Practice Test 4회 46번 문제

(1) 사립 학교는 세금으로 운동선수들에게 장학금을 지급한다. F
(2) 세금은 공교육 운동 프로그램에는 쓰지 않고 있다. F

47. Practice Test 4회 47번 문제
(1) 기업들은 급격한 변화를 겪고 있는 과학 기술에 민감할 필요가 있다. T
(2) 요즘에는 웹사이트 없이 영업을 하는 회사가 많이 있다. F

48. Practice Test 4회 48번 문제
(1) 십대 청소년들은 두려움을 떨쳐 버리기 위해 저속한 표현을 쓴다. T
(2) 인간관계와 결혼에 대한 진지한 토론이 아이들 사이에서 인기가 있다. F

49. Practice Test 4회 49번 문제
(1) 미국에서 조직을 운영하는 데 있어 노조의 견해를 받아들이는 것은 불가피하다. T
(2) 노조는 미국 독립 혁명 이전에도 존재해 왔다. T

50. Practice Test 4회 50번 문제
(1) 유전 공학은 많은 혜택을 약속한다. T
(2) 과학적인 목적으로 동물을 희생시키는 것은 전혀 도움이 되지 않았다. F

51. Practice Test 4회 51번 문제
(1) 교외 거주자들은 개인주의적인 경향이 있다. T
(2) 도시에 거주하는 이웃들은 서로 친할 수 있다. T

52. Practice Test 4회 52번 문제
(1) '민주적인' 스타일의 관리자는 결정을 할 때 부하직원들의 의견을 전적으로 적용한다. F
(2) 빠른 결정을 내리기 원하는 관리자는 '독재적인' 스타일을 받아들여야 한다. T

53. Practice Test 4회 53번 문제
(1) 실론은 600년 전에 마르코 폴로가 발견하였다. T
(2) 이 담화의 목적은 실론행 패키지 여행을 홍보하는 것이다. F

54. Practice Test 4회 54번 문제
(1) 영국인들은 전쟁 동안 존 헬지를 결코 놓아 주지 않았다. T
(2) 무트와 제프는 영국에 살고 있는 독일인이었다. F

55. Practice Test 4회 55번 문제
(1) 아미쉬파는 말이나 경마차를 사용할 수 없으면 차라리 걸을

것이다. T
(2) 아미쉬파는 장신구를 착용하는 것은 허용하지만, 화장은 금지되어 있다. F

56. Practice Test 4회 56번 문제
(1) 일반적인 멘토스 외부의 왁스 같은 막은 핵 형성을 용이하게 한다. F
(2) 민트맛 멘토스는 겉면에 많은 구멍이 나 있다. T

57. Practice Test 4회 57번 문제
(1) 수성 두드러기 환자는 일단 물에 닿으면 그 고통이 거의 하루 동안 지속된다. F
(2) 불행히도 물 알레르기는 치유될 수 없다. T

58. Practice Test 4회 58번 문제
(1) 이성적인 사고를 하는 것은 특정한 상황에서는 피해야 한다. F
(2) 이론은 사람의 진술에 설득력을 실어준다. F

59. Practice Test 4회 59번 문제
(1) 일류 영국 축구 클럽은 미국 스포츠 회사가 제안한 금액의 두 배가 넘는 가치가 있다. T
(2) 클럽의 이사회는 미국인들에게 소유권을 이양하려는 용의가 없다. F

60. Practice Test 4회 60번 문제
(1) 사람들은 건강을 의식하는 동시에 젊어 보이고 싶어한다. T
(2) 레이저 치료와 보톡스 주사는 영구적인 치료이다. F

Practice Test 1

⇨ P66

Part III

41　(b) fill out in ⇨ out 또는 in 삭제
42　(a) to watch ⇨ watching
43　(d) bored ⇨ boring
44　(d) phone ⇨ my phone [또는 a phone]
45　(b) after soon ⇨ soon after

Part IV

46　(b) mostly ⇨ most
47　(c) costs ⇨ costing
48　(b) attests ⇨ attest
49　(d) soothe ⇨ soothing
50　(c) a solar heat ⇨ a 삭제

● Part III

41

해석
A: 안녕하세요. 이 소포를 일급 국제 우편으로 부치고 싶은데요.
B: 알겠습니다. 이 양식을 작성해서 가져와 주세요.
A: 다시 줄 맨 끝으로 가야 하나요?
B: 아니에요, 그냥 저에게 곧장 오시면 됩니다.

해설　(b)의 fill out과 fill in 둘 다 '문서 등을 작성할 때 공란을 채운다'는 뜻으로 fill out in은 성립할 수 없다. out 또는 in을 삭제해야 한다.
mail a package 소포를 부치다　**directly** 곧장

42

해석
A: 경기를 전반전까지단 봤어. 어떻게 끝났니?
B: 대단한 역전승을 놓쳤구나. 이글스가 반격해서 이겼어.
A: 오 이런! 그 경기를 봤으면 좋으련만. 최종 점수가 어떻게 돼?
B: 이글스는 24점, 브롱코스는 17점. 해리스가 후반 경기에서 공을 잘 던졌어.

해설　⟨stop + 동명사⟩와 ⟨stop + to부정사⟩의 의미의 차이를 알아야 한다. (a)에서 stop to watch는 보기 위해 하던 일을 멈춘다'는 의미이고 stop watching은 '보던 것을 멈춘다'는 의미이다. 대화에서 A가 경기를 전반전까지 보고 B에게 경기의 결과를 묻는 것이기 때문에 stop watching이 적절하다.
play out 경기를 끝마치다　**come-from-behind win** 역전승　**rally** 반격하다

정답　(a) to watch → watching

43

해석
A: 의사가 발목이 삐었더라도 걸어야 한다고 했어.
B: 발목을 고정하려면 아직 깁스를 하고 있어야 하는 거 아냐?
A: 응, 그런데 의사가 계속 조금씩 움직이는 게 좋대.
B: 그럼 하루하루가 전보다 덜 지루하겠구나.

해설　bore는 '지루함을 느끼게 하다'라는 뜻으로 (d)에서 bored의 주어는 your days로 능동적인 의미 를 지닌 현재분사 boring이 되어야 한다.
walk around 돌아다니다　**sprain** 삐다　**ankle** 발목　**cast** 깁스　**immobile** 고정된

정답　(d) bored → boring

44

해석
A: 여기까지 전철 타고 오는데 얼마나 걸렸어?
B: 한 50분. 앉아서 온 걸 감안하면 그리 나쁘지 않았어.
A: 그래도 그 시간 동안 뭐 했니?
B: 휴대폰이 있어서 거기 있는 게임을 했어.

해설　가산명사는 관사나 소유격 없이 단독으로 쓰일 수 없으므로 (d)의 phone 앞에 a나 my를 붙여야 한다.
consider 고려하다　**occupy oneself** 몰두하다

정답　(d) phone → my phone [또는 a phone]

45

해석
A: 일찍 나와서 미안해. 피곤하기도 하고 일찍 일어나야 했거든.
B: 괜찮아. 어차피 우리들도 곧바로 자리를 떴어.
A: 그 다음에 다른 곳에 갔니?
B: 아니, 모두 기차를 타고 그냥 집으로 돌아갔어.

해설　soon after는 '바로 뒤에, 곧'이라는 뜻으로, 유의어로는 right after, shortly after 등이 있다. 문맥상 '남은 사람들도 곧 자리를 떴다'는 의미가 되어야 하므로 (b)의 after soon을 soon after로 바꾸어야 한다.
retire 은퇴하다, 자리를 뜨다　**soon after** 곧　**afterwards** 그 뒤에　**head** (특정 방향으로) 가다

정답　(b) after soon → soon after

● Part IV

46

해석
(a) 아리스토텔레스가 심장은 인간의 영혼이 있는 장소이자 이성이 존재하는 곳이라고 지정한 것은 그릇된 판단이었다. (b) 글쎄, 그 가장 경이로운 펌프의 근육에 기억 세포 있는 것을 감안한다면, 최소한 부분적으로만 틀렸다. (c) 갈레노스와 같은 르네상스 시대의 해부학자는 모든 신경은 뇌로 통하기 때문에 모든 생각도 뇌로 통할 것이라고 판단했다. (d) 오늘날 우리는 실제 신경 세포와 그 모든 움직임을 여느 때보다도 더 자세히 볼 수 있다.

해설　(b)의 mostly는 '주로, 대체로'라는 뜻으로 '주로 경이로운 펌프'라고 해석되어 어색하다. mostly를 most로 고쳐 '가장 경이로운 펌프(심장)'라는 의미가 자연스럽다. 뒤에 형용사를 수식하고 있는 mostly는 지나

칠 수 있는 함정이지만, 항상 문맥을 고려하여 어휘가 자연스러운지 확인해야 한다.

assign 배정하다 **reason** 이성, 판단하다 **partially** 부분적으로 **allow for** 감안하다 **wondrous** 경이로운 **anatomist** 해부학자 **neuron** 신경 세포

정답　　(b) mostly → most

47

해석

(a) 유명한 서양의 미술관들이 사막의 땅 아랍 에미리트로 향하고 있다. (b) 아부다비는 뉴욕 구겐하임 미술관의 분관이 자리할 곳으로 본사의 12배 규모이다. (c) 루브르 박물관의 분관도 진행 중인데, 이 또한 수억 달러의 비용이 든다. (d) 이 대담한 문화적 비전은 기념비적인 자국 고유의 새로운 미술관을 갖춘 페르시아만을 가로질러 200마일 건너에 있는 도하의 예를 따르는 것이다.

해설　　(c)의 Also in the works is a branch of the Louvre는 전치사구가 앞으로 나가면서 주어와 동사가 도치된 문장으로, 의미상 costs hundreds of millions of dollars는 a branch of the Louvre를 보충 설명하는 분사구가 되어야 한다. '분관이 비용이 든다'는 의미로 현재분사 costing으로 바꾼다.

big name 유명인, 유명한 것　**in the works** 진행 중인　**bold** 대담한 **brand-new** 완전 새로운　**monumental** 기념비적인, 엄청난

정답　　(c) costs → costing

48

해석

(a) 예나 지금이나 농부의 마음은 날씨와 결코 동떨어져 있지 않다. (b) 책력과 기후 기록에서 증명하는 것처럼, 재배 기간에 어떤 장애나 재앙조차 없는 경우는 거의 없다. (c) 때에 맞지 않은 기온과 강수량이 몇 번이든지 재배 기간에 재해를 가져올 수 있다. (d) 땅은 우리에게 풍부함을 아낌없이 주지만, 그 풍부함을 관리하는데 있어 인간은 종종 자연에 맞선다.

해설　　(b)의 almanacs and climate records는 복수 주어이므로 동사 attests는 attest가 되어야 한다.

almanac 책력　**attest** 증명하다　**growing season** (식물의) 성장시

기 **rarely** 드물게　**hitch** 장애, 지체　**catastrophe** 재앙　**ill-timed** 시기가 좋지 않은　**precipitation** 강수량　**spell** 초래하다　**disaster** 재해 **generously** 아낌없이　**bounty** 풍부함

정답　　(b) attests → attest

49

해석

(a)소프트웨어는 미적분학의 기본을 정복하고 점점 더 많은 일상적인 분야를 처리하고 있다. (b) 개 짖는 소리가 전하는 메시지를 해석해 준다고 하는 프로그램의 경우를 예로 들 수 있다. (c) 그리고 이제 이 실험적인 발상은 아이의 울음소리를 판독하는데 적용되었으며 아직까지 어떠한 후각 감지기도 사용하지 않고 있다. (d) 심지어 마음을 누그러뜨리는 소리로 우는 아기를 진정시켜주기 위해서 다운로드 할 수 있는 응용 프로그램도 있다.

해설　　(d)의 soothe는 동사로서 전치사구의 전치사와 명사 사이에 원형으로 올 수 없다. 문맥상 '달래 주는 소리로'라는 의미여야 하므로 명사 sound를 수식하는 형용사의 역할을 하는 현재분사 soothing이 되어야 한다.

master 숙달하다　**calculus** 미적분학　**take on** (일 등을) 맡다　**domain** 영역　**translate** 통역하다　**bark** 짖는 소리　**experimental** 실험적인 **decipher** 해독하다　**recourse** 의지　**olfactory** 후각의　**calm** 진정시키다 **soothe** 달래다

정답　　(d) soothe → soothing

50

해석

(a) 아마도 미래를 예고하는 징후로, 사무실과 학교 건물의 일부 아스팔트 주차장에 태양광 판으로 된 지붕이 설치될 것이다. (b) 한때 도심지역에 열섬 효과를 일으켰던 것이 실제로 그 효과를 뒤바꿔 놓을 수도 있다. (c) 태양광 판은 태양열을 이용하여 전기를 발생시켜 건물에 공급하는 한편 자동차에는 그늘을 제공해 준다. (d) 이런 구조물이 일반 대중들에게는 아직 낯설어 보일지라도, 일부에서는 옥상의 태양광 판처럼 흔해질 것으로 내다보고 있다.

해설　　(c)의 solar heat은 셀 수 없는 불가산명사로 앞에 부정관사 a나 an을 붙일 수 없다. 따라서 a solar heat의 a는 삭제해야 한다.

solar panel 태양광 판　**contribute** 원인이 되다　**heat island** 열섬

reverse 뒤바꾸다　**envision** 상상하다, 내다보다

정답　　(c) a solar heat → a 삭제

Practice Test 2

⇨P68

Part III

41　(d) movie ⇨ a movie [또는 movies]

42　(b) caught ⇨ catching

43　(c) mentioning ⇨ to mention

44　(d) ask ⇨ asking

45　(c) say ⇨ says

Part IV

46　(a) teach ⇨ teaching [또는 for ⇨ to]

47　(d) facing with ⇨ with 삭제
　　　[또는 facing ⇨ faced]

48　(b) correspond ⇨ correspond with

49　(a) times ⇨ time

50　(c) the entire galaxy ⇨ an entire galaxy

● Part III

41

해석

A: 우리 오늘 안으로 이거 끝낼 거죠?

B: 그러길 바랍시다. 내일까지 오래 끄는 건 무의미해요.

A: 오늘 저녁에 무슨 계획이라도 있나요? 저는 체육관 가서 운동이나 할까 해요.

B: 전 아무 계획 없어요. 그냥 집에 가서 영화를 볼 것 같아요.

해설　　movie는 가산명사로 관사나 소유격 없이 단독으로 쓰일 수 없고

단독으로 쓰이려면 복수형이 되어야 한다. 따라서 (d)의 movie는 a movie 나 movies가 되어야 한다.

drag out 질질 오래 끌다   **gym** 체육관

정답   (d) movie → a movie [또는 → movies]

42

해석

A: 실례합니다. 혹시 이 자리 비었나요?
B: 어 안녕, 프랭크. 앉아. 밀린 독서 좀 하고 있었어.
A: 아, 톨스토이구나. 최고지, 좀 장황하긴 하지만. 읽는 게 마라톤 같지 않아?
B: 사실 여유 시간에 꽤 많이 끝낼 수 있어. 거의 다 읽었는걸.

해설   (b)에서 was just caught up은 '잡혔다'는 수동의 의미로 문맥상 맞지 않다. 프랭크가 말을 걸었을 때 '~을 하고 있었다'는 진행의 의미가 와야 자연스러우므로 과거진행형으로 바꾸어야 한다.

by any chance 혹시   **catch up on** (뒤떨어진 일을) 만회하다   **ponderous** 묵직한, 장황한   **get through** 끝내다

정답   (b) caught → catching

43

해석

A: 하루 종일 이리저리 왔다 갔다 운전하고 다녔어.
B: 도로에 차들이 많아서 피곤했겠다.
A: 맞아, 다니면서 기름을 채워야 했던 거는 말할 것도 없고.
B: 아이쿠. 지갑이 얇아졌겠네.

해설   '~은 물론이고, ~은 말할 것도 없고'의 뜻은 not to mention으로 문장에서 보통 쉼표 뒤에 써서 뒷부분을 더 강조하는 역할을 한다. 따라서 (c)의 not mentioning은 not to mention으로 바꿔야 한다.

all day 하루 종일   **what with** ~때문에   **mention** 말하다   **fill up** 가득 채우다   **take a bite out of** 삭감하다

정답   (c) mentioning → to mention

44

해석

A: 요즘 이전 사무실은 어때요? 조금이라도 생산적인가요?
B: 어, 업무 시간의 반은 진짜 일을 한다고 말하고 싶어. 어떤지 너도 알잖아.
A: 응. 옛날 그 느긋한 곳치고 꽤 괜찮은 것 같네. 그곳이 좀 그립다.
B: 언제 한번 찾아와. 모두들 네가 어떻게 지내는지 항상 물어봐.

해설   (d)의 두 번째 문장의 's는 is(was) 또는 has의 축약으로 볼 수 있는데, 뒤이어 동사의 원형 ask가 오는 것으로 보아 비문임을 알 수 있다. 따라서 진행형 is(has) asking, 수동태 is(was) asked, 현재완료 has asked 세 가지 경우가 가능한데 부사 always와 함께 쓰이면서 문맥에 적절한 것은 현재진행형 is asking이다.

productive 생산적인   **actual** 실제의   **laid-back** 느긋한

정답   (d) ask → asking

45

해석

A: 그러면 다음엔 어디로 가지? 어울려 놀 수 있는 멋지고 아늑하면서 따뜻한 곳을 찾아보자.
B: 다른 쪽으로 넘어가 보자. 거기에는 선택할 수 있는 게 더 많을 것 같아.
A: 저곳은 어때? 표지판에 '미키으 라운지'라고 써 있어.
B: 좀 음침해 보이는걸 좀 더 장사가 잘돼 보이는 술집을 찾아보자.

해설   (c)에서 주어 the sign이 3인칭 단수이므로 say가 아닌 says가 와야 한다.

cozy 편안한   **cross over** 건너가다   **option** 선택   **shady** 어두 침침한, 수상쩍은   **established** 인정받는   **joint** 음식점, 술집

정답   (c) say → says

● Part IV

46

해석

(a) 유리드믹스는 사람들에게 음악에 맞춰 움직이고 춤을 추는 것을 가르쳐 주도록 고안된 프로그램이다. (b) 어린이들을 교육시키기 위해 사용되었지만 이제는 노인들이 자신의 전반적인 조정 능력을 향상시키는 데에도 도움이 된다. (c) 유리드믹스에는 스위스 작곡가가 수십 년 전에 개발하였고 음악의 박자 변화에 따라 움직이기, 사물 다루기, 몸짓하기 등이 있다. (d) 넘어져 다칠 가능성이 줄어들기 때문에 노인들은 이러한 훈련이 이득이 된다는 것이 연구를 통해 입증되었다.

해설   (a)의 program designed for teach는 '~하기 위해 고안된 프로그램'이라는 뜻으로, 전치사 for 뒤에는 원형부정사가 아닌 동명사가 와야 한다. 또는 for를 to로 바꾸어 목적을 나타내는 to부정사를 쓰는 것이 옳다.

in tune with ~에 맞추어   **overall** 전반적인   **coordination** (신체 동작의) 조정력   **composer** 작곡가   **tempo** 박자   **handle** 다루다   **make gestures** 몸짓을 하다   **demonstrate** 입증하다   **decrease** 줄이다

정답   (a) teach → teaching [또는 for → to]

47

해석

(a) 전국 개봉된 세 편의 영화로 이미 붐비고 있는 휴일 주말 인파가 멀티플렉스를 가득 메웠다. (b) 해리포터 시리즈의 최신판은 2주째 박스 오피스 1위를 차지하였다. (c) 이 영화는 4일 간의 주말 동안 약 6천 5백만 달러치의 표를 판매하여 현재 총 3억 2천만 달러를 판매하였다. (d) 그러나 디즈니 스튜디오가 어린 시절 이야기인 라푼젤을 현대적으로 재해석한 〈탱글드〉를 내놓아 이 영화는 치열한 경쟁에 직면하고 있다.

해설   (d)의 face는 (상황에) '직면하다'는 의미의 타동사로 능동일 때 바로 다음에 목적어가 와야 한다. 따라서 뒤에 전치사 with는 삭제해야 한다. face 다음에 전치사 with를 쓰려면 is faced with처럼 수동태로 바꾸어야 한다.

installment 연재물의 1회분   **face** 직면하다   **stiff** 치열한   **competition** 경쟁   **childhood** 어린 시절

정답   (d) facing with → with 삭제 [또는 facing → faced]

48

해석

(a) 핵 확산 방지 조약은 1970년에 아일랜드와 핀란드의 발상으로 출발했다. (b) 현재는 189개 국가가 가입하였고, 그 중 5개 국가는 핵무기 보유국이고

이는 유엔 안전 보장 이사회의 5개 회원과 동일하다. (c) 가입하지 않은 4개 국가는 핵무기를 보유한 것으로 알려져 있거나 의심받고 있다. (d) 이 조약은 핵 확산 방지와 군비 축소 그리고 핵 기술의 평화적 사용에 목적을 두고 있다.

해설 (b)의 correspond는 자동사로 전치사 with와 함께 쓰여 '~에 일치하다'라는 뜻이다. 따라서 correspond는 correspond with가 되어야 한다.

nuclear 원자력의 **proliferation** 급증, 확산 **treaty** 조약 **nuclear power** 핵무기 보유국 **correspond with** 일치하다 **suspect** 의심하다 **possess** 소유하다 **disarmament** 군비 축소

정답 (b) correspond → ccrrespond with

49
해석
(a) 미국인들이 그 어느 때보다도 실내에서 더 많은 시간을 보낸다는 것은 더 이상 새로운 소식이 아니다. (b) 낙제 학생 방지법에 부응하여, 유치원의 3분의 1이 더 많은 교실 수업을 위해 야외 휴식 시간을 없애고 있다. (c) 미국의 일부 의사들은 야외 활동을 처방하기 시작했다. (d) 다행히도 간단한 해결책은 하기 쉽고 돈도 안 든다. 밖으로 나가서 낯설기는 하겠지만 자연 세계와 다시 친해지는 것이다.

해설 time은 가산명사와 불가산명사 모두 쓰일 수 있는데 각각 뜻이 다르다. '시대, 시기, 횟수'를 의미할 때는 복수형 times가 가능하나 (a)에서는 단순히 '시간'을 의미하므로 불가산명사로서 time이 되어야 한다.

in response to ~에 답하여 **kindergarten** 유치원 **do away with** 없애다 **recess** 휴식시간 **prescription** 처방전 **remedy** 해결책

정답 (a) times → time

50
해석
(a) 과학자들은 우주의 작은 왜성들의 수를 추정을 통해 어림잡았다. (b) 그들은 은하수의 비율을 근거로 멀리 떨어진 은하계에 있는 모든 관찰 가능한 밝은 별마다 100개의 왜성이 있다고 계산했다. (c) 그러나 새로운 기법은 은하계 전체의 총체적인 조도를 만들어 내는데 필요한 어렴풋한 별의 수를 산출한다. (d) 이 기법은 이전에 생각했던 것 보다 외부에 실제로 3배나 많은 별이 있다고 주장한다.

해설 (c)의 the entire galaxy는 특정 galaxy를 언급하는 것이 아니라 정해지지 않은 무작위의 어떤 galaxy를 말하는 것이므로 the가 아니라 an이 와야 한다.

estimate 추정하다 **dwarf star** 왜성 **extrapolation** 추정 **observable** 관찰할 수 있는 **distant** 먼 **galaxy** 은하계 **milky way** 은하수 **dim star** 어렴풋한 별 **aggregate** 종합한, 총 **contend** 주장하다 **previously** 이전에

정답 (c) the entire galaxy → an entire galaxy

Practice Test 3
⇒P70

Part III
41 (b) the town ⇒ the 삭제
42 (d) region ⇒ regional
43 (b) many ⇒ much
44 (c) falls in ⇒ falls on
45 (a) this ⇒ these

Part IV
46 (d) businesses ⇒ business
47 (a) come ⇒ come out
48 (c) something ⇒ something of
49 (a) world ⇒ world's
50 (d) attraction ⇒ attractions

● **Part III**

41
해석

A: 이번 주말에 콘로이 호텔에서 열리는 결혼식에 참석해야 해.
B: 아, 거기는 마을 건너편 언덕 위에 있는 고급스러운 곳 아니야?
A: 바로 거기야. 항상 앞에 최고급 차들이 주차되어 있어.
B: 훌륭하네. 멋진 행사가 될 것 같다.

해설 화자와 청자가 이미 알고 있는 읍내나 도시 등 지역을 가리키는 town은 관사 없이 사용된다. 따라서 (b)에서 across the town은 across town이 되어야 옳다.

attend 참석하다 **fancy** 고급의 **high-end** 최고급의 **classy** 고급의, 세련된

정답 (b) the town → the 삭제

42
해석

A: 닭고기와 감자튀김을 시켰는데, 알고 보니 웨지 모양 양념 감자 더라고.
B: 그게 아일랜드어로 '칩스'라고 하는 걸 거야.
A: 그런 것 같아. 피시 앤 칩스 같은 감자 튀김을 반쯤 기대하고 있었는데.
B: 용어의 지역적인 차이가 정말 크네.

해설 (d)의 region은 명사 variations을 수식해야 하므로 형용사 형태인 regional이 되어야 한다.

wedge 쐐기 **region** 지역 **variation** 변화, 차이 **terminology** 용어

정답 (d) region → regional

43
해석

A: 이 응용 프로그램이 어떻게 도움이 될 수 있는지 다시 설명해 줘.
B: 네가 지금까지 자료를 얼만큼 업로드 했는지 알려줄 거야.
A: 그럼 이용 시간이랑 보낸 메시지 수도 포함해서 알려줘?
B: 응. 이 메뉴 제목에서 스크롤해서 내리기만 하면 돼.

해설 (b)의 data의 단수형은 datum이지만 전문 용어로는 data를 주로 쓴다. 특히 컴퓨터 등 기기에 저장된 자료는 복수형이어도 셀 수 없는 명사, 즉 물질명사로 사용되기 때문에 how many는 how much로 바꿔야 한다.

app 응용 프로그램 (**application**의 약어) **so far** 지금까지 **cover** 덮다, 포함

시키다 heading 제목

정답　(b) many → much

44
해석

A: 벌써 올해의 마지막 달에 접어들었다는 게 믿겨지니?
B: 그리고 대단한 한 해였지. 나중에 파티한다는 얘기가 있었어?
A: 응. 이번에는 새해 첫날이 토요일이거든.
B: 좋은 계획인 것 같네. 샴페인을 터뜨릴 때인 것 같아.

해설　기념일이나 요일 등 날짜가 '∼에 해당한다'는 숙어는 fall on이다. 따라서 (c)의 falls in은 falls on으로 바뀌어야 한다.

get-together 모임, 파티 **break out** (샴페인, 포도주 등이) 따다

정답　(c) falls in → falls on

45
해석

A: 요즘 광고하고 있는 이런 저가 항공요금이 많아.
B: 일어나서 어디론가 날라가고 싶게 하지 않아?
A: 그래, 하지만 학비에 돈을 너무 많이 썼더니 돈이 거의 없어.
B: 어려운 문제네. 하지만 필요한 것과 원하는 것을 분리해서 생각해봐.

해설　(a)의 this는 뒤에 수식하는 복수 airfares와 일치하지 않다. airfare는 가산명사이기 때문에 복수형이 가능하고, 앞의 동사 are와 수가 일치하므로 this를 these로 바꾸어야 한다.

airfare 항공 요금 **be strapped for cash** 돈이 거의 없다 **conundrum** 난제

정답　(a) this → these

● Part IV

46
해석

(a) 샌디에고의 바로 동쪽은 바람과 태양 그리고 지열로 재생 가능한 에너지의 천국이다. (b) 하지만 그 도시에 전송선을 설치하는 일은 환경 운동가들의 소송에 맞닥뜨렸다. (c) 문제는 화석 연료의 가스를 배출시키는 값싼 천연가스 에너지가 혼합되어 전송된다는 점이다. (d) 회의론자들은 이 제안이 여느 때와 같이 사업을 덮여주기 위해 재생 가능 에너지를 사용하려는 시도라고 여기고 있다.

해설　'사업, 장사'를 의미하는 business는 불가산명사이므로 (d)의 businesses는 business가 되어야 적절하다.

renewable 재생 가능한 **geothermal** 지열의 **install** 설치하다 **transmission line** 전송선 **lawsuit** 소송 **environmentalist** 환경 운동가 **fossil fuel** 화석 연료 **emission** 배출, 배기가스 **skeptic** 회의론자 **call** 부르다, 여기다 **proposal** 제안

정답　(d) businesses → business

47
해석

(a) 정신 장애에 대한 진단 및 통계 편람 또는 DSM의 개정판이 출시될 것으로 정해졌다. (b) 이 편람은 환자를 치료하는 현장에서 심리학자들과 정신과 의사들에게 오랫동안 도움이 되어 온 참고 문헌이다. (c) 자기애 인격 장애를 포함해 오랫동안 확고히 자리잡고 있던 5개 부문의 삭제 계획을 둘러싼 논쟁이 일고 있다. (d) 비평가들은 이들 두고 학문적 연구와 임상 진료 간 분열의 또 다른 예로 여기고 있다.

해설　come out with는 '발표하다, 출시하다'라는 숙어로 (a)에서는 '새로운 개정판이 출시된다'는 뜻으로 쓸 수 있다. 따라서 come과 with 사이에 out이 추가되어야 한다.

diagnostic 진단의 **statistical** 통계의 **disorder** 장애 **go-to** 도움을 청할 수 있는 **reference** 참고 문헌 **psychologist** 심리학자 **psychiatrist** 정신과 의사 **controversy** 논란 **elimination** 제거, 삭제 **narcissistic personality** 자기애 인격 **clinical** 임상의

정답　(a) come → come out

48
해석

(a) 줄지어 늘어서 있는 수백만 달러 아파트들 가운데에서 러셀 미술관은 자신만의 독특한 건축학적 자태를 드러내고 있다. (b) 특대형 엘리베이터는 물결 모양 유리로 된 전견을 통해 거리에서도 보인다. (c) 소유주인 코니 호프만은 수년 간 지역 예술계에서 저명한 큐레이터가 되었다. (d) 그러나 웨스트 첼시에 있는 그녀의 새로운 전시물에 대해서는 건물의 작은 실용적인 세부 사항이 그녀가 가장 이야기하고 싶어하는 부분이다.

해설　(c)의 something은 명사로 뒤의 또 다른 명사구 an eminent curator와 이어지려면 그 사이에 적절한 전치사가 필요하다.

amid 가운데에 **condominium** 아파트 **architectural** 건축학의 **oversized** 특대의 **visible** 보이는 **corrugated** 물결 모양의 **facade** 정면 **eminent** 저명한

정답　(c) something → something of

49
해석

(a) 세계에서 가장 높은 건물을 올리는 것은 건축학적으로 그리고 재정상으로 과도하다는 생각을 들게 할 수도 있다. (b) 2,700피트가 넘는 부르즈 칼리파는 엠파이어 스테이트 빌딩을 시어스 타워 위에 올려 놓았다고 가정한 것보다 조금 더 높다. (c) 부르즈의 경우, 수직으로 높이 건축한 의도에 대한 틀에 박힌 변명은 사막의 신기루처럼 사라진다. (d) 토지 부족과 그 때문에 그야말로 치솟는 가격은 여기에서 중대한 요인은 아니다.

해설　(a)의 a world tallest building에서 부정관사 a와 명사 building 사이에는 형용사, 소유격 등 명사 수식어구가 올 수 있다. 따라서 '세계에서 가장 높은 빌딩'이란 뜻으로 world는 소유격 world's로 바꾸어야 한다. (d)의 주어는 Scarcity of land와 its literally skyrocketing price로 볼 수 있는데, 개별적인 주어로 볼 것이 아니라 하나의 덩어리로 '토지 부족으로 인한 급등하는 가격'을 주어로 보아야 한다. 따라서 isn't는 틀린 것이 아니다.

put up 높이 올리다 **bring to mind** 상기하다, 떠올리다 **excess** 과도, 초과 **hypothetical** 가정의 **vertically** 수직으로 **mirage** 신기루 **scarcity** 결핍 **skyrocket** 급등하다

정답　(a) world → world's

50
해석

(a) 부어노스아이레스 바깥쪽에 있는 티그레 삼각주는 오랫동안 예술가들과 대도시에서 도피해 온 사람들에게 섬에 있는 안식처가 되어왔다. (b) 이 지역

은 오래전에 그 지역의 재규어의 이름을 따서 지어졌고, 그 이후에 초기 탐험가들이 호랑이라고 불렀다. (c) 많은 빅토리아 식 건축물이 강어귀로 돌출되어 있는 반도에 있다. (d) 실제 티그레 섬에서 더 멀리 가면 관광객에게 있기 있는 스파와 자연 관광 명소가 있다.

해설 attraction이 '명소'의 의미일 때는 가산명사이므로 무관사인 (d)의 attraction은 옳지 않다. 동사 are에 일치하고 and 앞의 spas에 맞추어 attractions로 바꾸어야 한다.

delta 삼각주 haven 안식처, 피난처 retreat 후퇴하다, 도피하다 explorer 탐험가 reside 거주하다 peninsula 반도 jut out 돌출하다 estuary 강어귀 touristy 관광객에게 인기 있는

정답 (d) attraction → attractions

Practice Test 4

⇒ P72

Part III

41 (b) have ⇒ aren't

42 (d) open up ⇒ open it up

43 (d) surfs ⇒ surf

44 (c) notice ⇒ noticed

45 (a) you'd ⇒ you

Part IV

46 (d) combating ⇒ combat

47 (b) has ⇒ have

48 (a) starings ⇒ staring

49 (d) foreseen ⇒ foresaw

50 (c) all along ⇒ along

● Part III

41

해석

A: 정말로 나는 여기 미국에서 전 세계의 프로그램을 보고 있어.

B: 세상이 더 작아진 것처럼 느껴지지 않아?

A: 거의 방향 감각을 잃은 것 같아. 더 이상 내가 정확히 어디에 있는지 모르겠어.

B: 나도 온라인으로 옛날 쇼를 볼 때 비슷한 걸 느껴.

해설 부가의문문은 주절의 동사와 동일한 동사를 적용해야 하므로 (b)의 have는 옳지 않다. 본동사가 are이면서 긍정이므로 부가의문문은 aren't가 되어야 한다.

view 보다 disorient 방향 감각을 혼란시키다 old-time 옛날의

정답 (b) have → aren't

42

해석

A: 펠리스, 어제 너한테 이메일 보냈는데 확인했니?

B: 아니, 못 봤어. 학습 과제에 관한 거야?

A: 응. 남은 학기에 대한 모든 자료 목록이야.

B: 정말 고마워. 이따 오후에 열어볼게.

해설 (d)에서 open up은 '~을 열다'의 뜻으로 타동사이다. 목적어가 빠져 있기 때문에 이메일을 대명사 it으로 받고 open it up으로 바꾸어야 옳다. 2어 동사의 특징상 대명사가 목적어로 오면 동사와 부사 사이에 온다.

get to 착수하다 coursework 학습 과제 list 열거하다 material 재료, 자료 semester 학기

정답 (d) open up → open it up

43

해석

A: 안녕 로리. 간단한 질문이 있어. 헌팅턴 해변은 어디에 있어?

B: 로스앤젤레스 남쪽으로 태평양 해안 도로를 타고 가면 있어. 왜?

A: 친구들 몇 명이 거기 같이 가자고 초대했거든.

B: 좋은 곳이야. 거기에는 부두가 있고 파도타기에도 괜찮아.

해설 surf는 불가산명사로 원칙적으로 복수형을 취하지 않으므로 (d)의 surfs는 surf로 바뀌어야 한다.

coast 해안 pier 부두 surf 파도

정답 (d) surfs → surf

44

해석

A: 그거 멋진 건물 사진이네. 그건 어디에 있어?

B: 시내 퍼시 가에 있어. 막 땅거미가 질 무렵에 찍었지.

A: 전에 거기 갔을 때는 어째서 한 번도 본적이 없지?

B: 그걸 보려면 올려다봐야 해. 거리에서 보면 가려져 있거든.

해설 (c)는 부사 never와 함께 현재까지의 경험을 나타내고 있으므로 현재완료가 되어야 한다. 따라서 ⟨have + pp⟩ 형태인 have noticed로 바꾸어야 한다.

downtown 시내에 twilight 황혼 how come 어째서 notice 알아채다 look up 올려다보다 street level 1층, 길거리 높이

정답 (c) notice → noticed

45

해석

A: 플루트도 연주한다는 거 진심이었어?

B: 응. 자라면서 피아노랑 바이올린과 함께 배웠어.

A: 어쩌면 언젠가 네가 얘기했었는데 잊었나 봐. 너 정말 음악에 재능이 있구나.

B: 음악을 가르쳐볼까 생각했었는데 돈을 잘 벌 수 있을 것 같지 않았어.

해설 (a)의 주절은 과거지만 종속절에서 플루트를 연주할 수 있는 능력은 현재까지 변하지 않는 사실이므로 현재형으로 쓰는 것이 옳다. 따라서 you'd에서 would를 삭제해야 한다.

serious 심각한, 진지한 lucrative 수익성이 좋은

정답 (a) you'd → you

● Part IV

46

해석

(a) 서커스 계의 거물 바넘이 말한 오래된 연예계 속담에 '세상에 악평이란 없다'라는 말이 있다. (b) 이 발상은 뉴스에 어떤 상표를 계속 올릴 수만 있다면 어떤 것이라도 사업에는 좋다는 것이다. (c) 이제 온라인 상에 신랄한 소비자 비평과 불만이 많은 회사는 검색 엔진을 통한 질의에서 높은 순위를 차지하는 데 도움이 된다는 것을 알아 가고 있다. (d) 포털 사이트들은 결국 부당한 행동에 대한 보상을 막으려는 노력에서 이를 방지하기 위해 분투하고 있다.

해설　(d)의 seek은 to부정사를 목적어로 취하는 동사이므로 combating은 combat으로 수정되어야 한다.

showbiz 연예계　**adage** 속담, 격언　**magnate** 거물　**publicity** 언론의 관심, 홍보　**scathing** 신랄한　**query** 문의　**portal** 포털 사이트　**in turn** 차례로, 결국　**combat** 방지하기 위해 싸우다　**reward** 보상하다

정답　(d) combating → combat

47

해석

(a) 다이애미 예술제에 관한 모든 보도는 참석자들이 지역 시설물을 거의 생산 과잉에 가깝게 증가시키고 있다는 것이다. (b) 예술가들, 디자이너들, 중개인들, 수집가들, 그리고 기자들 무리가 계절마다 늘고 있다. (c) 이 도시에서 흥청망청 노는 사람들은 컨벤션 센터에서 동시에 열리는 행사에 참가한 사람들과 밤을 나누고 있다. (d) 예약이 꽉 찬 호텔과 클럽은 이 축제가 스스로의 성공으로 인해 피해를 입고 있다는 것을 시사한다.

해설　(b)의 the swarms of ~ reporters는 복수 주어이므로 has가 아닌 복수형 have가 와야 한다.

attendee 참석자　**swell** 증가시키다　**facility** 시설　**overcapacity** 생산 과잉　**swarm** 무리, 떼　**mount** 오르다　**revel** 흥청거리며 놀다　**simultaneous** 동시의　**point** 가리키다, 시사하다　**victim** 피해자

정답　(b) has → have

48

해석

(a) 경보 선수는 과장된 움직임과 한쪽 발을 항상 지면에서 떨어지지 않게 해야 하는 것 때문에 호기심 어린 시선을 끌어 모은다. (b) 좀더 일반적인 달리기 선수와 달리 경보 선수는 대거 그들의 행동 때문에 일반 대중의 전적인 인정을 받지 못한다. (c) 사실 올림픽 경보 선수들은 속도 면에서 보통 수준의 달리기 선수를 쉽거 이길 수 있다. (d) 비록 영향이 적은 활동이자 스포츠로 알려져 있지만, 제대로 해내기 위해서는 어느 정도의 훈련과 연습이 필요하다.

해설　(a)의 staring은 행위를 나타내는 동명사로 불가산명사 취급을 하므로 복수형태가 될 수 없다. 따라서 starings는 staring이 되어야 한다.

race walker 경보 선수　**attract** 마음을 끌다　**stare** 응시하다　**exaggerate** 과장하다　**conventional** 전통적인　**tout** 홍보하다　**execute** 수행하다, 해내다　**properly** 제대로

정답　(a) starings → staring

49

해석

(a) 무작정 미래를 예견하는 분야에서 흔히 하는 농담은 '날아다니는 자동차들은 모두 어디에 있지?'라고 묻는 것이다. (b) 과거의 공상 과학 소설의 일부는 오늘날의 과학적 사실이 되었지만, 문제점은 여전히 그 세부적인 내용에 있다. (c) 우주 시대의 유명한 현자인 작가 아서 C. 클라크는 널리 알려진 대로 전자 통신 위성을 예언했다. (d) 예지력이 덜 발휘되었지만, 그는 새천년으로 넘어갈 때쯤 화성 착륙도 예견했다.

해설　(d)의 동사 foreseen은 foresee의 과거분사형으로, 한 문장에서 독립적인 술어의 역할을 할 수 없다. 화성 착륙이 예견된 것은 과거에 있었던 일이므로 foreseen을 과거형 foresaw로 바꾸어야 한다.

hit-or-miss 되든 안되든, 무작정의　**science fiction** 공상 과학 소설　**celebrated** 유명한　**sage** 현자　**space age** 우주 시대　**prophesy** 예언하다　**telecommun cations satellite** 통신 위성　**prescient** 선견지명이 있는　**foresee** 내다보다　**millennium** 천년

정답　(d) foreseen → foresaw

50

해석

(a) 향후 몇 년간 부진한 경기 회복과 경제 성장에 대한 예측에 직면하고 있는 미국인들은 미래에 대해 확신이 없다. (b) 일본의 거품 경기 이후의 소위 잃어버린 10년과 유사한 양상을 보이고 있다. (c) 그곳에서의 교훈은 소득과 자산의 더딘 가치 상승과 함께 최소한 가끔씩 조금이나마 더 싼 가격이 있다는 것이 다. (d) 그러나 전문가들은 각기 다른 경제에 대한 비교를 지나치게 해서는 안 된다고도 경고한다.

해설　all along은 '처음부터, 내내'라는 뜻이며 (c)의 all along with라는 표현은 없다. 내용상 '~와 함께, ~와 마찬가지로'라는 뜻의 along with가 알맞으므로 all을 삭제한다.

forecast 예측　**sluggish** 느릿한, 부진한　**parallel** 유사한 것　**so-called** 소위, 이른바　**asset** 자산　**appreciation** 가치 상승　**occasionally** 가끔　**glimmer** 희미한 빛, 암시　**comparison** 비교　**carry ~ too far** 도를 지나치다

정답　(c) all along → along

Practice Test 5

⇒P74

Part III

41 (b) having ⇨ doing
42 (b) news ⇨ the news
43 (d) by the way ⇨ anyway
44 (a) I ⇨ I would [또는 I'd]
45 (a) getting ⇨ get

Part IV

46 (d) human ⇨ humans
47 (b) processing ⇨ processed
48 (a) of ⇨ 삭제
    [또는 remodeling → the remodeling]
49 (d) It's ⇨ Its
50 (c) pointed ⇨ pointing

● Part III

41

해석
A: 여기 앉아 있는 동안에 무얼 알아냈는지 알아?
B: 이곳이 장사가 아주 잘 되고 있다는 거?
A: 그것도 그렇지만, 이곳에서 들려주는 음악이 좋다는 거야.
B: 아, 너 어반 힙합을 좋아하는구나.

해설 do good business는 '장사가 번창하다'는 숙어로 (b)의 have가 아닌 do가 와서 doing some great business가 되어야 한다. 지문에서는 good을 some great으로 대체하여 그 의미를 강조하였다.

notice 주목하다 **do business** 장사를 하다 **urban** 도시의

정답 (b) having → doing

42

해석
A: 어제 나한테 이메일로 보낸 그 사진은 전부 뭐야?
B: 내가 살고 있는 모습에다가 뉴스에 나온 사진들 몇 장이야.
A: 그 사진에 있는 연예인들은 한 명도 못 알아보겠어.
B: 그건 내가 그 사람들을 너에게 소개해 주려고 하기 때문이겠지.

해설 소식을 나타내는 추상적인 의미의 news는 관사 없이 쓸 수 있지만, 신문 및 방송을 통한 뉴스를 가리킬 때에는 정관사 the가 반드시 들어가야 한다. (b)에서는 의미상 뉴스에 나온 사진을 보낸 것이므로 news가 아닌 the news가 되는 것이 옳다.

a slice of life 인생의 한 단면 **recognize** 알아보다 **celebrity** 유명인, 연예인

정답 (b) news → the news

43

해석
A: 이런, 요즘 거울을 보면 내가 너무 말라 보여.
B: 정말 그렇게 생각해? 나는 항상 네가 그저 날씬하다고 생각했는데.
A: 그렇게 얘기해 줘서 고맙지만 살 좀 찌워야겠어.
B: 그래, 어차피 너는 키가 아주 크니까 나쁠 건 없을 것 같아.

해설 (d)의 by the way는 '그런데'의 뜻으로 대화에서 화제를 바꿀 때 쓰인다. 대화의 흐름상 '어쨌든, 어차피' 등의 뜻으로 앞에서 언급한 내용을 부연 설명하거나 정정할 때 쓰는 anyway로 바꾸는 것이 적절하다.

thinned out 마른 **slender** 날씬한

정답 (d) by the way → anyway

44

해석
A: 여기 도서관 카드 발급 신청을 하고 싶은데요.
B: 알겠습니다. 신분증하고 댁에서 받으신 우편물 두 개를 보여주세요.
A: 신용 카드 명세서나 전기 요금 고지서 같은 거요?
B: 그것도 괜찮습니다. 거주지를 증명해 주기만 하면 돼요.

해설 (a)의 like to는 '~하는 것을 좋아하다'는 의미로 문맥상 어색하다. '~하고 싶다'는 의미로 want to보다 공손한 표현인 would like to를 쓰는 것이 적절하다.

apply 신청하다 **prove** 증명하다 **residence** 거주지

정답 (a) I → I would [또는 I'd]

45

해석
A: 있잖아, 나는 주변을 거닐고 싶은 마음이 든 적이 없었어.
B: 두말하면 잔소리지. 나한테는 산책이 최고야.
A: 그래, 그 진가를 알아보려면 체험해 봐야 하는 거잖아.
B: 누군가의 주변 환경을 탐험하는 것. 나는 그렇게 표현하겠어.

해설 〈used to + 동사원형〉은 '~하곤 했다'의 의미로 would보다는 조금 더 규칙적인 과거의 습관적 행동을 말한다. 따라서 (a)의 used to getting이 아닌 used to get이 적절하다.

attraction 매력, 명소 **stroll** 산책하다 **preach** 설교하다 **appreciate** 인정하다 **explore** 탐구하다
* **preach to the choir**는 '필요 없는 설교를 하고 있다'는 의미로 '말할 필요가 없다, 두말하면 잔소리이다' 등으로 의역할 수 있다.

정답 (a) getting → get

● Part IV

46

해석
(a) 속담에도 나오는 자동차 헤드라이트 불빛에 사로잡힌 사슴 이야기는 운전자들에게 주는 주의 사항일 뿐만 아니라 동물학에 관한 가르침이기도 하다. (b) 사슴의 시력은 일출과 일몰의 희미한 불빛에서 활동하는 데 맞춰져 있다. (c) 자동차 헤드라이트 불빛이 사슴을 눈부시게 하면, 사슴은 말 그대로 앞이 보이지 않게 되고 눈이 익숙해질 때까지 기다려야 한다. (d) 또한, 사슴의 시력은 20/200으로 짐작되는데, 인간이 200미터에서 볼 수 있는 것을 사슴은 20미터에서 볼 수 있다는 것을 말한다.

해설 human은 '인간'을 의미하는 명사로 쓰려면 a human 혹은 humans가 되어야 한다. 특히 동물이나 기계와 비교할 때에 humans가 적절하므로 (d)의 human은 humans로 바꾸어야 한다.

proverbial 속담에도 나오는, 유명한　**caution** 경고　**motorist** 운전자
zoology 동물학　**adapt** 조정하다　**literally** 말 그대로　**adjust** 조정하다
***deer in the headlights**는 빨리 결정을 해야 하거나 예상치 못한 일이 생겨 어찌
할 바를 모를 때 그에 빨리 대응하지 못하는 것을 말한다.

정답　　(d) human → humans

47

해석

(a) 연방 정부는 3천만 명의 취학 아동을 대상으로 한 학교 급식 프로그램을
확대하고 규제하기 위한 개입에 나서고 있다. (b) 이런 움직임의 핵심은 지금
까지 배급하던 싸구려 가공식품을 보다 신선하고 영양가 높은 음식으로 대
체해야 한다는 것이다. (c) 이 의안은 교내에 설치된 자판기의 내용물에까지
그 지침을 정하고 있다. (d) 어쩌면 모순되는 점이지만, 이 자금의 대부분은
연방 식량 배급 프로그램에서 대체된 것이다.

해설　　process는 동사로서 foods를 꾸며주는 형용사 역할을 하므로
분사 형태가 되어야 한다. '가공된 식품'이란 뜻으로 foods와의 관계가 수동
이므로 (b)의 processing은 과거분사인 processed가 되어야 한다.

step in 개입하다　**expand** 확대하다　**rally** 결집하다　**hitherto** 지금까지
nutritious 영양가가 높은　**displace** 대체하다
*** food stamp** 정부에서 저소득층에 지급하는 식료품 할인 구매권

정답　　(b) processing → processed

48

해석

(a) 전문 요리사이기 때문에 하트 씨는 시간을 들여 부엌을 개조하는 데에 불
만은 없었다. (b) 그녀는 거실을 새로 꾸미느라 고생한 기억 때문에 좀 심드
렁했다. (c) 위아래가 6칸씩 된 창틀은 거의 100년 전에 만들어졌고 최초에
제작했던 공장은 오래전에 없어졌다. (d) 수 주일간 끊임없이 문의를 하고 차
로 주변을 돌아본 결과 집 앞쪽 창문을 대체할 적당한 창문을 찾아냈다.

해설　　remodel은 '～을 개조하다'는 뜻의 타동사로 목적어가 바로 와야
하기 때문에 (a)의 remodeling of에서 of를 생략하거나, remodeling을
명사로 본다면 그 뒤에 한정어구가 따르기 때문에 정관사 the를 첨가해서
the remodeling이 되어야 한다.

complaint 불평　**remodel** 개조하다　**enthusiastic** 열정적인　**recall** 상

기하다　**travail** 고생　**enquiry** 문의　**yield** (수익, 결과 등을) 내다　**suitable**
적절한　**substitute** 대체물

정답　　(a) of → 삭제 [또는 remodeling → the remodeling]

49

해석

(a) 벽으로 둘러 쌓인 마-다스쿠스 옛 시가지는 미로같이 복잡한 중세 시대의
좁고 구불구불한 거리와 골목을 간직하고 있다. (b) 이는 1만 년 이상 끊임없
이 사람이 살고 있는 세계에서 가장 오래된 거주지라고 말하는 도시에게 적
절해 보일 것이다. (c) 우마이야 대사원은 역사적 발자취에 대해 구체적으로
알려준다. (d) 그 장소는 고대 아시리아의 신전으로 시작되었고 이 다음에 로
마의 이교도 신전, 비잔틴 대성당, 성요한 대성당, 그리고 오늘날의 이슬람
사원으로 변천되었다.

해설　　(d)의 it's는 it is를 줄인 말로 〈주어 + 동사〉이다. 뒤에 동사
began과 함께 한 문장에 연결어 없이 동사가 두 개 있어 비문이다. The
Umayyad mosque를 받는 대명사로, '이 사원의 장소'로 해석되므로 소
유격 its가 적절하다.

retain 유지하다　**medieval** 중세의　**maze** 미로　**mosque** 이슬람 사
원　**concrete** 구체적인　**transition** 변하다, 바뀌다　**pagan** 이교도
cathedral 대성당

정답　　(d) It's → Its

50

해석

(a) 대학 연구원들은 영국 빅토리아 시대의 거의 모든 문학 전집을 통계적으
로 분석하기 위해 디지털 기술을 적용하고 있다. (b) 이 프로젝트는 그 시대
의 문화에 대한 전통적인 견해를 양적으로 재평가하려고 한다. (c) 일부 사전
조사 결과는 세속주의의 발흥을 시사하는 종교적 용어의 감소와 같은 오래
된 생각을 확인해 주고 있다. (d) 하지만 회의론자들은 문학적 해석은 핵심어
의 발생 빈도를 세는 것 이상이라고 경고하고 있다.

해설　　꾸며주는 명사와의 관계가 능동이면 현재분사, 수동이면 과거분사
이다. (c)에서 종교적 용어의 감소가 세속주의의 발흥을 나타내주기 때문에
능동의 의미로 pointed가 아닌 pointing이 되어야 한다.

statistically 통계적으로　**analyze** 분석하다　**corpus** 전집

quantitatively 양적으로　**reassess** 재평가하다　**preliminary** 예
비의　**terminology** 용어　**secularism** 세속주의　**skeptic** 회의론자
occurrence 발생

정답　　(c) pointed → pointing

Practice Test 6
⇒P76

Part III

41　(d) might ⇒ could

42　(a) got through on ⇒ on 삭제

43　(b) careful ⇒ careful of

44　(d) do ⇒ 삭제

45　(a) shining ⇒ shiny

Part IV

46　(c) which ⇒ where [또는 in which]

47　(b) best ⇒ the best

48　(b) commotion ⇒ commotions

49　(a) prospect ⇒ prospects
　　　　[또는 appear ⇒ appears]

50　(d) winning ⇒ a win

● Part III

41

해석

A: 네가 좋아하는 텔레비전 프로그램을 바탕으로 한 비디오 게임이야.

B: 아, 그 프로 정말 좋아. 비슷할지 궁금한 걸.

A: 누가 알겠어. 알고 싶으면 사야 할 것 같아.

B: 게임이 마음에 드는지 가게에서 시험적으로 해봤으면 좋겠는데.

해설　(d)의 might는 불확실한 추측을 하는 조동사로, 문맥상으로는 시험적으로 사용해 볼 수 있는지에 대한 가능성을 나타내는 의미의 조동사 could가 적절하다. 따라서 might를 가능성의 could로 바꿔야 한다.

based on ～에 기반을 둔　**try out** 시험적으로 사용해 보다

정답　(d) might → could

42

해석

A: 경치가 좋은 경로로 하이킹을 했어. 조금 가파랐지만 잘 해냈지.

B: 힘들지 않았어? 필요한 하이킹 장비는 전부 갖췄었어?

A: 응, 이 새 신발이 효과가 있었어. 외투에 긁힌 자국이 좀 났지만.

B: 그게 문제야. 안 그래? 사람들이 많이 다니는 길이라도 나뭇가지가 너무 많잖아.

해설　(a)의 get through는 문맥상 '경사가 가파라서 힘들었지만 결국 이겨내고 잘 해냈다'는 뜻으로 뒤에 바로 목적어가 온다. 따라서 뒤의 on은 불필요하므로 삭제해야 한다.

scenic 경치가 좋은　**steep** 가파른　**get through** 끝내다, 극복하다　**tough** 힘든　**do the trick** 효과가 있다

정답　(a) got through on → on 삭제

43

해석

A: 내가 기억하는 게 맞다면, 게리는 이 브랜드의 아이스크림을 정말 좋아해.

B: 아이구. 조심해야 하는 살찌는 디저트라니.

A: 늦은 밤 간식으로 진짜 맛있다는 걸 너도 부정할 수 없을 걸.

B: 나라면 매일 규칙적으로 먹지 않도록 조심하겠어.

해설　(b)의 to be careful은 앞의 명사 desserts를 수식하는 to부정사의 형용사적 용법이다. 따라서 수식을 받는 명사를 to부정사의 목적어로 놓았을 때 자연스럽게 이어져야 한다. be careful 뒤에 목적어가 있다는 가정을 하면 careful 뒤에 전치사 of가 와야 한다.

recall 기억하다　**fattening** 살찌게 하는　**deny** 부정하다　**late-night** 심야의　**ritual** 의례, 규칙적인 일

정답　(b) careful → careful of

44

해석

A: 길 아래에 있는 그 서점에 가봤어?

B: 응. 그런 초대형 서점인 줄 몰랐어.

A: 네 말이 맞는 것 같아. 거기에는 다양한 책들이 구비되어 있어.

B: 맞아. 아무것도 사지 않았는데, 아마 나중에는 살 거야.

해설　문장 내에서 중복을 피하기 위해 의사 전달이 가능한 범위 내에서는 동일한 단어나 어구를 생략할 수 있다. (d)의 I will 뒤에는 앞부분과 중복되는 get something을 생략할 수 있으므로 불필요한 do는 삭제해야 한다.

realize 깨닫다　**mega** 엄청나게 큰　**selection** 선택 가능한 것들

정답　(d) do → 삭제

45

해석

A: 세차장에 있던 사람들이 나에게 차를 어떻게 하면 그렇게 윤기 나게 할 수 있는지 물어봤어.

B: 그래서 뭐라고 대답했어? 트렁크에 가득 찬 청소 용품 때문이라고 했어?

A: 그냥 물로 씻어낸다고 했어. 그 사람들과 그런 이야기를 하고 싶지 않았거든.

B: 그렇구나. 이해가 된다. 네 비밀이 당분간은 보장될 것 같네.

해설　keep은 불완전 타동사로 목적어와 목적격 보어를 필요로 하는데, 목적격 보어는 목적어의 상태를 설명할 때 형용사가 되어야 한다. 따라서 (a)에서 my car의 상태를 설명해 주는 목적격 보어 shine은 형용사 shiny가 되어야 한다.

car wash 세차장　**trunkful** 트렁크 하나 가득　**rinse** 씻어 내다　**for now** 현재로는, 당분간은

정답　(a) shine → shiny

● Part IV

46

해석

(a) 대자연은 모험을 하게 해 주지만, 그런 모험과 함께 해를 입을 수 있는 위험성도 있다. (b) 국립 공원은 종종 비극적인 상황에 처할 수 있는 고된 도전을 하게 한다. (c) 보트타기와 수영, 하이킹은 위험 요소를 과소평가하면 대단히 심각한 결과를 가져올 수 있는 활동이다. (d) 그러나 해마다 공원에 오는 수백만 명의 방문객을 고려해 본다면, 어쩌면 통계적으로는 일상적인 생활을 할 때 보다 훨씬 더 위험하다고는 할 수 없다.

해설　문법적으로 관계부사 또는 이를 대신할 수 있는 〈전치사 + 관계대명사〉 뒤의 문장은 완벽하다. (c)에서 관계대명사 which 뒤의 underestimating the dangers can have dire consequences는 주어, 동사, 목적어를 다 갖춘 완벽한 3형식 문장으로, 불완전한 문장을 이끄는 관계대명사 which가 아닌 where 또는 in which가 되어야 한다.

along with ～와 함께　**come into harm's way** 피해를 입다　**rugged** 험난한　**end up** 결국 (어떤 처지에) 처하게 되다　**tragedy** 비극　**underestimate** 과소평가하다　**dire** 대단히 심각한　**consequence** 결과　**statistically** 통계적으로

정답　(c) which → where [또는 in which]

47

해석

(a) 1991년 어부들의 작은 술집으로 초라한 시작을 한 앤디의 해산물 식당은 고객의 요구에 부응하기 위해 사업을 확장했습니다. (b) 저희는 인근에서 잡은 가장 신선한 해산물과 주변의 가장 좋은 재료를 사용하기 때문에 여러분이 기분 좋은 식사를 하게 될 것을 확신합니다. (c) 저희는 양심적으로 자연환경을 파괴하지 않고 생태계를 보존하며 생산품을 얻습니다. (d) 또한 구비된 와인은 매우 맛있는 저희 음식과 완벽하게 어울릴 것을 확신하셔도 좋습니다.

해설　(b)의 best는 명사 ingredients를 수식하는 형용사의 최상급이므로 그 앞에 the를 써야 한다. 따라서 best는 the best가 되어야 적절하다.

humble 겸손한, 초라한　**expand** 확장하다　**locally** 가까이에, 근처에　**ingredient** 성분, 재료　**dining** 식사　**conscientious** 양심적인, 성실한　**acquire** 획득하다　**sustainably** (자연환경 파괴 없이) 지속적으로　**ecologically** 생태학적으로　**delectable** 아주 맛있는

정답　(b) best → the best

48

해석

(a) 번즈 카페에서는 대충 힐끗 봐도 커피를 마시면서 나누는 유쾌한 대화는 쉽게 가질 수 없다는 것을 알 수 있다. (b) 거의 아무도 주변의 도시 환경에서 벌어지는 많은 소란에 잠깐 이상 눈을 두지 않는다. (c) 조용한 관심의 주된 초점은 컴퓨터 화면을 통해 볼 수 있는 가상 세계이다. (d) 매장 안의 표지판이 노트북이 없는 구역으로 작은 공간을 따로 마련했다는 것을 확실히 알려주고 있다.

해설 (b)의 any number of는 '많은, 얼마든지'의 뜻으로 뒤에는 복수명사가 이어져야 한다. 그러므로 commotion의 복수형인 commotions가 적절하다.

cursory 대충하는, 피상적인 **brisk** 빠른 **briefly** 잠시 **commotion** 소란 **urban** 도시의 **virtual** 가상의 **assure** 장담하다 **zone** 구역

정답 (b) commotion → commotions

49

해석

(a) 경제 성장에 관한 모든 화제들에 비해 중국에서 급증하고 있는 대학 졸업자에 관한 전망은 전혀 확실해 보이지 않는다. (b) 대부분의 경제 성장은 사무직보다는 육체노동 부문에서 이루어졌다. (c) 임금 인상 또한 비교적 몇 안 되는 새로운 지식 기반 직업에서라기보다는 육체 노동을 하는 직업 범주 내에서 주로 이루어졌다. (d) 반면에 경영과 서비스 부문은 다른 경제와 비교해서 여전히 저개발 상태이다.

해설 주어-동사 수 일치 문제이다. (a)에서 주어는 the prospect이고 동사는 appear로, 주어가 단수 형태로 the prospect가 되려면 동사는 appears가 되어야 하고 동사가 appear가 되려면 주어는 복수인 the prospects가 되어야 한다.

* **prospect**는 '(어떤 일이 있을) 가능성 또는 예상'의 의미일 때는 단수로 쓰이고, '(성공할) 전망'의 뜻일 경우에는 복수형으로 쓰인다.

burgeon 급성장하다 **surge** 급증, 급등 **manual labor** 육체 노동 **sector** 부문 **wage raise** 임금 인상 **relatively** 비교적

정답 (a) prospect → prospects [또는 appear → appears]

50

해석

(a) 비가 와서 양 팀이 경기를 중단을 하고 점심을 먹기 전에 경기는 오전 시간에 57분간만 가능했다. (b) 그러나 그 짧은 경기 시간 동안, 주최국인 스리랑카는 전날 기록인 296점에 43점을 추가했다. (c) 아잔타 헤라스는 힘들어하는 호주 투수의 27개 공에서 타자 3명을 아웃시키고 13점을 따냈다. (d) 관중은 홈팀이 두 번째 연속 무승부가 될 지 모르는 경기에서 승리를 거둘 수 있을지 지켜보고 있는 동안 궂은 날씨는 계속되고 있다.

해설 snatch는 타동사이므로 바로 뒤에 명사를 목적어로 취한다. 따라서 (d)의 winning은 명사인 a win으로 수정해야 한다.

adjourn 중단하다 **grab** 붙잡다 **laboring** 고통을 겪고 있는 **bowler** (크리켓) 투수 **inclement** 좋지 못한 **loom** 나타나다 **spectator** 관중 **snatch** 잡아채다 **consecutive** 연이은 **draw** 무승부

정답 (d) winning → a win

Part III

41 (b) wise idea ⇒ a wise idea

42 (a) dealing ⇒ deal

43 (d) all ⇒ too

44 (c) load ⇒ loads [또는 a load]

45 (c) up ⇒ out

Part IV

46 (a) as ⇒ 삭제

47 (c) these ⇒ this

48 (d) was ⇒ is

49 (b) the public education ⇒ the 삭제

50 (c) Brushing ⇒ Brushed

● Part III

41

해석

A: 붐빌 걸 감안해서 예약해 놓자.

B: 현명한 생각인 것 같네. 몇 명으로 할까?

A: 글쎄, 아직 모르잖아. 혹시 모르니까 4명이라고 하자.

B: 그래. 그보다 덜 간다고 해서 아무도 해를 입지는 않겠지.

해설 '생각, 발상' 등의 뜻인 idea는 가산명사이므로 (b)의 wise idea 앞에 부정관사 a를 붙여 a wise idea로 수정해야 한다.

make a reservation 예약을 하다 **put down** 적다

정답 (b) wise idea → a wise idea

42

해석

A: 최근에 무역 협정이 성사되었다는 거 들었어?
B: 그래서 결국 관련된 모든 세부 사항까지 타결을 본 거야?
A: 양쪽 다 안 하는 것보다는 하는 편이 더 이롭다고 생각한 것 같아.
B: 자유 무역란에 하나 더 추가되는 거네.

해설 deal은 '거래'의 의미 이외에 '협정, 담합'이라는 뜻이 있고, dealing은 '매매, 거래'의 의미이다. 양측이 합의해서 타결되었고 자유 무역에 포함된다고 한 점으로 미루어 보아 (a)의 trade dealing은 무역 협정, 즉 trade deal로 바꾸어야 한다.

trade 무역, 거래 **dealing** 거래 **go through** 통과되다, 성사되다 **hammer out** (끝까지 논의하여) 타결을 보다

정답 (a) dealing → deal

43

해석

A: 거리에서 차를 전속력으로 몰아 봤니?
B: 아니. 아직 속도에 대한 욕구를 진정으로 충족시키지 못했어.
A: 이번 주말에 고속도로에 드라이브 나갔던 건 어땠어?
B: 갔었는데 진짜 재미있기에는 길이 너무 꽉 막혔어.

해설 〈too + 형용사 + for + 명사〉는 '(명사) 상태에 있을 수 없을 만큼 너무 (형용사)하다'는 뜻으로 지문에서는 '진정한 재미를 느끼기에는 길이 너무 막혔다'는 의미가 된다. 그러므로 (d)의 all은 too로 바꾸어야 적절하다.

get around to ~까지도 하다 **put the pedal to the metal** 차를 전속력으로 몰다

정답 (d) all → too

44

해석

A: 이봐, 한스. 내일 3시쯤 만나는 거 어때?
B: 아, 그거 말이야. 여행에 대해서 다시 생각해 보니 마음이 바뀌었어.
A: 정말? 왜? 너랑 거기 가면 정말 재미있을 거야.
B: 어제 곰곰이 생각해 봤는데 이번 여행은 빠지기로 했어.

해설 a load of는 a lot of와 같이 '많은, 충분한'의 뜻을 지니며 복수형 loads of로도 쓸 수 있다. 따라서 (c)의 load 앞에 a를 추가하여 a load of fun이나 복수형 loads of fun으로 바꿔야 한다.

meet up (약속을 하여) 만나다 **have second thoughts** 다시 생각한 후 마음을 바꾸다 **think over** 심사숙고 하다 **sit out** 빠지다

정답 (c) load → loads [또는 a load]

45

해설

A: 대련, 원한다면 이 연주회 표 줄게.
B: 그거 어떻게 구했어? 너는 왜 안 가는데?
A: 회사에서 무료로 나눠줬는데 나는 시간이 안돼.
B: 고마워. 같이 갈 사람을 찾을 수 있는지 알아봐야겠다.

해설 (c)의 gives them up은 '그것들을 포기한다'는 뜻으로, 대화의 내용상 맞지 않다. '무언가를 많은 사람에게 나눠 주다'는 의미로 give out을 쓸 수 있으므로, gives them up을 gives them out으로 바꾸어야 한다.

come by 구하다 **give up** 포기하다

정답 (c) up → out

⬤ Part IV

46

해석

(a) 미국의 높은 의료비 지출과 낮은 장수 순위 간의 격차 속에서 논란이 계속되고 있다. (b) 일부 연구원들은 의료 서비스의 비효율성이 그 주요 원인이라고 결론을 내린다. (c) 다른 사람들은 나쁜 식습관과 흡연과 같이 건강에 해로운 생활 방식을 택하고 있는 것을 간과하는 것이 원인이라고 한다. (d) 비만은 다른 국가들에서와 마찬가지로 빠르게 증가하고 있지만 의료비에 있어서는 그렇지 않다.

해설 as는 전치사, 접속사, 부사로 쓰이는데, as가 전치사로 쓰이면 뒤에 명사가 와야 하고, 접속사로 쓰이면 절과 절 또는 단어나 구를 이어주어야 하며, 부사로 쓰이면 '~하는 것과 같이'로 해석되어야 한다. (a)의 as는 세 가지 중 어디에도 해당하지 않으므로 불필요하다.

controversy 논란 **disparity** 차이, 격차 **spending** 지출 **healthcare** 건강 관리, 의료 **longevity** 장수 **inefficiency** 비효율 **overlook** 간과하다 **obesity** 비만

정답 (a) as → 삭제

47

해석

(a) 통념에 의하면 박물관은 후손을 위해 수집을 하고 이 수집물을 보존하도록 되어 있다. (b) 대중이 잘 모르는 사실은 이런 기관들이 종종 재정상의 이유로 어떤 유물들을 싸게 팔아 치우기도 한다는 것이다. (c) 공공 박물관의 지침에서조차 운영비로 칭하는 비용을 감당하기 위해 이를 감안하고 있다. (d) 여기에는 전기세, 난방비, 습도 조절비와 같은 유지비가 포함될 수 있다.

해설 내용상 (c)의 these가 지시하고 있는 것은 앞에 나온 the fact이다. the fact는 단수이기 때문에 복수를 지시하는 these가 아닌 this가 적절하다.

common wisdom 일반적인 지식, 통념 **preserve** 보존하다 **posterity** 후세 **sell off** 싸게 팔아 치우다 **artifact** 유물 **allow for** 감안하다 **operational** 운영상의 **upkeep costs** 유지비 **humidity** 습도

정답 (c) these → this

48

해석

(a) 우주를 이루는 화학 원소들 중에서 과학자들은 우리가 알고 있는 대로 생물체를 구성하는데 필수적인 몇 가지를 증명했다. (b) 탄소 기반 생물체에 대해 논할 때 다른 중요한 요소로는 산소, 질소, 수소, 인, 황을 들 수 있다. (c) 분자 수준에서 이 여섯 가지를 대체할 수 있는 화학 물질은 없다고 여긴다. (d) 규소 기반 생물체에 대한 감질나는 개념은 아직까지 공상 과학 소설에나 나올 법하다.

해설 silicon-based life는 아직까지 규명되지 않았고 현재는 공상 과학 소설에나 나올 수 있다고 했으므로 (d)의 was는 과거형이 아닌 현재형 is가 적절하다.

element 원소 **make up** 형성하다 **speak of** ~관하여 말하다, 증명하다 **carbon** 탄소 **nitrogen** 질소 **hydrogen** 수소 **phosphorus** 인 **sulfur** 황 **substitute** 대체물 **molecular** 분자의 **tantalize** 감질나게 하다 **notion** 개념 **silicon** 규소 **as yet** 아직까지

정답　(d) was → is

49

해석　(a) 국립 학교의 등록금을 인상시키는 것은 불행히도 구시대의 상아탑 사고 방식으로 돌아가는 것이다. (b) 사립 학교에 대해서는 적절할지 모르지만, 공교육의 온전한 참뜻에는 위배되는 것이다. (c) 학자금 융자나 장학금에 의존하는 학생들이 일을 해야 한다는 부담을 갖게 될지도 모른다. (d) 그러나 이것이 공부를 잘 해야 할 학생으로서 동기 부여가 반드시 덜 될 것이라는 것을 뜻하지는 않는다.

해설　(b)의 public education은 추상명사로 지문에서 특정 공교육을 언급한 것이 아니라 일반적인 공교육을 말하고 있으므로 the는 생략해야 한다.

tuition 등록금　**ivory-tower** 상아탑　**private institution** 사립 기관　**anathema** 절대 반대하는 것　**rely on** 의존하다　**burden** 부담을 지우다

정답　(b) the public education → the 삭제

50

해석　(a) 사람들을 다시 일하게 하기 위한 현대의 필요성을 들어 켄터키 주지사는 노아의 방주 테마파크를 후원하고 있다. (b) 창조 박물관이 적어도 주 정부 세금 우대 조치를 얼마간 받은 후 이곳은 이 주에서 성경을 바탕으로 한 두 번째 볼거리가 될 것이다. (c) 많은 사람들이 사용하는 이런 공원이 교회와 주 정부가 분리되어야 한다는 법정 규정에 위배된다는 비판은 무시되고 있다. (d) 이 공원은 일자리를 창출하기 위한 것이지 천지창조설을 홍보하는 것이 아니라는 주장이다.

해설　(c)의 Brushing aside are comments는 comments are brushed aside의 도치로, '말이 무시되고 있다'는 수동의 의미이므로 Brushing을 Brushed로 바꿔야 한다.

cite (이유를) 들다　**modern-day** 현대의　**governorship** 지사　**tax break** 세금 우대 조치　**brush aside** 무시하다　**go against** 위배되다　**constitutional** 헌법의　**assertion** 주장　**promote** 홍보하다　**creationism** 천지창조설

정답　(c) Brushing → Brushed

Practice Test 8

⇨ P80

Part III

41　(d) taste ⇨ tastes
42　(b) made ⇨ made it
43　(c) cramping ⇨ being cramped
44　(c) wait ⇨ a wait
45　(a) mentioned ⇨ mention

Part IV

46　(c) convenient ⇨ convenience
47　(a) lumbering ⇨ lumber
48　(d) latitude ⇨ latitudes
49　(c) for the centuries ⇨ the 삭제
50　(b) saw ⇨ sees

● Part III

41

해석
A: 아, 이거 봐. 저 사람들 정원에는 사과나무가 있어.
B: 실제로 사과를 따고 있네. 저 사람들 얼마나 편리할까.
A: 도시 한가운데에 자기만의 과수원이 있는 것 같아.
B: 계속 주기만 하는 선물이네. 맛있는지 궁금한 걸.

해설　주어-동사 수 일치 문제이다. (d)의 if절의 주어 it이 3인칭 단수이므로 taste가 아닌 tastes가 적절하다.

actually 실제로　**orchard** 과수원

정답　(d) taste — tastes

42

해석
A: 내 전화기는 이동 기기용 검색 엔진을 사용해.
B: 맞아. 특별히 그 용도로 만들었더라.
A: 더 빠른 다운로드를 위해 간소화시켰더라고.
B: 바로 그거야. 그리고 작은 화면에 맞게 디자인도 더 간단해.

해설　(b)의 make는 타동사이므로 목적어를 필요로 한다. 내용상 목적어는 a mobile version of the search engine으로 이를 대명사 it으로 받아 made를 made it으로 바꿔야 한다.

search engine 검색 엔진　**especially** 특별히　**purpose** 목적　**streamline** 간소화하다

정답　(b) made → made it

43

해석
A: 스포트라이트 재즈 클럽은 거의 매일 공연이 줄지어 있어.
B: 공연이 8시쯤 시작한다고 했지?
A: 맞아. 장소는 비좁지 않고 아늑해.
B: 어떤지 가볼지도 모르겠어. 음향 시설이 좋기를 바라기는 하지만.

해설　(c)의 cramp는 동사로 '막다'의 뜻이고, cramped는 형용사로 '비좁은'의 의미이므로 내용상 cramped가 자연스럽다. 전치사 without 뒤에 이어지려면 명사(구)가 와야 하는데, cramped는 형용사이므로 이를 명사화 하기 위해 동명사 being cramped 로 바꾼다.

line up 줄을 서다　**performance** 공연　**venue** 장소　**cozy** 아늑한　**cramped** 비좁은　**acoustics** 음향 시설

정답　(c) cramping → being cramped

44

해석
A: 이번 주말에 네가 얘기했던 뷔페식당에 가보자.
B: 말해두는데, 꽤 붐비니까 기다려야 할지도 몰라.
A: 그러면 아마 다른 곳으로 가야 할 수도 있겠네. 대략 얼마나 기다려?
B: 아마 30분. 그렇지만 점심시간이 지나면 좀 나아져.

해설　'기다림, 기다리는 시간'을 뜻하는 wait은 가산명사로 여기서는 단수로 쓰였기 때문에 (c)의 wait 앞에 부정관사 a가 와야 한다.

mention 언급하다　**get better** 호전되다

정답　(c) wait → a wait

45

해석
A: 내가 간식 얘기하면 얘 눈이 얼마나 반짝거리는지 봐봐.
B: 어머나. 어쩜 그렇게 걔를 계속 놀릴 수가 있어?
A: 나도 어쩔 수가 없어. 너무 재미있는 걸. 결국 하나 주긴 할거야.
B: 인간과 개. 그 긴밀한 유대감은 계속되겠군.

해설　현재 일어나고 있는 일어 관한 대화이므로 (a)의 mentioned는 주어가 1인칭임을 고려하여 현재 시제 mention으로 바꿔야 한다.

mention 말하다　**carry on** 계속하다　**tease** 놀리다　**man's best friend** 개

정답　(a) mentioned → mention

● Part IV

46

해석
(a) 통합된 디지털 가판대의 새로운 패러다임은 여러 프랑스 신문사와 잡지사가 공동으로 계획하고 있다. (b) 광고비로 지불되는 독자들의 무료 이용 권한은 더 이상 성장할 수 있는 사업 모델이 아니라는 것이 증명되고 있다. (c) 이 계획은 편의성과 부가 가치를 얻기 위해 중앙 포털 사이트를 만든다는 것이다. (d) 주요 뉴스는 무료지만 그 이상의 기사를 읽으려면 구독을 통해서만 가능하다.

해설　전치사 뒤에는 명사(구)가 와야 한다. (c)의 convenient and added value는 내용상 '편의성과 부가 가치'라는 의미이므로, 형용사 convenient가 for 뒤에 이어지려면 명사 convenience가 되어야 한다.

paradigm 전형적인 예, 패러다임　**newsstand** 가판대　**jointly** 공동으로　**periodical** 정기 간행물　**viable** 실행 가능한, 성장할 만한　**added value** 부가 가치　**subscription** 구독

정답　(c) convenient → convenience

47

해석
(a) 유니언 서던의 오래된 화물 열차는 여전히 오래된 창고 지구의 선로를 육중하게 달린다. (b) 낡은 벽돌 건물은 이제 예술가의 작업실이나 아파트 로프트로 개조되었다. (c) 이곳은 샬롯의 오래된 공업 지대에 있는 새로운 웹스터 아트 지구이다. (d) 과거 도축장이던 이곳은 이제 소형 양조장과 미술관 시설이 되었다.

해설　한 문장에는 술어의 역할을 하는 최소 한 개의 동사가 있어야 하는데, (a)는 술어의 역할을 할 수 있는 동사가 없으므로 비문이다. 바르게 고치기 위해서는 lumbering을 주어와 시제에 맞게 술어로 바꾸면 된다. 지문의 내용이 현재의 사실이나 상태에 대한 것이므로 현재 시제를 쓰며, 문장의 주어는 trains이므로 lumber로 바꾼다.

freight 화물　**lumber** 쿵쿵 걷다, 육중하게 움직이다　**warehouse** 창고　**rundown** 허름한　**renovate** 개조하다　**loft** 예전의 공장 등을 개조한 아파트　**slaughterhouse** 도축장　**microbrewery** 소형 양조장

정답　(a) lumbering → lumber

48

해석
(a) 세계의 삼림은 그 기후와 특징에 따라 3개의 광범위한 종류로 분류된다. (b) 열대림은 따뜻하고 습하며 나무가 빽빽하고, 새와 곤충 그리고 박쥐가 많이 살고 있다. (c) 온대림은 겨울철이 있고 토끼, 사슴, 늑대, 곰과 같이 더 큰 포유동물들이 있다는 것이 그 특징이다. (d) 북쪽 수림대는 북반구 지역의 더 추운 기후에 있고 식물이 성장할 수 있는 기간이 짧다.

해설　(d)의 latitude는 '위도'라는 뜻이고 그 복수형인 latitudes는 '(위도상으로 본) 지역'을 의미한다. 지문에서는 북쪽 지역을 말하고 있으므로 latitude를 복수형인 latitudes로 바꿔야 한다.

forest 숲, 삼림　**categorize** 분류하다　**climate** 기후　**dense** 밀집한　**inhabit** 거주하다　**temperate** 온화한　**feature** 특징으로 삼다　**mammal** 포유동물　**boreal** 북녘의　**the northern latitudes** 북반구 지역

정답　(d) latitude → latitudes

49

해석
(a) 오늘날 우리가 현대적이라고 여기는 대부분은 과거 1800년대에도 존재했다고 말할 수 있다. (b) 독일 철학자 니체는 널리 알려진 대로 절대적 믿음의 낡은 의미인 기독교가 과거의 것이라고 생각했다. (c) 하지만 의심 없이 받아들여지는 신학의 유산은 아마 수세기 동안 존속될 것이라는 것 또한 인정했다. (d) 역사가들은 자유에 대해 이야기하지만, 줄곧 사회에 반영되어온 대로 이런 현대적 감성의 고뇌에 대해서도 이야기한다.

해설　(c)에서 centuries는 특정 기간을 의미하고 있지 않기 때문에 정관사 the가 불필요 하다. for the centuries에서 the를 제외한 for centuries가 적절하다.

philosopher 철학자　**ponder** 깊이 생각하다　**absolute** 절대적인　**belief** 신념, 믿음　**admit** 인정하다　**legacy** 유산　**unquestioned** 의심할 수 없는　**theology** 신학　**persist** 지속되다　**for centuries** 수세기 동안　**historian** 역사가　**angst** 불안, 고뇌　**sensibility** 감성　**reflect** 비추다, 반영하다

정답　(c) for the centuries → the 삭제

50

해석
(a) 가장 인기 있는 국가에서 유학생 시장은 수십억의 가치에 이른다고 추정된다. (b) 한 나라의 손실이 다른 나라의 이득으로 돌아오는 시장에서 호주는 입학생 수에서 감소세를 보이고 있다. (c) 또한 향후 학위 취득 희망자 수의 지표가 되는 초급 영어 어학 과정의 신입 유학생 수도 상당히 줄었다. (d) 학생 비자 비용과 재정 요건에 경쟁력이 없는 것을 그 주요 원인으로 들고 있다.

해설　전체적으로 일반적인 사실을 설명하고 있으므로 (b)의 saw를 현재 시제로 바꾸어야 한다. 주어 loss는 3인칭 단수이므로 sees가 적절하다.

estimate 추정하다　**witness** 목격하다　**enrollment** 입학　**indicator** 지표　**candidate** 후보자　**significantly** 상당히　**requirement** 필요한 것, 요건　**contribute** 원인이 되다

정답　(b) saw → sees

Actual Test 청해

⇒ P84

Part I

1 (c)	2 (d)	3 (a)	4 (b)	5 (c)	6 (b)
7 (a)	8 (d)	9 (b)	10 (c)	11 (b)	12 (d)
13 (a)	14 (c)	15 (b)			

Part II

16 (d)	17 (c)	18 (b)	19 (d)	20 (a)	21 (c)
22 (b)	23 (a)	24 (d)	25 (c)	26 (a)	27 (d)
28 (b)	29 (a)	30 (c)			

Part III

31 (d)	32 (b)	33 (a)	34 (d)	35 (b)	36 (c)
37 (a)	38 (d)	39 (b)	40 (c)	41 (b)	42 (d)
43 (a)	44 (c)	45 (b)			

Part IV

46 (c)	47 (d)	48 (b)	49 (a)	50 (c)	51 (a)
52 (b)	53 (d)	54 (c)	55 (a)	56 (b)	57 (d)
58 (b)	59 (d)	60 (c)			

1

W: Hi. Could I speak to accounting, please?

M: ___________________________

(a) You may speak up.
(b) Be right with you.
(c) Just one moment.
(d) Let me count you in.

해석

W: 안녕하세요. 회계부서와 통화할 수 있을까요?

M: ___________________________

(a) 더 크게 말해도 돼요.
(b) 당신에게 금방 갈게요.
(c) 잠시만 기다려 주세요.
(d) 당신도 끼워 줄게요.

정답분석 전화통화를 하는 상황이다. 여자는 회계부서와 통화하고 싶다고 했으므로 잠시 기다리면 연결시켜 주겠다는 의미의 (c)가 자연스럽다.

accounting 회계부서   **speak up** 더 크게 말하다   **count in** 포함시키다

2

M: Kelly. Will you be staying with us?

W: ___________________________

(a) Only if I will.
(b) You're most welcome.
(c) If that's his plan.
(d) I should get going.

해석

M: 켈리, 저희와 함께 더무르실 건가요?

W: ___________________________

(a) 제가 할 경우만요.
(b) 당신은 대환영이에요.
(c) 그게 그의 계획이라면요.
(d) 그만 가봐야겠어요.

정답분석 미래 진행형을 사용하여 호텔 등에서 앞으로 머무를 계획이 있는지 묻고 있다. 여자가 머물지 않겠다는 의미로 가봐야겠다고 대답한 (d)가 가장 자연스럽다.

stay with ~에 묵다   **most** 대단히

3

W: I would recommend watching that show.

M: ___________________________

(a) I've already seen it.

(b) It's been a while.
(c) Have not been there.
(d) Didn't notice it much.

해석

W: 그 공연 한번 보세요.

M: ___________________________

(a) 벌써 봤어요.
(b) 한참 되었어요.
(c) 거기는 안 가봤어요.
(d) 별로 알아차리지 못했어요.

정답분석 특정 공연 관람을 권하는 여자의 말에 남자는 그 공연을 이미 보았다고 대답한 (a)가 가장 적절하다. (c)는 특정 장소에 방문한 경험이 있는지를 물었을 때 적합한 응답이다.

recommend 추천하다   **notice** 의식하다

4

M: The writing in this paper is really coming along.

W: ___________________________

(a) Could you take a look at it?
(b) I'd say it's getting there.
(c) I didn't quite start yet.
(d) It wasn't coming to me.

해석

M: 이 논문의 글이 잘 진행되고 있어요.

W: ___________________________

(a) 좀 봐주시겠어요?
(b) 목표에 도달해 가고 있는 것 같네요.
(c) 아직 시작도 안 했는걸요.
(d) 생각나지 않았어요.

정답분석 come along이란 일 등을 처리해 나간다는 뜻으로 글이 잘 진행되어 '목표에 도달해 가고 있다'라는 (b)가 응답으로 알맞다. get there이란 '목표에 도달하다'라는 의미이다.

writing 글   **come to** (생각이) 나다

5

W: What does Morgan think about it?

M: ______________________________

(a) He was in the meeting.
(b) Seems he doesn't.
(c) I think he's in favor.
(d) The idea wasn't his.

해석

W: 모건은 그것에 대해 어떻게 생각해요?

M: ______________________________

(a) 회의에 참석했어요.
(b) 그는 그렇지 않은 것 같아요.
(c) 그는 찬성하는 것 같아요.
(d) 그건 그의 의견이 아니에요.

정답분석 what do you think about은 상대방의 의견을 물을 때 사용된다. 질문에서는 제3자인 모건의 의견을 묻고 있으므로 그가 찬성하고 있는 것 같다고 의견을 말해주는 (c)가 가장 적절하다.

meeting 회의 **in favor** 찬성하다

6

M: Let's go over this again to be on the same page.

W: ______________________________

(a) No thanks. I already read it.
(b) Sure. Let's take it point by point.
(c) It's definitely not your call.
(d) How did you do it before?

해석

M: 동의하기 위해 다시 검토해 봅시다.

W: ______________________________

(a) 괜찮아요. 벌써 읽었어요.
(b) 물론이지요. 하나하나 짚어가며 봅시다.
(c) 이건 확실히 당신 소관이 아니에요.
(d) 전에는 어떻게 했어요?

정답분석 be on the same page란 상황을 상대와 동일하게 보거나 해결 방법에 대해 동의한다는 뜻이다. 남자는 계약서 조항에 모두 동의하는지 재검토 해보자고 제안했고, 이에 여자는 자세히 보자고 한 (b)가 자연스럽다. (c)는 당신이 관여할 사항이 아니라는 의미이다.

go over 검토하다 **point by point** 하나하나 **definitely** 확실히

7

W: People are all flocking to this place.

M: ______________________________

(a) Looks like it's all packed.
(b) Let's wait for it to finally open.
(c) This was our last choice.
(d) It's still too early to open.

해석

W: 사람들이 모두 이곳으로 모여들고 있어요.

M: ______________________________

(a) 전부 꽉 찬 것 같은데요.
(b) 다 열릴 때까지 기다립시다.
(c) 이것이 우리의 마지막 선택이었어요.
(d) 문 열기엔 아직 일러요.

정답분석 사람들이 한 장소로 떼지어 모이고 있는 상황으로, 남자는 그 장소에 모인 사람들로 그곳이 꽉 찬 것 같다고 답한 (a)가 흐름상 가장 자연스럽다.

flock 모이다 **packed** 꽉 들어찬 **choice** 선택

8

M: I thought Abbey was great in her performance.

W: ______________________________

(a) It wasn't our first time, either.
(b) I don't see how you could miss it.
(c) It really took her by storm.
(d) She was really in the moment.

해석

M: 애비가 공연을 잘 한 것 같아요.

W: ______________________________

(a) 우리가 처음 한 것도 아닌데요.
(b) 당신이 어떻게 그걸 놓쳤는지 이해가 안가요.
(c) 그건 정말 그녀의 마음을 사로잡았어요.
(d) 그녀는 정말 그 순간에 집중했어요.

정답분석 in the moment는 그 순간에 집중했다는 의미이다. 남자는 애비의 공연이 대단했다고 하자 애비가 그 순간에 집중해서 공연을 했다고 응답한 (d)가 적절하다. (c)는 She really took me by storm이라고 했을 경우에 답이 될 수 있다.

performance 공연 **take by storm** 마음을 사로잡다

9

W: I wonder what this item goes for.

M: ______________________________

(a) I guess it's up to you.
(b) There's no tag on it.
(c) Many customers ask for it.
(d) It's been a hot seller.

해석

W: 이 물건이 얼마인지 궁금해요.

M: ______________________________

(a) 그건 당신에게 달린 것 같아요.
(b) 가격표가 안 붙어 있네요.
(c) 많은 손님들이 그 상품을 찾아요.
(d) 그건 많이 팔리는 상품이에요.

정답분석 가격을 알고 싶다는 말에는 가격을 알려주거나 모르겠다는 응답이 적합하다. 따라서 가격표가 달려있지 않아 가격을 모르겠다는 (b)가 가장 적절하다.

go for 판매 가격이 ~이다, 얼마에 팔린다 **up to** ~에게 달려 있는 **tag** 가격표
customer 고객 **hot seller** 잘 팔리는 것

10

M: The notice should have come in the mail.

W: _______________________

(a) I didn't check my email yet.
(b) Funny that I never noticed it.
(c) It came yesterday, in fact.
(d) That never crossed my mind.

해석

M: 통지서가 우편으로 왔어야 하는데요.

W: _______________________

(a) 아직 이메일을 확인하지 않았어요.
(b) 제가 알아채지 못했다니 이상하네요.
(c) 사실 어제 왔어요.
(d) 그건 생각하지도 못했어요.

정답분석 우편으로 배달될 통지서를 기다리면서 나누는 대화이다. 통지서가 이미 도착했어야 하는데 아직 받지 못했다는 말에 사실 어제 도착했는데 미리 알려주지 못했다는 (c)가 가장 자연스럽다. (a)와 (b)는 각각 mail과 notice를 이용한 함정이다.

notice 통지 **funny** 재미있는, 이상한 **cross one's mind** 생각이 떠오르다

11

W: Do you hold office hours tomorrow, professor?

M: _______________________

(a) Sure. I can drop in at that time.
(b) Yes. Stop by in the afternoon.
(c) Well, I'll be there from time to time.
(d) You can see me in my office.

해석

W: 교수님, 내일 사무실 여시나요?

M: _______________________

(a) 물론이지요. 그때 잠시 들를 수 있어요.
(b) 네. 오후에 잠시 들르세요.
(c) 글쎄요. 거기에 가끔 있을 거예요.
(d) 저를 사무실에서 만날 수 있어요.

정답분석 교수는 주로 강의실이나 실험실에 있기 때문에 **office hour**라는 사무실에서 근무하는 시간을 따로 정해놓는다. 여자는 교수님에게 내일 사무실에서 근무하는 시간이 있는지를 물었고 오후에 들르면 된다고 답한 (b)가 가장 자연스럽다.

office hour 근무시간 **drop in** 잠깐 들르다 **stop by** 잠깐 들르다 **from time to time** 가끔

12

M: Hello, folks. I'll be your waiter for today.

W: _______________________

(a) We'd like to have these wrapped up.
(b) They were all great choices.
(c) No, I didn't order anything yet.
(d) Could I ask you about this special?

해석

M: 안녕하세요. 제가 오늘 담당 웨이터입니다.

W: _______________________

(a) 이것 포장하고 싶은데요.
(b) 모두 탁월한 선택이었습니다.
(c) 아니요, 아직 아무 것도 주문하지 않았어요.
(d) 이 특별 메뉴에 대해 여쭤봐도 될까요?

정답분석 식당에서 웨이터와 손님간에 나누는 대화로 웨이터는 손님들에게 자신을 소개하고 있다. 이에 대한 손님의 반응으로는 주문을 하기 위해 특별 메뉴에 대해 물어보는 (d)가 가장 자연스럽다.

folks 여러분 **wrap up** 포장하다, 마무리 짓다 **special** 특별 메뉴

13

W: There's a new place on the corner, Allen.

M: _______________________

(a) Noticed it coming in today.
(b) Stopped by your place before.
(c) It's just breaking ground.
(d) I was waiting for a long time.

해석

W: 앨런. 모퉁이에 새로운 곳이 있어요.

M: _______________________

(a) 오늘 들어오면서 봤어요.
(b) 전에 너희 집에 잠시 들렀어요.
(c) 이제 막 공사를 시작하고 있어요.
(d) 매우 오래 기다리고 있었어요.

정답분석 모퉁이에 새로운 곳이 생겼다고 알려주자 오늘 오면서 이미 보았다고 응답한 (a)가 흐름상 가장 알맞다.

corner 모퉁이 **break ground** 공사를 시작하다

14

M: How was the ordeal of the exam?

W: _______________________

(a) It was quite a big deal.
(b) I didn't get a good footing.
(c) It sure was a tough one.
(d) Not the way it turned out.

해석

M: 그 힘든 시험은 어땠어요?

W: _______________________

(a) 꽤 대단한 일이었어요.
(b) 든든한 기반이 없었어요.
(c) 확실히 어려웠어요.
(d) 결과와 달랐어요.

정답분석 시험이 어땠는지 묻고 있는데 이에 대한 응답으로 시험이 쉬웠는지 또는 어려웠는지가 나와야 하므로 (c)가 자연스럽다.

ordeal 시련 **big deal** 큰 거래, 대단한 것 **footing** 발디딤, 기반

15

W: The store will have all these online, no doubt.

M: ___________________________

(a) It will cost a fortune.
(b) Still, let me look at them.
(c) They might as well do that.
(d) I can always shop online.

해석

W: 이 가게는 틀림없이 이 모든 것을 온라인상에 올려 놓을 거예요.

M: ___________________________

(a) 돈이 많이 들 거예요.
(b) 그래도 그것들을 보여주세요.
(c) 그들은 그걸 하는 편이 나아요.
(d) 언제든지 온라인으로 쇼핑을 할 수 있어요.

정답분석 물건들을 온라인상에 올려놓을 것이라는 말은 온라인상에서도 물건들을 볼 수 있다는 의미이다. 따라서 온라인으로도 볼 수 있는 것은 알지만 그래도 지금 눈으로 직접 보겠다고 답한 (b)가 흐름상 가장 적절하다.

no doubt 틀림없이 **may as well** ~하는 편이 낫다

16

M: Hey Laura. You got here quite early.

W: Yeah. I took the train to avoid traffic.

M: Let me just close this file and we can take off.

W: ___________________________

(a) That's what I expected.
(b) Won't that take long?
(c) I'm fine if you are.
(d) Take your time.

해석

M: 안녕 로라. 오늘 여기 꽤 일찍 왔네.
W: 응. 교통체증을 피하려고 기차 탔어.
M: 이 파일만 닫고 출발하자.

W: ___________________________

(a) 내가 생각한 대로야.
(b) 오래 걸리지 않을까?
(c) 네가 그렇다면 나는 괜찮아.
(d) 천천히 해.

정답분석 약속 장소에서 여자를 만난 남자가 파일만 닫고 출발하자고 하자 여자는 본인이 예정보다 일찍 도착했으므로 남자에게 시간을 갖고 천천히 하라는 (d)가 적절하다.

quite 꽤 **avoid** 피하다 **traffic** 교통체증 **take off** 출발하다

17

M: I'm going to have to hand in my report pretty soon.

W: Are you nearing completion at all?

M: Yup. Just putting the final touches on it.

W: ___________________________

(a) I wouldn't mess with it.
(b) That's what they wanted.
(c) How did it turn out?
(d) How very clever of you.

해석

M: 곧 리포트를 제출해야만 해.
W: 도대체 다 끝내가고는 있는 거야?
M: 응. 마무리만 하면 돼.

W: ___________________________

(a) 그걸 망치지 않을 거야.
(b) 그게 네가 원하던 거잖아.
(c) 어떻게 완성 되었어?
(d) 너 정말 똑똑하구나.

정답분석 리포트를 거의 다 완성했다는 남자의 말에 여자는 리포트가 어떻게 완성되었는지 궁금하다고 한 (c)가 문맥상 적합하다. final touch란 작품 등을 만들 때 마무리 단계에서 다듬질, 마무리를 한다는 의미이다.

hand in 제출하다 **pretty soon** 곧 **be near completion** 다 끝내가다 **mess with** 함부로 하다

18

W: There's a bus stop here that goes to the school.

M: So that's why all those people are lined up.

W: It must be a popular route.

M: ___________________________

(a) That's why I take it.
(b) We might as well stand in line.
(c) Why are they all standing there?
(d) This is a different bus.

해석

W: 여기 학교로 가는 버스 정류장이 있어.
M: 그래서 저기 모든 사람들이 줄 서 있는 거구나.
W: 아마 인기가 많은 노선인가 봐.
M: ___________________________

(a) 그게 내가 타는 이유야.
(b) 우리도 줄을 서는 편이 낫겠다.
(c) 왜 전부 저기 서있는 거야?
(d) 이건 다른 버스야.

정답분석 화자는 학교로 가는 버스를 타려고 정류장에 나와있다. 모든 사람들이 버스를 타기 위해 모두 줄을 서 있다고 했으므로, 자신들도 줄을 서야겠다고 한 (b)가 자연스럽다. (a)는 인기노선이라는 이유로 그 버스를 탄다는 것은 흐름상 맞지 않고, (c)는 앞에서 이유를 밝혔는데 다시 묻고 있으므로 답이 될 수 없다.

bus stop 버스정류장 **line up** 줄을 서다 **may as well** ~하는 편이 낫다

19

M: Sharon. Have you ever been to this place before?

W: I haven't, but so many people have told me about it.

M: This is one of my hangouts in this part of town.

W: ___________________________

(a) I couldn't have asked for more.
(b) Who knew it could be so.

(c) They told me as much.
(d) It must be nice inside.

해석

M: 쉐런. 전에 이곳에 와 본적 있어?
W: 아니, 근데 정말 많은 사람들이 얘기하더라.
M: 여기가 내가 이 동네에서 즐겨 찾는 곳 중 하나야.
W: ___________________
(a) 더 이상 바랄게 없어.
(b) 그렇게 될지 누가 알았겠어.
(c) 그들이 나한테 그쯤은 얘기했어.
(d) 실내는 멋지겠구나.

정답분석 남자는 여자에게 자신이 즐겨 찾는 장소를 보여주고 있다. 와 본 적은 없지만 남자가 자주 찾는다고 했으므로 안에 들어가면 좋은 곳 일 것 같다고 추측하는 (d)가 적절하다.

hangout 즐겨 찾는 장소 **ask for** 바라다

20

W: Heard about the summit meeting in town this week?

M: Read about it in the newspaper. Lots of leaders.

W: More men in uniforms are on the streets these days.

M: ___________________

(a) Security must be a priority.
(b) They usually wear uniforms.
(c) I wouldn't have thought.
(d) That's how they operate.

해석

W: 이번 주에 우리 도시에서 정상회의 하는 거 들었어?
M: 신문에서 읽었어. 지도자가 많이 온다던데.
W: 요즘 제복 입은 사람들이 거리에 더 많아졌잖아.
M: ___________________
(a) 경비 강화가 우선이겠지.
(b) 그들은 보통 제복을 입어.
(c) 그럴 것 같지 않다고 생각해.

(d) 그게 그들이 움직이는 방식이야.

정답분석 각국 정상 회담으로 보안이 강화되었다는 대화이다. 경비를 보강하기 위해 거리에 보안인력이 많아졌다고 했으므로 경비 강화가 우선이라는 (a)가 흐름상 적절하다.

summit 정상 **leader** 지도자 **security** 경비 **priority** 우선권 **operate** 움직이다

21

M: Let me go down this aisle. I'll be right back.

W: Oh, let's go together. What did you want to get?

M: I'll just pick up a snack. Need anything?

W: ___________________

(a) I'm fine. Let's just go.
(b) What about over here?
(c) I'll just wait here then.
(d) Take this with you.

해석

M: 이 통로로 따라 쭉 갔다가 금방 돌아올게.
W: 아, 같이 가자. 너 뭘 사고 싶은데?
M: 간식 좀 사오려고. 뭐 필요한 거 있어?
W: ___________________
(a) 난 괜찮아. 그냥 가자.
(b) 여기는 어때?
(c) 그럼 그냥 여기서 기다릴게.
(d) 이거 가져가.

정답분석 간식을 사러 잠시 다른 곳에 다녀오겠다며 필요한 게 있는지 묻고 있다. 따라서 필요한 게 없으니 그냥 기다리고 있겠다는 (c)가 적절하다.

aisle 통로 **snack** 간식 **what about** ~는 어때

22

W: Alright, Mr. Edwards. How can we help you today?

M: I'd just like to know my present balance.

W: Okay. My computer shows you currently owe nothing.

M: ___________________

(a) I must have forgotten to pay it.
(b) Right. Just double checking.
(c) Then I'd like to settle that now.
(d) That's what I called about.

해석

W: 자, 에드워드 씨. 오늘 무엇을 도와드릴까요?
M: 저의 현재 잔금이 얼마인지 알고 싶습니다.
W: 물론이죠. 제 컴퓨터로 확인 결과 현재 채무금은 없습니다.
M: ___________________
(a) 제가 갚는 것을 잊었나 봅니다
(b) 맞습니다. 단지 재확인해 보았습니다.
(c) 그러면 지금 정산하고 싶습니다.
(d) 제가 그것 때문에 전화 드렸던 겁니다.

정답분석 은행에 갚아야 할 잔금이 있는지 확인하고 있는 내용이다. 잔금은 모두 갚았다고 하자 알고 있지만 재확인차 물었다고 한 (b)가 정답이다. (a)와 (c)는 잔금이 남아있다고 했을 때 적절한 응답이다.

present 현재 **balance** 잔금 **currently** 현재 **owe** 빚지다 **double check** 재확인하다 **settle** 정산하다

23

M: Have you talked to Nancy lately? What's she up to?

W: You haven't heard? She moved to Vancouver for a new job.

M: What a bold move. Whatever got into her?

W: ___________________

(a) She's blaming the recession.
(b) Her line of work involves lots of travel.
(c) I think she's fine. Just part of the job.
(d) Nancy says hi and that she'll visit.

해석

M: 요즘 낸시랑 얘기한 적 있어? 어떻게 지내는 거지?

W: 못 들었어? 새 직장 때문에 밴쿠버로 이사 갔어.

M: 과감하네. 왜 그랬대?

W: ________________________________

(a) 그녀는 불경기 때문이라고 하네.

(b) 그녀의 일은 출장이 잦아.

(c) 그녀는 괜찮은 것 같은데. 그냥 일의 일부일 뿐이야.

(d) 낸시가 안부 전해 달래. 놀러 오겠대.

정답분석 something got into someone이란 무언가가 그 사람의 행동에 영향을 미친다는 뜻이다. 따라서 Whatever got into her는 그녀가 왜 그런 행동을 했는지 이유를 묻고 있으므로 낸시가 새로운 직장에 취직하기 위해 타 도시로 이사간 이유를 불경기 때문이라고 답한 (a)가 적절하다.

lately 요즈음 **bold** 용감한 **move** 행동 **blame** 탓하다 **recession** 불경기

24

W: The autumn colors are really coming in this time of year.

M: It's beautiful, but I kind of miss the lushness of summer.

W: And it's getting a little more chilly. Better bundle up.

M: ________________________________

(a) That's what I meant to say.

(b) It's good to be outdoors at this time.

(c) Springtime is a long way off then.

(d) I'm looking for more layers to put on.

해석

W: 매년 이맘때면 정말로 단풍의 계절이 시작 되요.

M: 아름답기는 하지만 여름의 무성함이 약간 그리워요.

W: 그리고 좀 더 추워지고요. 옷을 따뜻하게 입는 게 좋을 거예요.

M: ________________________________

(a) 제가 그 말 하려고 했는데요.

(b) 이맘때 야외에 나가는 건 멋진 일이에요.

(c) 그럼 봄은 아직 멀었네요.

(d) 더 껴입을 옷을 찾고 있어요.

정답분석 가을에 대한 대화이다. 단풍이 들어 아름답기는 하지만 날씨가 쌀쌀해지니 옷을 두툼하게 입으라는 말에 더 껴입을 옷을 찾고 있다는 (d)가 적절하다. (c)는 계절에 대한 함정으로 a long way off란 멀리 떨어져 있다는 뜻이다.

autumn colors 단풍 **lushness** 무성함 **chilly** 쌀쌀한 **bundle up** 따뜻하게 입다 **springtime** 봄철 **put on** 입다

25

M: There's a new buffet place opening up soon in the building.

W: That sounds great. We should check it out once.

M: Let's try to make it for lunch on the weekend sometime.

W: ________________________________

(a) I've been meaning to ask you about it.

(b) Guess we'll just have to settle it then.

(c) Definitely have to make time for that.

(d) Alright. What type of restaurant would you like to go to?

해석

M: 건물 내에 곧 새로운 뷔페 식당이 개점할 거야.

W: 그거 참 좋겠다. 우리 거기 어떤가 한번 가보자.

M: 언제 주말에 점심 먹으로 가 보자.

W: ________________________________

(a) 너한테 그걸 물어보려고 마음먹고 있었어.

(b) 그러면 우리 그냥 자리잡고 살아야겠네.

(c) 꼭 시간을 내야겠다.

(d) 좋아. 뭐 먹으러 갈까?

정답분석 새로운 식당이 생겨 나중에 점심 먹으러 가자는 남자의 제안에 꼭 시간을 내서 가겠다는 (c)가 자연스럽다.

buffet 뷔페 **check out** 확인하다 **once** 한번 **sometime** 언젠가 **settle in** 자리잡고 살다 **definitely** 확실히 **make time for** 시간을 내다

26

W: I bought this in my travels. It's a wall calendar.

M: Oh, I recognize it from the photos you emailed me.

W: Only thing is it's not good for another couple of months.

M: ________________________________

(a) It's still decorative enough for your wall.

(b) At least you can enjoy it a little longer.

(c) You should have gotten next year's calendar.

(d) Then you can get another one next month.

해석

W: 여행하면서 이거 샀어. 벽걸이 달력이야.

M: 아, 네가 이메일로 보낸 사진에서 봤어.

W: 단지 문제는 다음 두 달 동안은 소용이 없다는 거지.

M: ________________________________

(a) 그래도 벽장식용으로 충분히 좋은데.

(b) 적어도 좀 더 즐길 수는 있잖아.

(c) 내년 달력을 샀어야 했는데.

(d) 그러면 다음 달에 다른 것으로 사면 되지.

정답분석 여행지에서 사온 벽걸이 달력을 두 달쯤 기다려야 쓸 수 있다는 말에 그때까지 장식용으로 벽에 걸어놓아도 손색없다고 답한 (a)가 응답으로 적절하다. (b)는 달력을 쓸 수 있는 기간이 두 달쯤 남았다고 했을 때 적절하고, (c)는 내년 달력을 이미 산 것이기 때문에 답이 될 수 없다.

recognize 알아보다 **decorative** 장식용의 **at least** 최소한

27

M: I saw on the news that coffee depletes calcium from the body.

W: That's not good for me since I drink it just about every day.

M: But they offered that adding a little milk offsets the effects.

W: ________________________

(a) Adding a little milk does all that for you?
(b) Who said that adding calcium helps?
(c) But that's only a partial cure.
(d) Just a little amount does the trick?

해석
해석

M: 커피가 몸에서 칼슘을 빠져나가게 한다고 뉴스에서 봤어.
W: 커피를 거의 매일 마시니까 나한테는 좋지 않겠네.
M: 근데 우유를 조금 추가하면 그 영향을 상쇄시킨대.
W: ________________________

(a) 우유를 조금 추가 하는 게 너 대신 그 모든 걸 하는 거라고?
(b) 칼슘을 더 넣는 게 도움이 된다고 누가 그래?
(c) 하지만 그건 단지 부분적인 해결책이잖아.
(d) 소량만으로도 효험이 있다고?

정답분석 커피가 체내에서 칼슘을 감소시키지만 우유를 조금만 더해서 마시면 그 악영향을 없앨 수 있다고 하자 소량의 우유만으로도 정말 효과가 있는지 재확인하는 (d)가 가장 적절하다.

deplete 대폭 감소시키다 just about 거의 offer 제공하다 add 추가하다
offset 상쇄하다 partial 부분적인 cure 치유 do the trick 효험이 있다

28

W: I'm writing down names for the weekend party. Martin, are you in?

M: Not quite sure yet. It depends on whether we can get a babysitter or not.

W: Then should I just go ahead and put your name down anyway?

M: ________________________

(a) Oh, don't do that. I really wanted to go.
(b) Sure, do that and I'll really try to make it.
(c) Let me see what my schedule is on that day first.
(d) Yeah, just go ahead and take my name off the list.

해석

W: 주말 파티에 올 사람들 이름을 적어놓고 있어. 마틴, 올 거야?
M: 아직 잘 모르겠어. 아기를 봐줄 사람을 구할 수 있을지가 관건이야.
W: 그러면 어쨌든 그냥 계속해서 너 이름을 적어놓을까?
M: ________________________

(a) 음, 하지마. 나 정말 가고 싶었어.
(b) 물론이지, 그렇게 허줘. 꼭 갈 수 있도록 해 볼게.
(c) 우선 그날 내 스케줄이 어떤지 볼게.
(d) 응, 그냥 계속해서 내 이름을 명단에서 빼줘.

정답분석 파티에 올 수 있을지 확실하지는 않지만 그래도 명단에 이름을 올려놓을지 묻는 질문에 이름을 올려 놓고 꼭 갈 수 있도록 노력해 보겠다고 응답한 (b)가 적절하다. 파티에 올 수 있을지는 아기 봐주는 사람을 구할 수 있을지에 달려있다고 했으므로 먼저 스케줄을 확인하겠다고 하는 (c)는 답이 될 수 없다.

babysitter 아기 보는 사람 go ahead 계속 하다 put down 기입하다
take off 제거하다

29

M: Hey. I heard you injured your ankle. Are you alright?

W: I'm fine. Nothing too serious. Just a possible torn ligament.

M: Do they know for sure? When can you expect to recover?

W: ________________________

(a) I'll know when the doctor gets the test results back.
(b) I will need to walk with crutches for a little while.
(c) I might need surgery to repair the broken ligament.
(d) It is just a sprained ankle so nothing too serious.

해석

M: 야. 너 발목 다쳤다고 들었는데, 괜찮은 거야?
W: 괜찮아. 그렇게 심각한 건 아니고, 그냥 인대가 좀 파열됐을 거래.
M: 확실한 거야? 언제쯤 나을 수 있대?
W: ________________________

(a) 의사 선생님한테 검사 결과가 나와야 알 수 있을 거야.
(b) 잠깐 동안은 목발을 짚고 다녀야 할 거야.
(c) 파열된 인대를 치료하려면 수술을 해야 할지도 몰라.
(d) 그냥 발목이 삔 거라서 그리 심각한 건 아니야.

정답분석 여자가 발목을 다친 것을 화제로 남녀가 나누는 대화이다. 언제쯤 나을 수 있을지를 묻는 남자의 질문에 의사가 결과를 받아본 후에 알 수 있을 것이라고 말하는 (a)가 가장 적절한 응답이다.

injured 부상 당한 ankle 발목 ligament 인대 recover 낫다, 회복되다
crutches 목발 surgery 수술 sprain 삐다, 접질리다

30

W: How did you play that without looking at any sheet music?

M: I just played it by ear. If I just hear a few times, I can guess the notes.

W: That seems incredible to me. Is it something you're just born with?

M: ________________________

(a) Yes if you have lots of musical training.
(b) Give it a try and you can make up your own mind.
(c) It might be, but you also have to practice at it.
(d) They say that's how you get better over time.

해석

W: 악보도 하나 안 보고 그걸 어떻게 연주한 거니?
M: 그냥 듣고 연주했어. 그냥 몇 번 들으면 음을 추측할 수 있거든.
W: 내가 볼 땐 정말 놀랍다니까. 너만 뭔가 타고난 게 있는 건가?
M: ________________________

(a) 그래, 음악적 훈련을 많이 한다면.
(b) 한번 해 봐, 결정을 내릴 수 있을 거야.
(c) 그럴지도 모르지만, 그래도 연습을 해야 해.
(d) 그렇게 하면 시간이 갈수록 나아진다고 하더라.

정답분석 남성의 음악적 재능에 관해 이야기하는 것으로, 뭔가 타고난 게 있

는지를 묻는 여자의 마지막 질문에 타고난 것이 있을 수도 있지만 연습도 해야 한다고 말하는 (c)가 가장 적절한 응답이다.

sheet music 악보 **play it by ear** 귀로 듣고 연주하다, 악보 없이 연주하다 **note** 음 **incredible** 놀라운 **make up one's mind** 결정을 내리다 **practice** 연습하다 **get better** 좋아지다, 호전되다

31

M: Diane. Here's a photo of me on the slopes, if you can believe it.

W: Wow. When did you go skiing?

M: It must have been two winters ago.

W: You have a complete ski outfit on. Is that your own?

M: No, I borrowed it from a friend.

W: I was going to say, you don't seem a ski buff.

Q: **What are the man and woman discussing about the outfit?**

(a) Whether it is warm enough for skiing

(b) When the man wore it

(c) How well it fits the man

(d) If it belongs to the man or not

해석

M: 다이앤. 스키장에서 찍은 내 사진이야. 네가 믿으려나 모르지만.

W: 우와. 언제 스키 타러 갔었어?

M: 2년 전 겨울이었을걸.

W: 스키복을 완벽하게 갖춰 입었네. 네 거야?

M: 아니, 친구한테 빌렸어.

W: 그러니까 네가 스키 광은 아닌가 보네.

Q: 두 사람은 복장에 관해 어떤 이야기를 나누고 있나?

(a) 스키를 탈 수 있을 만큼 따뜻한 것인지

(b) 남자가 그것을 언제 입었는지

(c) 그것이 남자에게 얼마나 잘 맞는지

(d) 그것이 남자의 것인지 아닌지

정답분석 사진을 보며 여자가 스키복이 남자의 것이냐고 물었을 때, 친구한

테 빌린 것이라고 대답했다. 이를 통해 복장에 관한 내용에서는 그것이 남자의 것인지 아닌지를 확인한 (d)가 가장 적절한 응답이다.

at the slopes 스키장에서 **complete** 완벽한 **ski outfit** 스키복 **ski buff** 스키광 **fit** (옷이) 맞다 **belong to** ~의 소유(것)이다

32

W: I got an email from Kevin asking me a favor.

M: What did he have to say?

W: He wanted me to go over his résumé for any errors.

M: Oh, is he looking for a new job? How was it?

W: It was alright for the most part. Just a mistake or two.

M: He shouldn't have too much trouble, I would think.

Q: **What are the speakers mainly talking about?**

(a) Looking for a new job using a résumé

(b) Helping a friend with a résumé

(c) Checking for any new emails from friends

(d) Asking about a new job for a friend

해석

W: 케빈한테 부탁할 게 있다는 이메일을 받았어.

M: 뭐라고 했는데?

W: 자기 이력서에 뭐 잘못 쓴 게 없는지 검토해 달래.

M: 아, 새 일자리를 찾고 있대? 이력서는 어떻든?

W: 대체적으로 괜찮았어. 한두 개 잘못 쓴 정도.

M: 문제가 너무 많아서는 안 될 텐데.

Q: 두 사람의 주된 대화의 내용은?

(a) 이력서를 이용해 새 일자리를 찾는 일

(b) 친구의 이력서 검토를 도와주는 일

(c) 친구들이 보낸 새 이메일을 확인하는 일

(d) 친구에게 새로운 일자리에 관해 물어보는 일

정답분석 여자가 남자에게 케빈이 이메일로 이력서를 검토해 달라는 부탁을 해왔다고 말하자 남자는 그가 새 직장을 찾는지 물으며 이력서에 문제가 많아서는 안 될 것이라고 말한다. 이렇게 두 사람은 케빈의 이력서에 관한 이야기고 있으므로 정답은 (b)이다.

---

ask a favor 부탁하다 **résumé** 이력서 **error** 오류

33

M: There's a place across the street from the café.

W: Oh, the sandwich shop we were talking about?

M: No, no. It's the bar on the second floor. I forgot the name.

W: You mean Barney's? The one with the green sign?

M: Yeah, that's the one. How about we try there?

W: Fine with me. It's nice. Been there twice before.

Q: **What are the man and woman mainly discussing?**

(a) A place across from the café

(b) The sandwich shop mentioned before

(c) A new restaurant that just opened up

(d) Where the café used to be

해석

M: 카페 건너편에 있는 곳 있잖아.

W: 아, 우리가 이야기했던 샌드위치 가게?

M: 아니, 아니. 2층에 술집 말이야. 이름이 기억 안 나네.

W: 바니즈 말이야? 녹색 간판 있는 곳?

M: 맞아, 거기 말이야. 거기 한번 가 볼까?

W: 좋아. 거기 괜찮더라. 전에 두 번 가봤거든.

Q: 두 사람의 주된 대화 내용은?

(a) 카페 맞은 편에 있는 곳

(b) 전에 이야기했던 샌드위치 가게

(c) 막 문을 연 새로운 레스토랑

(d) 전에 카페가 있었던 장소

정답분석 남자와 여자는 카페 건너편에 있는 어느 장소에 관해 이야기하고 있으므로 정답은 (a)이다. 샌드위치 가게냐고 묻는 여자의 질문에 남자가 아니라고 대답했으므로 (b)는 답이 될 수 없고, (c)새 레스토랑과 (d)카페가 있던 장소에 관한 이야기는 언급되지 않았다.

across the street 길 건너 **twice** 두 번 **mention** 언급하다 **open up** 문을 열다

34

W: I think this table could go nicely over here.

M: You mean this way so that the chairs face the windows?

W: No, sideways. We could still have the view while sitting.

M: But does that leave enough space to move around?

W: I think so. Here, let me measure it. See? Plenty of space.

M: It's a little tight but let's try it that way for now.

Q: **What is the conversation mainly about?**
(a) Who should sit where at the table
(b) How much space they need to sit down
(c) Whether the table will block the window
(d) How to arrange the furniture in the room

해석

W: 이 테이블은 이쪽에 놓으면 좋을 것 같은데.
M: 이렇게 해서 의자들이 창가 쪽을 향하게?
W: 아니, 옆으로. 그래도 앉아서 경관을 볼 수 있잖아.
M: 하지만 몸을 움직일 여유 공간이 있을까?
W: 있을 걸. 여기, 재 볼게. 봐? 공간 충분하잖아.
M: 약간 빡빡한데 일단은 저렇게 해 보자.
Q: **두 사람이 나누는 대화의 주된 내용은?**
(a) 테이블이 있는 곳에 앉아야 하는 사람
(b) 앉으려면 얼마만큼의 공간이 필요한지
(c) 테이블이 창문을 가릴지 아닐지
(d) 방 안에 가구 배치를 어떻게 할 것인지

정답분석 두 사람은 방 안에 테이블을 놓을 위치에 관해 이야기하고 있다. 배치에 따라 경관이 보일지, 여유 공간이 있을지를 따져보고 있으므로, 대화의 주된 내용으로 옳은 것은 (d)이다. (a)테이블이 있는 곳에 앉아야 할 사람, (b)앉기 위해 필요한 공간, (c)테이블이 창문을 가리는지에 관한 내용은 언급되지 않았다.

nicely 멋지게, 잘 **sideways** 옆으로 **move around** 몸을 움직이다

---

measure 재다, 측정하다 **block** 맥다

35

M: Excuse me. Where can I return some items?

W: Over by the customer service desk.

M: Is that in the back of the store?

W: No, it's just behind the checkout lines.

M: I don't quite see it from here.

W: Go straight down and you can't miss it.

Q: **What is the conversation mainly about?**
(a) How to check out any returned items.
(b) Where the customer service desk is.
(c) Finding where the checkout lines are.
(d) Asking for directions to a store.

해석

M: 저기요, 몇 가지 물품을 어디에 반납할 수 있나요?
W: 저쪽 고객 서비스 디스크 옆이요.
M: 가게 뒤쪽에 있나요?
W: 아니오, 계산대 줄 바로 뒤에 있어요.
M: 여기서는 잘 안 보이는데요.
W: 쭉 따라가시면 바로 찾으실 수 있을 거예요.
Q: **대화의 주된 내용은?**
(a) 반품된 물품들을 확인하는 방법
(b) 고객 서비스 데스크가 있는 곳
(c) 계산 줄이 있는 곳 찾기
(d) 가게로 가는 방향 묻기

정답분석 남자가 여자에게 물건들 반품할 위치를 묻자 여자가 고객 서비스 데스크 옆이라고 알려준 다음 그곳의 위치를 설명해 주고 있으므로 대화의 주된 내용으로 옳은 것은 (b)이다. (a)반품된 물품을 확인하는 방법이나 (c)계산대 줄이 있는 곳 찾기, (d)가게의 방향에 관한 내용은 언급되어 있지 않다.

return 반납하다, 반품하다 **item** 물품 **customer service desk** 고객 서비스 데스크 **checkout** 계산대 **check out** 확인하다 **direction** 방향

36

W: So how's the football game with the whole gang?

M: Oh, it was great. Dan and Lisa were there also.

W: Really? How were they on the field?

M: They seem as fit as ever. But they were taken down once or twice.

W: I hope the snow at least cushioned the fall for you guys.

M: It did, I guess. Still, everyone was all covered in the white stuff.

Q: **What are the man and woman speaking of in the conversation?**
(a) How much snow there was that day
(b) The level of safety in the sport of football
(c) A friendly football match among friends
(d) When the woman last saw Dan and Lisa

해석

W: 다들 모여서 한 미식축구 경기는 어땠어?
M: 재미있었지. 댄과 리사도 왔었어.
W: 정말? 경기장에서 어땠어?
M: 컨디션이 여전히 좋은 것 같던데. 한두 번 걸려 넘어지기는 했지만.
W: 눈이 쿠션 역할이라도 했어야 할 텐데.
M: 아마 그랬을 걸. 사실 다들 흰 눈에 뒤덮이다시피 했지.
Q: **두 사람은 어떤 일에 관해 대화를 나누고 있나?**
(a) 그날 눈이 얼마나 많이 왔는지
(b) 미식 축구 경기에서의 안전 수준
(c) 친구들과 함께 한 친선 미식 축구 경기
(d) 여자가 댄과 리사를 마지막으로 본 시기

정답분석 여자가 남자에게 친구들이 모두 모여서 했던 미식 축구 경기에 관해 묻자 남자가 그때의 상황을 설명해 주고 있다. 따라서 남자와 여자의 대화 내용으로 옳은 것은 (c)이다. (a)눈이 얼마나 왔는지, (b)미식 축구의 안전 수준, (d)댄과 리사를 마지막으로 봤던 때에 관한 내용은 언급되어 있지 않다.

football 미식 축구 **gang** 한 무리 **field** 경기장 **fit** 컨디션이 좋은 **take**

down 걸려 넘어지다 **cushion** 완충 작용을 하다 **friendly** 친선의

37

M: Sharon. I'm hearing you're going to transfer to another department.

W: Yeah. I kind of wanted to move to a different location anyway.

M: The commute was a little too long for you, wasn't it?

W: That, too. It was taking up half my day just to get around.

M: Well, good luck over there. I'm sure we'll still keep in touch.

W: That's a definite because I'll be calling here all the time.

Q: **What are the man and woman mainly discussing?**
(a) Her move to another work location
(b) The length of her commuting to work
(c) How to keep in touch after her transfer
(d) When she will relocate her workplace

해석

M: 쉐런. 너 다른 부서로 옮길 거라며.
W: 맞아. 그냥 좀 다른 지역으로 옮기고 싶었거든.
M: 출퇴근 시간이 좀 더 오래 걸렸잖아, 안 그래?
W: 그건 그래. 다니는 데만 한나절이나 걸리더라니까.
M: 거기 가서도 잘해 봐. 연락은 계속 하고 지내야지.
W: 그야 물론이지, 여기로 늘 전화할텐데.
Q: 두 사람이 이야기하는 주된 내용은?
(a) 여자가 다른 곳으로 근무지를 옮기는 일
(b) 여자가 출퇴근에 걸리는 거리
(c) 여자가 전근한 후에 연락할 방법
(d) 여자가 직장을 이전할 시기

정답분석 남자가 여자에게 다른 곳으로 부서를 옮기는 것에 관해 묻자 여자가 그렇다고 대답한다. 이후에 계속 연락하고 지내자는 말로 대화가 마무리되고 있으므로 두 사람의 주된 대화 내용으로 옳은 것은 (a)이다. (b)출퇴근에 걸리는 거리(출퇴근 거리), (b)전근 후에 연락할 방법, (d)근무지를 옮기는 시점에 관한 내용은 언급되어 있지 않다.

transfer 전근 가다 **commute** 통근, 출퇴근 **take up** 시간이 걸리다 **half a day** 한나절 **get around** 다니다 **keep in touch** 연락하다 **all the time** 늘, 항상 **relocate** 이전하다 **workplace** 직장, 근무지

38

W: Is that your cat? How cute! What do you call it?

M: I just call him Fluffy. Sheds fur like nobody's business.

W: He is a long-haired cat, isn't he? Is he friendly to strangers?

M: Oh, sure. He'll warm up to you in a short while. Come here, Fluffy.

W: He seems like a happy cat. He's looking at me now.

M: He's always curious about his surroundings. You're a new part of it.

Q: **What is correct according to the conversation?**
(a) The cat does not shed a lot of hair.
(b) The man thinks the cat is afraid of the woman.
(c) The cat takes a long time to become friendly.
(d) The woman is meeting the cat for the first time.

해석

W: 저거 네 고양이야? 귀여워라! 뭐라고 불러?
M: 그냥 복슬이라고 불러. 털이 엄청 빠지거든.
W: 털이 긴 고양이네, 안 그래? 낯선 사람들도 잘 따라?
M: 그럼. 너랑 금세 친해질걸. 이리 와, 복슬아.
W: 기분 좋은 고양이 같아. 지금 날 바라보는데.
M: 늘 주변에 호기심이 많거든. 너도 새로운 대상인 거지.
Q: 대화의 내용으로 다음 중 옳은 것은?
(a) 고양이는 털이 많이 빠지지 않는다.
(b) 남자는 고양이가 여자를 무서워한다고 생각한다.
(c) 고양이와 친해지려면 오랜 시간이 걸린다.
(d) 여자는 고양이를 처음 본 것이다.

정답분석 두 사람은 남자가 복슬이라고 부르는 고양이에 관해 이야기하고 있다. 고양이를 본 여자가 귀엽다고 감탄하며 이름을 묻자, 남자가 고양이의 이름과 성향을 설명해 주는 것으로 볼 때 여자가 고양이를 처음 본 것임을 추측할 수 있으므로 (d)가 정답이다. 털이 엄청 빠진다고 했으므로 (a)는 옳지 않고, 고양이가 여자와 금방 친해질 것이라고 말했으므로 (b)와 (c)도 옳은 내용이 아니다.

fluffy 복슬복슬한 **shed** 털이 빠지다 **like nobody's business** 아주 많이, 빨리 **warm up to** ~에게 마음을 열다 **stranger** 낯선 사람 **curious** 호기심이 많은 **surroundings** 주변

39

M: Where did you say the store was? I'm here by the station.

W: Oh, do you see where the park is from there?

M: I see the park. Are you in that direction or opposite?

W: Walk past it until you get to the intersection. Then make a right.

M: Okay, and then it'll be on my left side?

W: It'll be on your right side, just after the bank.

Q: **What should the man do at the park?**
(a) Walk away from the park and make a right
(b) Walk toward the park and make a right
(c) Walk in the park until he reaches a bank
(d) Turn right at the park and the store is on the left

해석

M: 그 가게가 어디라고 했었지? 여기 역 근처야.
W: 거기서 공원 있는 곳이 보이니?
M: 공원 보여. 그쪽 방향이니 아니면 반대 방향에 있니?
W: 공원을 지나 교차로가 나올 때까지 쭉 걸어. 그리고 오른쪽으로 돌면 돼.
M: 알았어, 그럼 내 왼편에 있는 거지?
W: 은행 지나자마자 네 오른편에 있을 거야.
Q: 남자는 공원에서 어떻게 해야 하는가?
(a) 공원 반대편으로 걸어가서 오른쪽으로 돈다.

(b) 공원 쪽으로 걸어가서 오른쪽으로 돈다.
(c) 은행에 도착할 때까지 공원 안으로 들어가 걷는다.
(d) 공원에서 좌회전하면 왼편에 가게가 있다.

정답분석 여자가 역 근처에 있는 남자에게 가게의 위치를 설명해 주고 있다. 먼저 공원이 보이는지 물은 다음, 그 공원을 지나 쭉 걸어가서 오른쪽으로 돌면 은행 바로 다음 오른편에 있을 것이라고 말한다. 따라서 남자가 공원 쪽으로 걸어가 오른쪽으로 돌아야 하는 (b)가 정답이다.

opposite 반대 **intersection** 교차로 **make a right** 우회전하다

40

W: Hi. What are some of your popular items for lunch?

M: Well, we do have a curry chicken salad with potatoes and drink for $8.50.

W: Oh, that does look good. But is that going to be very spicy?

M: It may be spicy if you're not used to it. There's also a regular chicken salad.

W: And that's the same size salad minus the potatoes and drink, correct?

M: Right. It's just the salad. I'd recommend that if you con't want the spice.

Q: **What does the woman ask about?**
(a) The price of the regular salad
(b) How popular the chicken salad is
(c) What the waiter might recommend for her
(d) The extra cost of the potatoes and drink

해석
W: 안녕. 인기 있는 점심 메뉴로는 뭐가 있나요?
M: 8.50 달러에 감자를 곁들인 카레 치킨 샐러드와 음료수를 드리고 있습니다.
W: 그거 괜찮겠는데요. 그런데 카레 맛이 아주 맵나요?
M: 익숙하지 않으시면 그럴 수 있죠. 일반 치킨 샐러드도 있습니다.
W: 그건 감자와 음료를 빼고 양은 같은 샐러드인가 보네요, 그렇죠?

M: 그렇습니다. 그냥 샐러드만 나오죠. 향료 맛이 싫으시다면 그걸 권해드립니다.

Q: **여자는 무엇에 관해 묻고 있는가?**
(a) 일반 샐러드의 가격
(b) 치킨 샐러드가 얼마나 인기가 있는지
(c) 웨이터가 추천해 줄 만한 것
(d) 감자와 음료의 추가 비용

정답분석 여자가 남자에게 인기 있는 점심 메뉴에 관해 묻자 남자가 카레 치킨 샐러드와 음료수 세트 상품을 알려준다. 이에 여자가 카레 맛이 강하지 않을까 주저하자 웨이터가 일반 샐러드를 권하고 있다. 이처럼 여자가 웨이터에게 메뉴에 관해 묻고 웨이터가 추천을 해 주는 상황이므로 옳은 것은 (c)이다.

popular 인기 있는 **spicy** 양념 맛이 강한 **minus** ~을 뺀 **recommend** 추천하다 **extra cost** 추가 비용

41

M: The trees outside your place really look nice.

W: They sure do. Only thing is I have to take care of the leaves when they fall.

M: The city doesn't handle that job? I thought they clean the streets.

W: They clean them every once in a while. But sometimes I just do it myself.

M: I guess you can enjoy their shade in the daytime.

W: Yes, although that's not the case come winter.

Q: **What is correct according to the conversation?**
(a) The woman always relies on the city to clean up the leaves.
(b) The trees do not block the sunlight all year round.
(c) The woman does not enjoy the trees in front of her place.
(d) The city only cleans the streets in the summertime.

해석
M: 너희 집 밖에 나무들 아주 멋진데.
W: 정말 그래. 단지 나뭇잎이 떨어지면 치워야 하지.
M: 그런 일은 시에서 안 해 주나? 거리 청소는 시에서 하는 줄 알았는데.
W: 가끔씩 하기는 하는데, 그냥 내가 직접 할 때도 있어.
M: 낮에는 그늘을 만끽할 수 있겠다.
W: 맞아. 겨울이 오면 그렇지도 않지만.

Q: **다음 중 옳은 것은?**
(a) 여자는 나뭇잎 청소를 시에만 의존하고 있다.
(b) 나무들이 일년 내내 햇빛을 가려주지는 않는다.
(c) 여자는 집 앞에 나무들을 좋아하지 않는다.
(d) 시에서는 여름에만 거리 청소를 한다.

정답분석 남자가 여자 집 밖에 나무를 보며 칭찬하자 여자도 맞장구를 치며 나뭇잎이 떨어지면 시에서 때때로 청소하고 가끔은 직접 청소한다고 말한다. 이어 남자가 낮에 그늘을 만끽할 수 있겠다고 말하자 여자가 겨울이면 그렇지도 않다고 대답하는 것으로 볼 때 두 사람의 대화 내용으로 옳은 것은 (b)이다.

take care of 관리하다 **handle** 처리하다 **once in a while** 이따금 **shade** 그늘 **rely on** 의지하다 **clean up** 청소하다 **all year round** 일년 내내

42

W: How about a round of badminton? I have rackets.

M: That actually sounds fun. But where can we play?

W: There's a park nearby. They have some courts set up.

M: But aren't those always filled up with so many people there?

W: Possibly, but that's okay, too. We could just play next to the courts.

M: Alright. So do you want to drive there or walk over?

W: Parking is usually difficult. Let's avoid the hassle and just walk it.

M: Cool. I'll meet you there in about 15 minutes then.

Q: **What is correct according to the conversation?**
(a) There is usually some parking near the courts.
(b) The man has never been to the park before.
(c) The woman wants to drive to the park.
(d) The man and woman will play without a net.

해석
W: 배드민턴 한 판 어때? 나한테 라켓 있거든.
M: 그거 진짜 재미있겠는데. 그런데 어디서 칠 수 있을까?
W: 근처에 공원 있잖아. 거기 코트가 몇 개 마련되어 있더라.
M: 하지만 거기는 항상 많은 사람들로 꽉 차 있지 않나?
W: 그렇겠지만 그래도 괜찮지 뭐. 코트 옆에서 칠 수도 있잖아.
M: 그래. 그럼 차로 갈 거야? 아니면 걸어갈 거야?
W: 평소에 주차하기 힘들던데. 번거롭지 않게 그냥 걸어가자.
M: 좋아. 그럼 15분 후에 거기서 만나.
Q: 다음 중 옳은 것은?
(a) 코트 주변에는 보통 차가 몇 대 주차되어 있다.
(b) 남자는 전에 그 공원에 가 본 적이 없다.
(c) 여자는 공원까지 차로 가고 싶어한다.
(d) 남자와 여자는 네트 없이 테니스를 칠 것이다.

정답분석 여자가 남자에게 배드민턴을 치자고 제안하고 공원의 코트 옆에
서라도 칠 수 있다고 말한 것으로 볼 때, 옳은 것은 (d)이다. 주차가 어렵다고
했으므로 (a)주차장에 차가 몇 대 주차되어 있다는 것과, 남자가 공원에 사람
들이 많다고 했으므로 (b)이전에 가본 적이 없다는 내용은 옳지 않다.

be filled up 가득 차다 **parking** 주차 **avoid** 피하다 **hassle** 번거로운 일

43
M: How's the mountain hiking club going these days?
W: It's alright but I'm not having as much fun in it as I used to.
M: Why? What's the matter? It seems you still go to it all the time.
W: I do, but it's starting to be a lot of trouble. I have to organize everything.
M: Right. I guess getting a large group together like that

is a big task.
W: I have to answer everyone's questions all the time.
M: But you wanted to make your group a better one, didn't you?
W: I did. But in retrospect, I didn't realize it would be so much work.

Q: **What can be inferred from the conversation?**
(a) The woman wants to be relieved of organizing things.
(b) Members of the hiking group don't follow her advice.
(c) Hiking is more fun for the woman in a large hiking group.
(d) The club often only has a few members show up.

해석
M: 요즘 등산 동호회는 어때?
W: 괜찮기는 한데 예전만큼 재미를 느끼지는 못하겠어.
M: 왜? 무슨 일 있어? 넌 그래도 늘 나가기는 하는 것 같던데.
W: 그렇기는 한데 문제들이 많이 생기기 시작했어. 내가 모든 걸 다 관리해야 하거든.
M: 그렇군. 회원수가 많아지게 되면 할 일도 많아지는 법이겠지.
W: 사람들의 질문에 일일이 다 대답해 줘야 해.
M: 그래도 동호회가 더 잘 되게 하고 싶어 했잖아, 안 그래?
W: 그랬지. 하지만 돌이켜 보면 이렇게 일이 많을 줄은 미처 몰랐어.
Q: 대화에서 유추할 수 있는 내용은?
(a) 여자는 관리하는 일의 부담을 덜고 싶어한다.
(b) 등산 동호회 회원들이 여자의 조언을 따르지 않는다.
(c) 여자는 많은 회원들 속에서 하는 등산이 더 재미있어 한다.
(d) 그 동호회는 나오는 회원들이 몇 명 뿐이다.

정답분석 남자가 여자에게 등산 동호회에 관해 묻자, 여자는 모든 것을 자신
이 관리하고 회원들의 질문에도 일일이 대답해줘야 한다고 말하며 어려움을
토로하고 있다. 따라서 이 대화의 내용으로 유추할 수 있는 것은 (a)이다.

mountain hiking club 등산 동호회 **used to** ~하곤 했다 **organize**
준비하다, 관리하다 **task** 일 **all the time** 항상, 줄곧 **in retrospect** 돌이켜
보면 **show up** 나타나다

44
W: How was the birthday party for little Michael?
M: We had a good time. I took the kids to their favorite restaurant.
W: You mean the Tip Top Grill? Must have been fun.
M: But we had to reserve a room for all his classmates.
W: Ah, the pure joys of childhood. That was on a Saturday?
M: Yes. And I was thankful that some of the parents stayed.
W: Sure. It's easier when you have help. Wish I could have made it.
M: Michael got your gift, and he was so happy with it.

Q: **What can be inferred from the conversation?**
(a) The children have never been to this restaurant.
(b) The restaurant rarely hosts birthday parties.
(c) The woman is close to the family.
(d) The woman invited all her friends to the party.

해석
W: 마이클 녀석 생일 파티는 어땠어?
M: 즐거운 시간을 보냈지. 아이들이 좋아하는 레스토랑에 데려갔어.
W: 팁 탑 그릴 말이야? 진짜 재미있었겠네.
M: 그런데 반 아이들 전체를 위해 룸을 예약해야 했어.
W: 아이들이 진짜 신났겠네. 그게 토요일이었지?
M: 맞아. 부모님들 몇 분이 자리를 지켜줘서 고마웠지.
W: 그렇지. 도움을 받으면 더 수월하잖아. 나도 갈 수 있었으면 좋았을 걸.
M: 마이클이 네 선물 받았어. 그거 받고 정말 좋아하던데.
Q: 대화에서 유추할 수 있는 내용은?
(a) 아이들은 이 레스토랑에 가 본 적이 없다.
(b) 이 레스토랑에서는 좀처럼 생일 파티를 열지 않는다.
(c) 여자는 가족과 가까운 사이다.
(d) 여자는 파티에 자신의 친구들을 모두 초대했다.

정답분석 여자가 남자의 아이인 마이클의 생일 파티에 관해 묻자 남자가 학급 친구 전체를 위해 아이가 좋아하는 레스토랑을 예약했다고 말한다. 여자도 갔으면 좋았을 것이라고 말하며 생일 선물도 전해준 것으로 볼 때 (c)여자가 가족과 가까운 사이임을 유추할 수 있다.

favorite 좋아하는 **reserve** 예약하다 **thankful** 감사하는 **make it** 참석하다 **rarely** 좀처럼 ~ 않다 **host** 주최하다, 열다

45

M: Ever been to Albert Beach? It's on the other side of the lake.

W: No. Did you recently visit it? What's there?

M: A tremendous amount of sand, almost what you would call a dune.

W: Is it bigger than the beach on this side?

M: Way bigger. The dunes even encroach upon the hills nearby.

W: So is the view of the lake nice from over there?

M: It's different. First of all, the water seems cleaner on that side.

W: And if it's over on that side, you must see the sunset on the waters.

Q: **What can be inferred from the conversation?**

(a) The man will not encourage others to visit Albert Beach.

(b) The woman has never been to Albert Beach.

(c) The lake only has beaches on one side.

(d) Albert Beach attracts only a few visitors every year.

해석

M: 알버트 해변에 가본 적 있어? 호수 반대편에 있는 곳 말이야.

W: 아니. 최근에 갔었니? 거기는 뭐가 있는데?

M: 엄청나게 많은 모래가 있지, 모래 언덕이라고 부를 만큼 말이야.

W: 이쪽에 있는 해변보다 더 크니?

M: 훨씬 크지. 그 모래 언덕들이 근처의 언덕까지 침범하고 있어.

W: 그럼 저쪽에서 본 호수의 경관이 멋진가?

M: 다르기는 하지. 우선 저쪽에서 물이 더 깨끗해 보일 걸.

W: 저쪽 편에서라면, 들 위로 해 지는 광경도 놓치면 안 되지.

Q: **대화에서 유추할 수 있는 내용은?**

(a) 남자는 다른 이들에게 알버트 해변에 가 보라고 권하지 않을 것이다.

(b) 여자는 알버트 해변에 가 본 적이 없다.

(c) 호수는 한쪽 편에만 해변이 있다.

(d) 알버트 해변은 매년 소수의 방문객들만 끌어들이고 있다.

정답분석 첫 부분에 알버트 해변에 가본 적이 있냐는 남자의 질문에 여자가 아니라고 대답했으므로 (b)가 정답이다. 이후 남자가 알버트 해변의 특징에 관해 설명하는 것으로 볼 때, 알버트 해변을 가 보라고 권할 법하므로 (a)는 옳지 않고, 호수의 이쪽과 저쪽의 해변을 비교해 이야기하고 있으므로 (c)한 쪽 편에만 해변에 있다는 것도 적절하지 않다.

on the other side 반대편에 **recently** 최근에 **tremendous** 엄청난, 대단한 **dune** 모래 언덕, 사구 **encroach** 침해하다, 잠식하다 **first of all** 우선 무엇보다도 **sunset** 일몰, 해넘이 **encourage** 부추기다

46

Hospitals in Ohio are seeing some unconventional injuries in recent deer hunting seasons. Not all the injuries are gun-related as might be expected. Increasing numbers of cases are due to falling down from trees. Hunters primarily in the South and Midwest have for years been using tree-stands to sit 10-30 feet above the ground and out of the sight of deer. The problem isn't so much the stands themselves as the failure to use the safety harnesses that come with them.

Q: **What is the talk mainly about?**

(a) The safety of commercial tree-stands

(b) How to prevent injuries when deer hunting

(c) Injuries due to falling from tree-stands

(d) Who is to blame for deer hunting accidents

해석　　오하이오 주의 병원들은 최근 사슴 사냥철에 색다른 부상 환자들을 맞고 있다. 모든 부상이 흔히 여상했던 대로 발생하는 총기 관련 건이 아니다. 증가하고 있는 부상 사례들은 나무에서 떨어져서 발생하는 것이다. 주로 남부와 중서부 지역의 사냥꾼들은 수년간 사슴이 보지 못하도록 땅에서 10-30피트 올라온 곳에 앉아 있으려고 사슴 사냥용 스탠드를 사용해왔다. 문제는 그 스탠드 자체에 있는 것이 아니라 스탠드에 딸려있는 안전 벨트를 착용하지 않기 때문이다.

Q: **주로 무엇에 관한 것인가?**

(a) 시중에서 파는 사슴 사냥용 스탠드의 안전

(b) 사슴 사냥 시 부상을 방지하는 법

(c) 사슴 사냥용 스탠드에서 떨어져 발생하는 부상

(d) 사슴 사냥과 관련된 사고의 책임 소재

정답분석 근래 사슴 사냥철에 흔히 발생하는 사고는 사슴 사냥용 스탠드로 인한 낙상으로, 특히 거기에 딸려 있는 안전벨트의 미착용으로 발생한다고 한다. 따라서 이 담화는 (c)사냥용 스탠드에서 떨어져 생기는 낙상 사고에 관한 내용이라고 할 수 있다.

unconventional 색다른, 독특한 **injury** 부상 **primarily** 주로 **tree-stand** 사슴 사냥용 스탠드 **safety harness** 안전 벨트 **come with** 딸려있다 **commercial** 상업의, 대량 생산의 **prevent** 예방하다 **blame** 탓하다

47

Hi George. Just wanted to check in with you and see how things are progressing along at the Frankfurt office. I know Sarah over there has nothing but good things to say about how the restructuring is going on. We should be getting all the accounts in order by this week and I'll be flying in next Monday to meet up with you guys for the Singaporean deal. How's the weather over there, by the way? Give me a call when you can. Bye.

Q: **What is the topic of this talk?**

(a) Getting all the accounts in order for a deal

(b) A meeting in Frankfurt and then in Singapore

(c) Saying hello to an old friend who is leaving

(d) Talking about an upcoming flight and meeting

해석　　안녕하세요 조지. 그냥 프랑크푸르트 사무실에서는 일이 어떻게 진전되고 있는지 알아보려고 했어요. 그곳에 있는 사라는 구조조정의 진행상

황에 대해 단지 좋은 소식들만 들려줄 거라는 거 알고 있어요. 우리는 이번 주까지 모든 보고서를 정리해 두고 저는 싱가포르와의 거래를 위해 당신들과 만나려고 다음주 월요일에 비행기를 타고 갈 겁니다. 그나저나 그쪽 날씨는 어떤가요? 시간 날 때 전화주세요. 안녕히 계세요.

Q: 이야기의 주제는 무엇인가?
(a) 거래를 위해 모든 보고서를 정리해 두는 것
(b) 프랑크푸르트에서 회의 후 싱가포르에서 회의
(c) 떠나려는 오랜 친구에게 안부 전하기
(d) 다가오는 비행과 회의에 대해 이야기하기

정답분석 다음 주에 있을 회의를 위해 프랑크푸르트 사무실에 전화한 내용이다. 싱가포르와의 거래를 위해 보고서를 정리해 두고 다음 주 월요일에 비행기를 타고 간다고 했으므로 (d)가 정답이다.

check in with 확인하다, 점검하다 process 처리하다 nothing but 단지 restructuring 구조조정 account 설명, 보고 upcoming 다가오는

48

America's fight against obesity continues and the city council of San Francisco recently passed a bill aimed against fast food establishments. Even under the threat of a veto by the mayor, the coucil voted to require restaurants to meet strict standards in sodium and fat levels for meals that offer toys. This effectively bans children's meals at certain nation-wide chains. The measure was passed as the city faces dire statistics among its youth population. Nearly a third of fifth graders in the city are reported as overweight.

Q: What is the passage mainly about?
(a) The likelihood of vetoing a bill in San Francisco
(b) A recent health-related measure by a city council
(c) How restaurant chains are dealing with obesity
(d) The levels of sodium and fat in children's meals

해석　미국의 비만과의 싸움은 계속되고 있고 최근 샌프란시스코 시의회는 패스트푸드 업체에 맞서 이들을 겨냥한 의안을 통과시켰다. 심지어 시장의 부결 위험 하에서도 시의회는 패스트푸드 음식점들이 장난감을 제공하는 식사의 나트륨과 지방 수치에 대해 엄격한 기준을 충족하도록 요구하기 위해 이를 가결했다. 이는 사실상 특정한 전국적인 패스트푸드 체인의 어린이 용 메뉴를 금지한 것이다. 이 도시는 청소년 인구를 대상으로 한 조사에서 심각한 통계 수치에 직면하게 되어 이 정책을 통과시켰다. 이 도시에 사는 5학년 학생들 중 3분의 1에 가까운 어린이들이 비만이라고 보고되었다.

Q: 주로 무엇에 관한 것인가?
(a) 샌프란시스코에서 의안을 기각할 가능성
(b) 최근 시의회의 건강관련 정책
(c) 레스토랑 체인들이 어떻게 비만 문제를 다루고 있는가
(d) 어린이용 메뉴의 나트륨과 지방 수치

정답분석 샌프란시스코 시의회가 건강에 좋지 않은 어린이 메뉴에 엄격한 기준을 적용한 정책을 통과시켰다는 내용이다. 최근 시의회가 통과시킨 정책의 내용과 효과, 실시 이유를 설명하고 있으므로 (b)최근 시의회의 건강관련 정책이 정답이다.

obesity 비만 city council 시의회 pass a bill 의안을 통과시키다 establishment 시설 threat 위협 veto 거부하다 mayor 시장 sodium 나트륨 effectively 사실상 ban 금지하다 nation-wide 전국적인 measure 정책 dire 끔찍한 statistics 통계자료 overweight 과체중의, 비만의 likelihood 가능성

49

Relationship experts tell us that there are some common beliefs that almost everybody has heard but are in fact not supported by scientific evidence. One of these is that opposites attract, that two people very different from each other stay interesting to one another and therefore stay together. On the contrary, the evidence shows that it is the similarities in a relationship that actually keep people together in the long run. Happy couples may have different hobbies, backgrounds, or even religious convictions but share common basic values in life.

Q: What is the speaker's main point in this talk?
(a) What keeps relationships together in the long-term
(b) What relationship experts believe causes splitting up
(c) Why opposites do not always attract each other
(d) How differences overcome similarities in a couple

해석　인간관계 전문가에 의하면 대부분의 모든 사람들이 들어보긴 했지만 사실 과학적 증거가 뒷받침되지 않는 일반적인 믿음들이 있다고 한다. 이런 것 중 하나는 자신과 반대되는 사람에게 끌린다는 것이다. 즉 서로 전혀 다른 두 사람은 서로에게 흥미를 느끼고 그렇기 때문에 함께 지낸다는 것이다. 이와 반대로, 남녀 관계에 있어 실제로 관계를 장기적으로 지속시켜 주는 것은 유사성이라는 증거가 있다. 행복한 커플은 다른 취미, 다른 배경, 심지어 다른 종교적 신념을 가질 수는 있지만 인생에서 공통된 기본적인 가치관을 공유하고 있는 것이다.

Q: 화자의 요점은?
(a) 장기적으로 관계를 유지시키는 요인
(b) 인간관계 전문가가 믿는 바가 결별을 야기한다.
(c) 왜 반대되는 사람들이 서로에게 항상 끌리는 것은 아닌가
(d) 남녀간의 차이점이 어떻게 유사성을 극복하는가

정답분석 사람들이 일반적으로 알고 있는 것과 달리 닮은 점이 많은 커플 또는 부부가 오래도록 지속할 수 있는 관계를 형성한다는 내용이다. 따라서 서로간에 유사성이 있고 기본적인 가치관을 공유하면 장기적인 관계를 지속할 수 있으므로 (a)가 정답이다.

support 뒷받침하다 evidence 증거 opposite 반대 similarity 유사점 religious 종교의 conviction 신념 value 가치관 split up 헤어지다 overcome 극복하다

50

Parents, teachers, guests, and fellow students of this year's graduating class at Excelsior High! I am honored today to give this speech on behalf of all my classmates. It seems just yesterday when we first entered these halls and dived into our new surroundings with a healthy dose of anxiety but also enthusiasm. And now it is time for us to move on in life, but let us thank our wonderful faculty and also our parents for all their encouragement and support over the years.

Q: What is this speech mainly about?
(a) Overcoming obstacles and pursuing goals

(b) Expressing appreciation for academic opportunities
(c) Thanking others for their help and saying farewell
(d) Encouraging classmates to take on new challenges

해석 　부모님들, 선생님들, 손님들, 그리고 올해 엑셀시어 고등학교를 졸업하는 학교 동창들. 저는 오늘 모든 동창생을 대표하여 이 연설을 하게 되어 영광입니다. 우리가 처음 이 강당에 들어와 적당한 불안감과 한편으로는 열정을 가지고 새로운 환경에 뛰어든 것이 엊그제 같습니다. 그리고 이제는 우리가 인생의 다음 단계로 넘어갈 때 입니다. 하지만 훌륭한 선생님들과 또한 부모님들께 수년간의 격려와 지원에 대한 감사를 드리고자 합니다.

Q: 이 연설은 주로 무엇에 관한 것인가?
(a) 장애물을 극복하고 목표를 추구하는 것
(b) 학업의 기회에 대한 감사 표현
(c) 다른 이들의 도움에 대한 감사와 작별 인사
(d) 동창생들이 새로운 도전을 하도록 격려하는 것

정답분석 　고등학교 졸업연설 내용이다. 학교 선생님들과 부모님께 고등학교 재학 기간 중 보내 준 격려와 지원에 감사하며 인생의 다음 단계로 넘어간다고 했으므로 (c)가 정답이다.

fellow students 학교 동무　**give a speech** 연설하다　**on behalf of** 대표하여　**dive into** 뛰어들다　**enthusiasm** 열정　**move on** 넘어가다　**faculty** 선생님들　**encouragement** 격려　**obstacle** 장애물　**pursue** 추구하다　**goal** 목표　**appreciation** 감사　**academic** 학업의　**farewell** 작별

51

In tonight's science segment, we report on the installation of new mobile network services in the Himalayan mountain range. A local Nepalese company has put up the world's highest cell phone relay station 5,000 meters on Mount Everest. The network will serve the estimated 30,000 tourists every year who come to the region for hiking as well as mountain climbing. Although the data capacity is limited, it may reach some of the world's tallest peaks. Some stations use solar power with back-up batteries.

Q: What is the main idea about the cell phone network?
(a) It is the highest such network in the world.
(b) It is the most remote network in the world.
(c) It makes hiking the Himalayas much safer.
(d) It allows all climbers to use cell phones.

해석 　오늘밤 과학 부분에서는, 히말라야 산맥에 새로운 이동 통신망 서비스 설치에 대한 보도를 드리겠습니다. 현지의 한 네팔 회사는 5천 미터 위의 에베레스트 산에 세계에서 가장 높은 휴대전화 중계국을 지었습니다. 이 통신망은 매년 하이킹뿐 아니라 등산을 하기 위해 이 지역을 방문하는 약 3만 명의 관광객에게 도움이 될 것입니다. 비록 데이터 용량에 제한은 있지만, 세계에서 가장 높은 봉우리까지 도달할 것입니다. 어떤 기지국은 예비 배터리를 두고 태양열 에너지를 사용합니다.

Q: 휴대전화 통신망에 대한 요지는 무엇인가?
(a) 이 통신망은 세계에서 가장 높다.
(b) 세계에서 가장 멀리 떨어진 통신망이다.
(c) 히말라야에서 하이킹하는 것을 훨씬 안전하게 한다.
(d) 모든 등산객이 휴대전화를 사용할 수 있게 해 준다.

정답분석 　히말라야 산맥의 에베레스트 산에 이동통신망을 설치해 관광객들에게 도움이 될 것이라는 보도자료이다. 휴대전화 통신망은 지상에서 5천 미터 떨어진 에베레스트 산에 설치되었고 세계에서 가장 높은 정상까지 도달할 수 있다고 했으므로 (a)가 정답이다. 데이터 용량에 제한이 있다고 했으므로 (d)는 답이 될 수 없다.

segment 부분　**installation** 설치　**mobile network** 이동통신망　**mountain range** 산맥　**put up** 짓다　**relay** 중계하다　**capacity** 용량　**solar power** 태양열 에너지　**back-up** 예비　**remote** 외진, 먼

52

Okay, folks. Welcome to Ventura Lodges. I hope everyone had a good trip getting out here. I know it's quite far from civilization, but that's just the whole point of it, isn't it? Anyway, this is our lodge facility here on Big Bear Lake. Your bedrooms are upstairs on the second floor and the balconies afford a great view of the lake and the mountains. The dining hall is over there past the fireplace, and our offices are over there. We also have an outdoor heated pool.

Q: What is the speaker's point about the lodge's location?
(a) It is hard to find and inconvenient.
(b) It is far away from urban areas.
(c) It is in the city of Ventura.
(d) It is on top of a mountain.

해석 　자 여러분. 벤추라 산장에 오신 것을 환영합니다. 모든 분들이 이곳까지 오시는데 즐거운 여행이 되셨기를 바랍니다. 이곳이 문명사회로부터 꽤 멀리 떨어져 있지만 그게 여러분이 이곳에 오신 목적이 아니겠습니까? 여하튼 이곳이 여기 빅베어 호수의 저희 산장 시설입니다. 침실은 2층에 있고 발코니에서는 호수와 산의 멋진 전망을 볼 수 있습니다. 식당은 벽난로를 지나 저쪽에 있고 저희 사무실은 저기 있습니다. 저희는 또한 야외 온수풀도 갖추고 있습니다.

Q: 산장 위치에 대한 화자의 요지는 무엇인가?
(a) 찾기 어렵고 불편하다.
(b) 도심지역에서 멀리 떨어져있다.
(c) 가정에 있는 모든 시설을 갖추고 있다.
(d) 산꼭대기에 있다.

정답분석 　숙박객들에게 산장에 대해 설명하고 있다. 산장은 문명사회에서 멀리 떨어져 있고 발코니에서 산과 호수의 전망을 감상할 수 있다고 했으므로 (b)가 적절하다.

lodge 오두막, 산장　**civilization** 문명　**facility** 시설　**afford** 제공하다　**dining hall** 대식당　**fireplace** 벽난로　**outdoor** 야외　**inconvenient** 불편한　**urban** 도시의

53

Today we will begin talking about the public administration of the Roman empire. Like the republic that came before it but on a much grander scale, the empire controlled a vast territory centering around the Mediterranean. This led to the need for an extensive system of governance unprecedented in history. The system of law, civil service, and tax collecting developed in this empire could be said to have laid the foundation for the West even up to modern times.

Q: **Which is correct according to the lecture?**
(a) Roman law began with the Roman empire.
(b) The West still uses Roman law today.
(c) Roman governance began in the Mediterranean.
(d) The Roman empire succeeded the Roman republic.

해석　오늘 우리는 로마제국의 행정에 관해 이야기를 시작하겠습니다. 그 전에 존재하던 공화국과 비슷하지만 훨씬 더 큰 규모로, 로마제국은 지중해를 중심으로 광활한 영토를 지배했습니다. 이 때문에 역사에 전례 없는 광범위한 통치체제를 필요로 하게 되었습니다. 로마제국에서 발달한 법제도, 행정 조직 그리고 세금 징수 제도는 심지어 현대에 이르기까지 서구사회의 토대가 되었다고 말할 수 있습니다.

Q: 강의에 따르면 다음 중 옳은 것은?
(a) 로마법은 로마제국에서 시작되었다.
(b) 여전히 서구사회는 로마법을 오늘날에도 사용한다.
(c) 로마의 통치는 지중해에서 시작되었다.
(d) 로마제국은 로마공화국의 뒤를 이었다.

정답분석　로마제국의 행정제도의 필요성과 그 영향에 관한 강의 내용이다. like the republic that came before it에서 로마제국이 그 전에 존재했던 로마공화국의 뒤를 이었음을 알 수 있으므로 답은 (d)이다.

public administration 행정　**empire** 제국　**vast** 방대한　**territory** 영토　**extensive** 광범위한　**unprecedented** 전례 없는　**civil service** 행정조직　**governance** 통치　**succeed** 뒤를 잇다

54

This Thanksgiving when all the family is gathered for a holiday meal, remember to keep healthy eating in mind. Here is a recipe for an easy-to-prepare dish that will make it easy to avoid a bulging waistline. All you need are some potatoes, carrots, turnips, and sweet potatoes. Add in 2 tablespoons of olive oil, some paprika, salt and pepper. Toss all the seasonings in a bowl and then add

to the vegetables. Then roast in an oven at 400 degrees Fahrenheit for 45 minutes.

Q: **What is the advice given in this recipe?**
(a) To celebrate the holiday without meat
(b) To count the calories in each meal
(c) To eat healthy during the holidays
(d) To cook with organic and fresh ingredients

해석　명절 음식을 먹기 위해 온 가족이 모이는 이번 추수감사절에 건강한 식생활을 명심해야 하는 것을 잊지 마세요. 여기 불룩 튀어나온 뱃살을 피하기 쉽도록 해줄 준비가 간편한 요리법이 있습니다. 감자, 당근, 순무, 고구마만 있으면 됩니다. 올리브 오일 2큰술, 파프리카 약간, 소금과 후추를 넣으세요. 그릇에 모든 양념을 넣은 다음 야채에 섞으세요. 그리고 나서 화씨 400도의 오븐에 넣고 45분 동안 구우세요.

Q: 이 조리법에서 해준 충고는 무엇인가?
(a) 고기 없이 명절을 기념하라.
(b) 매 끼니마다 칼로리를 계산하라.
(c) 명절 기간 동안 건강하게 먹어라.
(d) 유기농의 신선한 재료로 요리하라.

정답분석　명절에도 건강하게 먹을 수 있는 요리를 만드는 법이다. 힌트는 remember to keep healthy eating in mind에 있다. 이 요리법은 살찔 염려가 없는 음식이어서 명절에도 건강하게 먹을 수 있다고 했으므로 답은 (c)이다.

gather 모으다　**recipe** 요리법　**dish** 요리　**bulge** 불룩하다　**waistline** 허리둘레　**turnip** 순무　**toss** 던지다　**seasoning** 양념　**roast** 굽다　**ingredient** 재료

55

Although a dramatist who is today faded from view, Jeremiah Williams shines again in a new production at the Royal Theater. His play *Merrily on Our Way* offers many challenges for actors, and this time the cast was up to it. The story is a slice of life from the old Scottish hills. Mind you that it may be a challenge sitting through nearly three hours of an unfamiliar dialect. But the story

promised rich rewards on the themes of youthful dreams and family bonds.

Q: **What is the word of caution given in this review?**
(a) The dialogue may be hard to understand.
(b) The writer of the play lived long ago.
(c) The actors were faced with many challenges.
(d) The setting of the play was in old Scotland.

해석　비록 오늘날 희미해져 가고 있는 극작가인 제러마이어 윌리엄스는 왕립 극장의 새로운 제작물에서 다시 뛰어난 능력을 발휘하고 있다. 그의 연극 '우리가 즐겁게 가는 길에' 는 배우들에게 많은 도전을 안겨주었고 이번에는 출연자들이 그것을 해낼 수 있었다. 이야기는 오래 전 스코틀랜드의 언덕에서 일어나는 삶의 단면을 생생히 보여주고 있다. 익숙하지 않은 사투리를 들으며 거의 세 시간이나 끝까지 앉아있는 것은 시련이 될 수도 있다는 것을 명심하라. 하지만 이야기는 젊은이의 꿈과 가족간의 유대감을 주제로 후한 보상을 약속한다.

Q: 이 논평에서 주고 있는 주의사항은 무엇인가?
(a) 사투리는 이해하기 어려울 수도 있다.
(b) 연극의 작가는 오래 전에 살던 사람이다.
(c) 배우들이 많은 도전에 직면했었다.
(d) 연극의 배경은 오래 전 스코틀랜드이다.

정답분석　연극에 관한 논평이다. 익숙하지 않은 사투리를 들으며 세 시간이나 앉아있는 것이 힘들 것이라는 경고에서 사투리를 이해하기 어렵다는 것을 유추할 수 있으므로 답은 (a)이다. (c)와 (d)도 논평에서 언급되기는 했지만 주의사항은 아니므로 답이 될 수 없다.

dramatist 극작가　**fade** 희미해지다　**shine** 뛰어나게 잘하다　**merrily** 즐겁게　**cast** 출연자들　**a slice of life** 삶의 단면을 생생하게 보여주는 연극　**unfamiliar** 익숙지 않은　**dialect** 사투리　**reward** 보상　**bond** 유대감

56

Five years ago, Frank Kristoff had no trouble starting up his wind farm. His plans for producing green energy to sell back to the state utility companies were met with offers of bank loans. But now he is finding it harder to sell the idea as the economy is in recession and prices for energy from fossil fuels have gone down. State lawmakers have voiced concerns over increasing energy bills for consumers based on using renewable sources, even though the projected price increase would have been less than half a percent.

Q: **What is correct about Kristoff's wind farm according to the report?**
(a) It will raise energy prices significantly.
(b) It was started to sell energy to the state.
(c) It will close shortly due to new laws.
(d) It has wide support from the public.

해석 5년 전, 프랭크 크리스토프는 풍력발전단지를 시작하는데 아무런 문제가 없었다. 그린에너지를 생산해서 주(州) 공기업에 되팔려고 했던 그의 계획에 은행들은 융자 제의를 해왔다. 그러나 지금은 경기 침체와 화석연료 에너지의 가격인하로 그의 생각대로 판매하는 것이 더 어려워졌다. 주 의원들은 비록 예상되는 가격 인상률이 0.5% 이하라 하더라도 재생 가능한 자원을 사용했을 때 소비자에게 청구되는 전기요금이 인상되는 것에 대해 근심을 표하고 있다.
Q: 크리스토프의 풍력발전단지에 관해 옳은 것은?
(a) 에너지 가격을 상당히 인상시킬 것이다.
(b) 즈(州)에 에너지를 팔기 위해 시작되었다.
(c) 새로운 법안 때문에 곧 폐쇄될 것이다.
(d) 대중들로부터 광범위한 지지를 받았다.

정답분석 풍력발전단지 조성 이후 현재 판매에 어려움이 있다는 내용을 다룬 보도이다. His plans for producing green energy to sell back to the state utility companies 에서 알 수 있듯이, 그린에너지를 주가 운영하는 기업에 되팔려고 한 계획에서 답이 (b)임을 알 수 있다.

wind farm 풍력발전단지 **utility company** 공익기업 **recession** 불경기 **fossil fuel** 화석 연료 **lawmaker** 입법자, 국회의원 **voice** 표하다 **concern** 근심 **renewable source** 재생 가능 자원 **project** 예상하다 **significantly** 상당히 **shortly** 곧

57

In an eagerly anticipated dream exhibition match, Roger Federer graciously admitted defeat to his tennis hero, Pete Sampras. 'I always feel sorry when I beat my idol, but this time he got the better of me. I hope to return the favor to him in the future." Sampras downplayed the outcome of the match, saying that the fast indoor court helped him with his big serves. In a press conference after the game, he ruled out a return to competition, telling the reporters, "I had my time in the 90s."

Q: **What is correct according to the report?**
(a) Sampras expressed regret that he beat Federer.
(b) Federer has never defeated Sampras.
(c) This game marked the return of Sampras to tennis.
(d) Sampras has played Federer before.

해석 간절히 기대했던 환상의 시범경기에서, 로저 페더러는 정중하게 그의 테니스 영웅 피트 샘프라스에게 패배한 것을 인정했다. "저의 우상을 이길 때면 항상 미안한 마음이 들었지만, 이번에는 그가 저를 이겼습니다. 나중에 그에게 이 은혜를 갚고 싶습니다." 샘프라스는 공이 잘 튀는 실내 코트 때문에 자신의 서브가 훌륭했다며 경기 결과를 대단하지 않게 생각했다. 경기 후 기자회견에서 그는 기자들에게 "제 전성기는 90년대였습니다."라고 말하며 대회에 복귀 가능성을 배제했다.
Q: 다음 중 옳은 것은?
(a) 샘프라스는 그가 페더러를 이겨서 후회를 표했다.
(b) 페더러는 샘프라스를 이긴 적이 없다.
(c) 이 경기는 샘프라스가 테니스르 복귀할 것임을 보여준다.
(d) 샘프라스는 페더러과 전에 경기를 한 적이 있다.

정답분석 은퇴한 테니스 선수와 현 테니스 선수와의 시범경기를 보도하고 있다. I always feel sorry when I beat my idol에서 이길 때면 항상 미안했다고 했으므로 이번이 첫 경기가 아님을 알 수 있다. 따라서 정답은 (d)이다. he ruled out a return to competition에서 복귀 가능성을 배제했다고 했으므로 (c)는 답이 될 수 없다.

eagerly 간절히 **anticipate** 기대하다 **exhibition match** 시범경기 **graciously** 정중하게 **admit** 인정하다 **defeat** 패배 **beat** 이기다 **get the better of** 능가하다 **downplay** 대단치 않게 생각하다 **outcome** 결과 **press conference** 기자회견 **rule out** 배제하다 **regret** 후회

58

Here we are. This three-bedroom Spanish revival home would be perfect for you guys. Just right down the street are restaurants and a supermarket. As you can see, it has two floors with an attic space. Here you have a raised front porch and several garden beds in front of the house. In the back is a patio with border fencing. Come in here and I'll show you the living room. Nice hardwood floors with a fireplace, and back there is the kitchen and dining room.

Q: **What can be inferred about this home from the talk?**
(a) The buyers are looking for a small place.
(b) The buyers need several bedrooms.
(c) The buyers will never eat out at restaurants.
(d) The buyers are not interested in gardening.

해석 자, 도착했습니다. 이 방 3개짜리 스페인풍 집이 여러분들에게 완벽하게 어울릴 거예요. 바로 길을 따라가면 식당과 슈퍼마켓이 있어요. 보시다시피 다락 공간이 있는 이층집입니다. 여기 높이 올라온 현관이 있고 집 앞에는 화단이 여러 개 있어요. 뒤쪽에는 울타리가 쳐진 패티오가 있어요. 이리로 와보시면 거실을 보여드릴게요. 벽난로가 있는 멋진 원목 바닥이고요, 저기 뒤쪽에는 주방과 식당이 있어요.
Q: 이 집에 관해 유추할 수 있는 것은?
(a) 구매자는 작은 집을 찾는다.
(b) 구매자는 방이 여러 개 필요하다.
(c) 구매자는 식당에서 절대 외식하지 않을 것이다.
(d) 구매자는 정원 가꾸기에 흥미가 없다.

정답분석 부동산 중개인이 구매자에게 집을 보여주며 설명을 하고 있다. This three-bedroom Spanish revival home would be perfect for you에 단서가 있다. 방 3개짜리 집이 안성맞춤일거라고 한 말에서 구매자는 방이 여러 개 있는 집이 필요할 거라는 (b)가 정답이다.

revival 부활 **attic** 다락 **porch** 현관 **garden bed** 화단 **patio** 뒤쪽 테라스 **fence** 울타리 **hardwood** 원목

59

Insiders are abuzz about the upcoming announcement by Greenbrook to buy the e-commerce company, Netstock, for a reported $230 million. The move suggests that Greenbrook is trying to maintain its lead in the online retail market. The cyber store has been buying out smaller online retailers in recent months. A case in point was the June acquisition of CoNet, the innovative online supplier who first standardized the 24-hour customer service and next-day delivery model. It also streamlined its inventory control using computer analysis.

Q: **What can be inferred about Netstock from the speaker?**
(a) It is an innovative online company such as CoNet.
(b) It is a competitor with CoNet, another cyber store.
(c) It is trying to maintain its lead in the online retail market.
(d) It is being bought by Greenbrook as CoNet was earlier.

해석　보도된 대로 2억 3천만 달러에 전자 상거래 회사인 네트스톡을 매입한다는 곧 있을 그린브룩의 발표를 앞두고 회사 내부가 떠들썩하다. 이런 움직임은 그린부룩이 온라인 소매 시장에서 선두를 유지하고자 노력하고 있음을 나타낸다. 이 온라인 상점은 최근 몇 달 새, 더 규모가 작은 온라인 소매업체들을 인수하고 있다. 일례로 최초로 24시간 고객 서비스와 익일 배송 모델을 표준화한 혁신적인 온라인 공급 업체인 코넷을 6월에 인수했던 일이 있다. 또한 컴퓨터 분석을 이용해 재고 관리를 간소화시켰다.

Q: 네트스톡에 관해 유추할 수 있는 것은?
(a) 코넷과 같은 혁신적인 온라인 회사이다.
(b) 또 다른 사이버 스토어인 코넷과 경쟁사이다.
(c) 온라인 소매 시장에 선두를 유지하고자 한다.
(d) 이전에 코넷처럼 그린부룩에 매입될 것이다.

정답분석　그린브룩이 네트스톡이라는 전자 상거래 회사를 인수한다는 발표를 앞두고 회사 내부가 떠들썩한 상황이다. 코넷은 혁신적인 온라인 회사이지만 네트스톡에 관한 자세한 설명은 없으므로 (a)는 알 수 없고, 온라인 소매 시장에서 선두를 지키고 있는 것은 그린브룩이므로 (c)또한 옳지 않다. 따라서 네트스톡에 관해 유추할 수 있는 내용은 (d)이다.

insider 내부자　**abuzz** 떠들썩한　**announcement** 발표　**e-commerce** 전자 상거래　**maintain its lead** 선두를 유지하다　**retail market** 소매 시장　**a case in point** 일례로　**acquisition** 인수　**innovative** 혁신적인, 획기적인　**delivery** 배송　**streamline** 능률화하다　**inventory control** 재고 관리　**competitor** 경쟁 상대

60

When a new and more spacious location for the city's Native American museum was planned back in the '80s, we welcomed the change from the cramped quarters of the old building. But the 1989 opening of the new Harris Art Center represented not only a change in venue but a change in mission. The multimedia displays they installed interpreted the works with an ideological bent. If this was being politically correct, today the Center has returned to the traditional idea of art for contemplation in a neutral setting.

Q: **Which statement would the speaker most likely agree with?**
(a) Art museums should always change with the times.
(b) Native American art has a strong political message.
(c) Art works in museums can be presented purely as art.
(d) Multimedia displays in art museums are never a good idea.

해석　과거 80년대에 시의 인디언 박물관용으로 새롭고 더 넓은 장소가 계획되었을 때, 우리는 낡은 건물의 비좁은 공간에서 벗어난다는 변화가 반가웠다. 하지만 1989년에 새로운 해리스 아트 센터를 개관하면서 장소뿐 아니라 역할에 있어서도 변화가 나타났다. 그들이 설치한 멀티미디어 디스플레이는 작품들을 이데올로기적인 성향으로 해석해 놓았다. 이것이 정치적으로 정당화된다면, 오늘날 그 센터는 중립적인 상태에서의 사색을 위한 전통적인 예술의 관념으로 되돌아갔을 것이다.

Q: 화자가 가장 동의할 만한 내용은?
(a) 미술관은 시대와 함께 늘 변해야 한다.
(b) 인디언 미술에는 강한 정치적 메시지가 담겨 있다.
(c) 박물관에 예술 작품들은 순수하게 예술로 존재할 수 있어야 한다.
(d) 미술관에 멀티미디어 디스플레이는 결코 좋은 아이디어가 아니다.

정답분석　화자는 시의 인디언 박물관이 새롭고 넓은 공간으로 이전하는 변화는 환영했지만 (a)미술관이 시대와 함께 늘 변해야 한다고 주장하지는 않았다. 또한 (b)인디언 미술에 정치적 메시지가 담겨 있다거나 (d)멀티미디어 디스플레이의 좋고 나쁨에 관한 내용은 언급되어 있지 않다. 화자는 예술이 어느 한쪽으로 치우치지 않는 중립적인 상태에서 (c)순수 예술로 존재할 수 있어야 함을 주장한다고 유추할 수 있다.

Native American 인디언, 북미 원주민　**spacious** 널찍한　**cramped** 비좁은, 갑갑한　**quarter** (도시 내의) 구역　**represent** 나타내다　**venue** 장소　**mission** 사명　**interpret** 설명하다, 해석하다　**ideological** 이데올로기적인　**bent** 취향, 성향　**contemplation** 묵상, 사색　**neutral setting** 중립적인 상태　**purely** 순수하게, 전적으로

Actual Test 문법

⇨ P88

Part I

01 (b)	02 (c)	03 (a)	04 (d)	05 (d)	06 (c)
07 (b)	08 (c)	09 (a)	10 (b)	11 (d)	12 (d)
13 (b)	14 (c)	15 (b)	16 (a)	17 (c)	18 (b)
19 (b)	20 (c)				

Part II

21 (b)	22 (a)	23 (d)	24 (b)	25 (a)	26 (d)
27 (b)	28 (a)	29 (b)	30 (d)	31 (c)	32 (c)
33 (a)	34 (a)	35 (d)	36 (a)	37 (d)	38 (b)
39 (c)	40 (b)				

Part III

41 (d) are you ⇨ you are

42 (c) talking ⇨ you're talking

43 (a) to get ⇨ getting

44 (b) new ⇨ a new

45 (b) giving ⇨ give

Part IV

46 (c) makes ⇨ made

47 (d) adding ⇨ add

48 (a) complain ⇨ complaint

49 (c) is ⇨ are

50 (a) fisherman ⇨ fishermen

● Part I

1

해석
A: 어제 바람맞혀서 미안해. 하지만 너에게 줄 좋은 선물을 준비했어.
B: 그러면 용서해줄게.

해설 If that's the case는 '그것이 사실이라면'의 뜻을 가진 관용어구로 then, if so와 같은 의미다. 대화 내용상 빈칸에는 If가 알맞다.

stand somebody up ~를 바람맞히다 **forgive** 용서하다

정답 (b) If

2

해석
A: 물건은 내일 배송될 거예요.
B: 고맙습니다. 기다리고 있을게요.

해설 특정 미래 시점에 진행 중에 있을 동작이나 사건을 나타낼 때는 미래진행형이 알맞다. 따라서 내일 물건이 배달되는 시점에 계속 기다리고 있을 것이므로 be waiting이 적절하다.

deliver 배달하다

정답 (c) be waiting

3

해석
A: 제가 또 드려야 할 것이 있나요?
B: 모두 신원 보증서를 제출해야 하는 것이 저희 방침입니다.

해설 policy는 따라야 한다는 요구의 의미가 강하기 때문에 that절에는 조동사 should가 생략되었다고 볼 수 있다. 따라서 동사원형 submit이 적절하다.

policy 정책, 방침 **submit** 제출하다 **personal reference** 신원 보증서

정답 (a) submit

4

해석
A: 이 파일이 네가 찾고 있던 거야?
B: 응! 바로 그거야. 찾아줘서 고마워.

해설 very는 명사 앞에서 형용사로 쓰여 '(다름 아닌) 바로 그'라는 뜻이 있다. 대화의 내용상 '바로 그 파일'이어야 하므로 빈칸에는 very가 알맞다.

search 찾다, 수색하다 **find** 찾다, 발견하다

정답 (d) very

5

해석
A: 이 전망을 보기 위해서 내가 이곳까지 멀리 온 거야.
B: 굉장히 멋진데. 그림 같은 부분들을 모두 다 담아내고 있어.

해설 관계대명사와 선행사 사이의 전치사는 관계대명사절 끝에 있던 전치사가 관계대명사와 함께 앞으로 이동한 것이다. '내가 이곳까지 나온 것은 이 멋진 전망을 보기 위해서'라는 뜻으로 의미상 전치사 for가 적절하다.

magnificent 웅장한, 굉장히 멋진 **picturesque** 그림 같은

정답 (d) for

6

해석
A: 지금까지 대학에서 몇 과목 수강했니?
B: 이번 학기가 끝나면 32과목이 될 거야.

해설 과목 수강이 학기가 끝나는 시점에 완료되는 경우이므로 미래완료 시제가 되어야 한다. 따라서 it will have been이 적절하다.

course 강의, 과목 **so far** 지금까지 **semester** 학기

정답 (c) it'll have been

7

해석
A: 그들과 이달 내내 회담을 갖고 있어.
B: 음, 그쪽 요구 사항 중에 철회되고 있는 게 거의 없어.

해설 《a few of + 복수명사》가 주어일 경우 동사는 복수형이 온다. being withdrawn으로 미루어 현재진행형과 수동태의 결합인 are being withdrawn이 적절하다.

talks 회담, 협상 **demand** 요구 사항 **withdraw** 물러나다, 철회하다

정답 (b) are

8

해설
A: 내 생일에 좀 더 큰 식당에 갔어야 했어.
B: 그것도 괜찮았을 거야. 그곳은 좀 지나치게 아늑했어.

해설 〈should have + pp〉는 과거에 했어야 할 일을 하지 않은 것에 대한 후회나 유감으로 '~했어야 했는데'의 의미로 쓰인다. 지문에서는 더 큰 식당에 가지 않은 것에 대한 후회를 나타내므로 have gone이 적절하다.

cozy 아늑한

정답 (c) have gone

9

해설
A: 캐시가 나중에 우리와 합류할 건지 알려줘.
B: 그럴 것 같긴 한데 캐시하고 다시 얘기해 볼게.

해설 check in with는 '(보고를 하거나 새로운 정보를 알아내기 위해) ~와 얘기하다'라는 뜻이다. again은 부사로 문장 전체를 수식할 때는 문장 끝에 오므로 check in with her again이 적절하다.

join 합류하다 **later** 나중에

정답 (a) check in with her again

10

해설
A: 사람들이 그러는데 내가 눈에 띄게 살이 빠지고 있대.
B: 네가 여기저기 걸어 다녀서 그럴 거야.

해설 lose는 '잃어버리다, 분실하다'라는 뜻으로 살이 빠진다고 할 때 능동태로 나타낼 수 있으므로 현재진행 I am losing나 현재완료 I have lost가 가능한데, 보기에서는 (b) I'm losing이 적절하다.

noticeable 뚜렷한, 현저한 **lose weight** 살이 빠지다

정답 (b) I'm losing

11

해설
A: 시간이 더 있었다면, 그녀가 더 잘했을 텐데.
B: 그녀가 곧 익숙해질 거라고 생각해.

해설 과거 사실에 대한 반대 사실을 가정할 때는 가정법 과거완료가 알맞다. 형식은 〈If + 주어 + had + pp ~, 주어 + 조동사 과거 + have + pp ~〉이므로 If she had had more time, she could have done better가 된다. 가정법은 if를 생략하고 주어와 동사를 도치할 수 있으므로 빈칸에는 had she had가 적절하다.

get used to ~에 익숙해지다

정답 (d) Had she had

12

해설
A: 내가 마지막으로 보낸 이메일에 대한 답장을 못 받았어.
B: 나는 보냈다고 생각했는데 이상하네. 다시 보낼게.

해설 현재를 기준으로 과거의 일을 표현할 때 과거 시제를 쓴다. 과거 시점에 보냈다고 생각했으므로 thought I did가 알맞다. did는 의미상 sent를 대신하는 대동사이다.

reply 답장 **funny** 재미있는, 이상한

정답 (d) thought I did

13

해설
A: 회의를 5시까지 미뤄도 될까요?
B: 그래, 크리스. 일찍 가 있을 테니 준비되면 불러.

해설 부사절의 주어를 생략해도 의미 전달에 문제가 없을 경우 접속사와 형용사만 남겨두고 주어와 be동사를 생략할 수 있다. 지문에서는 when이 이끄는 부사절로 when you are ready에서 you are가 생략되어 when ready가 된다.

14

postpone 연기하다

정답 (b) when ready

해설
A: 여기 시골에 나오니까 뭐가 뭔지 하나도 모르겠어.
B: 너 도시에서만 있었구나?

해설 현재완료는 과거부터 현재까지 이어지는 개념이다. 과거 특정 시점부터 현재까지 도시에서만 살았기 때문에 시골에서는 어리둥절하다고 할 수 있으므로 현재완료 been around가 적절하다.

completely 완전히

정답 (c) been around

15

해설
A: 저 공연에 완전히 매료되었어.
B: 대가의 손놀림을 본다는 건 정말 굉장해.

해설 동사 앞에 주어 자리인 것을 알 수 있다. 주어로 동명사가 올 수도 있지만 명사형이 있다면 명사를 쓰는 것이 옳다. 화자 모두 알고 있는 특정 공연에 대한 대화이므로 performance 앞에 정관사 the가 와야 한다. 따라서 The performance가 정답이다.

performance 공연 **absolutely** 전적으로, 굉장히 **enthrall** 마음을 사로잡다

정답 (b) The performance

16

해설
A: 주말에 산에 갔던 거 어땠어?
B: 지금까지 가장 즐거웠던 것 같아.

해설 ever는 비교급과 최상급의 의미를 강조하며, 〈최상급 + that ever ~〉는 '여태껏 ~한 적이 없는'이란 뜻이다. 대화의 내용은 과거에 대한 것이므로 ever had가 적절하다.

likely ~할 것 같은, 아마

정답　(a) ever had

17

해석
A: 너무 배가 고파서 급하게 대충 먹었어.
B: 하루 세 끼를 충실하게 먹어야 한다는 속담 알잖아.

해설　뒤에 올 문장인 속담 you should have three square meals a day를 미리 언급하기 위해서는 this를 이용할 수 있다. 따라서 보기 중 this saying이 적절하다.

starve 굶주리다　**grab a bite** 간단히 먹다　**on the run** 황급히　**saying** 속담　**square meal** 실속 있는 식사

정답　(c) this saying

18

해석
A: 크레이그, 네 전화에 이 무료 응용 프로그램 다운받아 봐.
B: 난 정말 저런 유료 프로그램은 필요 없지, 그치?

해설　힌트는 부가의문문인 do I에 있다. 부가의문문이 긍정이므로 주절은 부정으로 I don't가 적절하다.

download 다운받다　**application** 응용 프로그램

정답　(b) I don't

19

해석
A: 어제 시내 사무실에 갔었어.
B: 그때 붐볐니?

해설　어제 상황에 대한 질문이므로 동사는 과거가 되어야 한다. 또한 주어 it은 3인칭 단수이고 형용사 crowded가 연결되어야 하므로 빈칸에는 be동사의 과거 3인칭 단수 Was가 적절하다.

downtown 시내에　**crowded** 붐비는

정답　(b) Was

20

해석
A: 네가 이사 갈 준비를 하고 있다는 얘기는 다 뭐야?
B: 그럴 계획이었는데 지금은 더 오래 있을까 생각 중이야.

해설　동사 think는 절을 목적어로 취하거나 전치사 of나 about 등으로 연결되어 명사를 독적어로 취한다. 전치사 뒤의 동사는 동명사로 바꾸어야 하므로 of staying longer가 적절하다.

residence 주택, 거주지

정답　(c) of staying longer

● Part II

21

해석
연맹은 약물을 복용한 선수들을 출전 정지시키겠다고 한 협박을 실행에 옮겼다.

해설　명사 threat를 수식해주는 to부정사의 형용사적 용법에 관한 문제로 〈to + 동사원형〉인 to suspend가 적절하다. threat 뒤에 of가 이어지려면 뒤의 player를 감안해 동사의 역할과 명사의 역할을 할 수 있는 동명사형 suspending이 되어야 한다.

follow through (이미 시작한 일을) 다 끝내다　**threat** 협박, 위협　**suspend** 중단하다, 정직시키다

정답　(b) to suspend

22

해석
요즘 학생의 3분의 1은 보통 이 질문에 정확하게 대답하지 못한다.

해설　〈분수 + of 복수명사〉 다음에는 명사에 수 일치를 시켜 동사의 복수형이 온다. the students는 복수이고 일반적인 사실을 말하고 있으므로 현재 시제인 fail이 적절하다.

correctly 정확하게

정답　(a) fail

23

해석
회사의 시장 가치는 피해가 막심했던 제품 회수 조치 일 년 후에 회복되었다.

해설　소거법으로 쉽게 접근할 수 있는 문제이다. 조동사 뒤에는 동사원형이 와야하므로 (a)는 틀리고, 주어가 3인칭 단수이므로 수 일치에서 어긋난 (c)도 정답에서 제외된다. 지문 내용상 product recall이 있었던 시점으로부터 1년 뒤의 시점까지 회사의 가치가 회복된 것이므로 과거완료인 (d) had recovered가 적절하다.

market value 시장 가치　**recover** 회복되다, 되찾다　**disastrous** 비참한, 피해가 막심한　**recall** 회수

정답　(d) had recovered

24

해석
여기 음식에는 독특할 뿐만 아니라 한 번도 못 들어 본 재료들도 들어있을지 모른다.

해설　〈not only A but (also) B〉 구문으로 A와 B의 형태가 같아야 하는 병렬 구조이다. 따라서 빈칸에는 unconventional에 맞추어 형용사가 와야 하므로 복합형용사 unheard of가 적당하고, even은 강조하고 싶은 어구 앞에 오므로 even unheard of가 답이 된다.

dish 요리　**ingredient** 재료　**unconventional** 독특한, 색다른　**unheard of** 전례가 없는, 금시초문의

정답　(b) even unheard of

25

해석
에드워즈 대학은 여러 이유를 들어 조기 입학을 받아 들이는 정책을 다시 시행하기로 하였다.

해설　set out은 '출발하다, 착수하다, 마음먹다' 등의 뜻으로 뒤에 동사가 올 경우에는 〈to + 동사원형〉으로 이어진다. 또한 주어는 3인칭 단수이므로 sets out to가 적절하다.

admission 입학　**cite** (이유를) 들다

정답　(a) sets out to

26

해석
최초의 추수 감사절에 정말 칠면조를 내놓았는지 어떤지는 이 역사가에게 무의미한 연구가 아니었다.

해설　주어 역할을 할 수 있는 명사절을 이끄는 접속사로는 that, if/whether가 있다. 이 중 문맥상 '~인지 아닌지'의 의미인 if/whether가 적절하므로 답은 (d) Whether가 된다.

feature 특징으로 삼다　**idle** 쓸데없는, 무의미한　**inquiry** 연구

정답　(d) Whether

27

해석
소비자 제품 안전 위원회는 제품에 대한 유의 사항과 안전 기록을 기재해 놓고 있는 웹 사이트를 점검했다.

해설　분사는 꾸며주는 명사와의 관계가 능동이면 현재분사, 수동이면 과거분사가 된다. '웹 사이트가 유의 사항과 안전 기록을 기재하고 있다'는 능동의 의미이며, 바로 뒤에 목적어가 이어지므로 현재분사 listing이 옳다.

overhaul 점검하다　**warning** 주의

정답　(b) listing

28

해석
인생을 살면서 갖는 가치관은 개개인에 따라 다르다.

해설　주어 – 동사 수 일치 문제이다. the values가 주어이고 one holds in life는 values를 꾸며주는 which 또는 that이 생략된 관계대명사절이다. 따라서 주어가 복수이고 일반적인 사실을 설명하고 있으므로 현재시제 vary가 적절하다.

values 가치관　**vary** 서로 다르다

정답　(a) vary

29

해석
호주 노조는 최근에 발표된 새 정부의 예산 삭감에 반발하여 파업에 돌입할 준비를 하고 있다.

해설　예산 삭감은 발표된 것이므로 announce는 과거분사 announced가 되어야 한다.

gear up 준비를 하다　**strike** 파업하다　**budget cut** 예산 삭감　**recently** 최근　**announce** 발표하다

정답　(b) recently announced

30

해석
대부분의 지역 주민들은 인근을 미화하려는 노력을 흔쾌히 받아들이고 있다.

해설　막연한 대상의 대부분은 most이고, 특정 집단에서의 대부분은 most of the가 되므로 (b)의 경우 the를 써야 한다. the most는 '최대'의 의미이므로 지문의 내용에 맞지 않다. 따라서 (d)의 Most가 적절하다.

area resident 지역 거주자　**hospitable** 환대하는, 친절한　**beautify** 꾸미다

정답　(d) Most

31

해석
이 사안에 만족스러워 하지 않는 것은 그 제안이 전반적으로 불만스럽다는 것을 보여준다.

해설　동사 is 앞에 올 알맞은 명사구를 고르는 문제이다. 따라서 (b)와 (d)는 전치사구이므로 주어로 올 수 없고, issue는 '문제, 쟁점, 사안'의 뜻일 경우 한정사를 필요로 하므로, unhappiness를 전치사구 with this issue가 수식하는 (c)가 정답이다.

issue 쟁점, 사안　**indicative of** ~을 나타내는　**overall** 전반적인　**dissatisfaction** 불만

정답　(c) Unhappiness with this

32

해석
야생 동물 보호 구역의 목적은 동물들에게 거처를 제공해 주는 것 뿐만 아니라 번성하게도 하는 것이다.

해설　but also to thrive에서 유추할 수 있듯이 〈not only A but also B〉 구문으로 A와 B의 형태가 같아야 하는 병렬 구조이다. 따라서 provide는 to부정사 형태가 되어야 하므로 빈칸에는 not only to가 적절하다.

wildlife preserve 야생동물 보호 구역　**provide** 제공하다　**thrive** 번영하다, 잘 자라다

정답　(c) not only to

33

해석
하루 중 헛되이 보낸 짧은 순간들을 주의 깊게 계산해 보면 상당한 시간에 달한다.

해설　amount to는 '(합계가) ~에 달하다'는 뜻으로 '순간이 모두 합하면 ~에 달한다'는 능동의 의미이며, 주어 moments는 복수이므로 amount가 적절하다.

unused 사용하지 않은　**a great deal of** 다량의　**calculate** 계산하다

정답　(a) amount

34

해석
아무리 건강한 사람들이라도 가끔은 건강 검진을 받아야 한다.

해설　〈the + 형용사〉는 보통명사가 되어 복수형으로 취급한다. '사람들이 건강 검진을 받아야 한다'는 것이므로 능동의 복수 형태인 need가 적절하다.

health checkup 건강 검진　**once in a while** 가끔

정답　(a) need

35

해석
지도자들은 수개월 전에 미리 협상이 이뤄졌던 조약에 서명하기 위해 모여 앉았다.

해설 과거완료는 과거의 한 시점에서 과거의 다른 한 시점까지 동작이나 상태가 계속된 것을 나타낸다. months beforehand에서 알 수 있듯이 협상은 조약에 서명하기 위해 모인 시점보다 수개월 전에 이뤄진 것이므로 과거-완료인 had taken place가 적절하다.

treaty 조약 **negotiation** 협상 **take place** 일어나다 **beforehand** 사전에

정답 (d) had taken place

36

해설
〈스타 스트럭〉에서 터너 부인 역을 할 사람으로 도리스 코웬 이외에 다른 사람은 생각할 수 없다.

해설 문장의 주어가 to부정사일 경우 가주어 it을 이용해서 〈it + be동사 + 형용사 + 부정사〉로 나타낸다. 따라서 It is hard to imagine이 되고 의미 상 주어는 to imagine이 된다.

hard 힘든 **fill** 채우다 **role** 배역 **hardly** 거의 ~가 아닌

정답 (a) It is hard

37

해설
많은 연구 결과가 있었지만 큰 교훈은 사람들이 위험 요소를 충분히 인식하지 못한다는 것이었다.

해설 등위접속사 but은 문법적으로 대등한 역할을 하는 단어, 구, 절을 이어 준다. 지문에서 but 이하는 완전한 문장이므로 그 앞에도 대등하게 완전한 문장이 와야 한다. 그리고 가주어 there의 동사는 진주어 findings와 수 일치가 이루어져야 하므로 (d) There were lots of가 답이 된다.

finding 연구 결과 **adequately** 충분히, 적절히 **be aware of** ~을 알다

정답 (d) There were lots of

38

해석
일부 사람들은 회복어 필요하다는 이유로 긴급 구제에 박수를 보내지만, 다른 사람들은 불가피한 것이 지연되는 것 뿐이라고 생각한다.

해설 문장 전체의 시제는 현재이며 불가피한 것은 지연되는 것이므로 수동태가 되어야 한다. 부사 only는 be동사 뒤 일반동사 앞에 위치한다. 따라서 is only delayed가 적절하다.

applaud 박수를 보내다 **bailout** 긴급 구제 **inevitable** 불가피한 것 **delay** 미루다, 지연시키다

정답 (b) is only delayed

39

해석
노조 위원장은 예산안을 어떻게 처리할 것인지에 대해 논의하려고 목요일에 회사의 대표들과 만났다.

해설 내용상 '어떻게 처리할 것인지 논의하다'라는 의미가 와야 하므로 complain보다는 dissuss가 알맞다. dissuss는 타동사로 바로 뒤에 목적어를 취한다.

union 노조 **representative** 대표 **tackle** (문제 등을) 다루다 **budget proposal** 예산안

정답 (c) discuss

40

해석
편파적인 언쟁으로 새로운 세금 법안의 처리가 지연되고 있기 때문에 다음 주에 의회가 재개될 것이다.

해설 Partisan bickering 뒤에는 the passage를 목적어로 취하는 동사가 와야 하며, 쉼표로 이어지는 두 문장을 연결할 접속사도 필요하다. 선택지를 보면 접속사가 없으므로, 접속사를 생략하고 주절과 주어가 다른 독립분사구문임을 알 수 있다. 따라서 having stalled가 답이 된다.

partisan 편파적인 **bickering** 언쟁 **stall** 지연시키다 **passage** (법안의) 처리 **reconvene** 다시 소집되다

정답 (b) having stalled

● Part III

41

해석
A: 마틴, 나 요즘 너무 바빠.
B: 왜? 무엇 때문에 그렇게 곤혹스러워 하는 거야?
A: 주말에 잡혀 있는 이 모든 약속들 때문이야.
B: 그건 네가 얼마나 인기가 있는지 보여주는 거야.

해설 (d)의 how popular are you는 명사절로 show의 목적어로 왔다. 이때 목적어로 쓰인 간접의문문의 어순은 〈의문사 + 주어 + 동사〉가 되어야 하므로 how popular you are가 적절하다.

tied up in knots 곤경에 빠진 **engagement** 약속

정답 (d) are you → you are

42

해석
A: 네가 그렇게 자주 얘기하는 리즈가 정확히 누구야?
B: 아, 친구의 친구야. 너희는 아직 못 만나봤어.
A: 음, 분명 그렇지. 그렇지만 네가 걔에 대해서 더 얘기할 수록 더 만나고 싶어지는 걸.
B: 언젠가 너희 둘을 소개해 줄게. 걔는 사람들하고 정말 잘 어울리는 아이야.

해설 〈the 비교급 + 주어 + 동사, the 비교급 + 주어 + 동사〉 구문으로 '~하면 할수록 ~하다'의 뜻이다. 따라서 (c)의 the more talking about her는 어순에 맞게 the more you're talking about her으로 수정되어야 한다.

exactly 정확히 **obviously** 분명히, 확실히 **people person** 사람들과 잘 어울리는 사람

정답 (c) talking → you're talking

43

해석
A: 이 장치를 살 만한 가치가 있다고 생각해?
B: 그런 것 같아. 좀 더 많은 기능이 있었으면 하지만.
A: 다운로드 할 수 있는 최신 프로그램들이 다 있지 않아?
B: 맞아. 그렇지만 그 최신 프로그램들을 항상 이 장치에서 쓸 수 있는 건 아니야.

해설 be worth는 '~할 가치가 있다, ~할 만하다'의 뜻으로 뒤에 명사나 동명사의 형태를 취한다. 따라서 (a)의 to get을 동명사 getting으로 바꾸어야 한다.

device 장치 **feature** 특성, 특징 **latest** 최신의

정답 (a) to get → getting

44

해석
A: 색다른 작은 카페를 좋아하면 허드슨 가에 가봐.
B: 왜, 거기 뭐가 있는데? 새로운 곳이라도 발견했어?
A: 이제 막 연 것 같은데. 이름이 다크 로스트 에스프레소일 거야.
B: 이번 주말에 거기까지 걸어가 봐야 할 것 같군.

해설 (b)의 place는 가산명사이고 화자 둘 다 아는 특정한 곳을 지정하고 있지 않으므로 new place 앞에 부정관사 a를 붙여 a new place로 바꿔야 한다.

quaint 색다른 **trek** (힘들게 오래) 걷다

정답 (b) new → a new

45

해석
A: 이번 시즌에 이 제품 천 개를 팔 수 있다고 확신해.
B: 소매업자들이 우리에게 흔쾌히 진열대에 자리를 내어줄까?
A: 그 사람들에게 여유 공간을 좀 비워달라고 꼬드겨야지.
B: 너의 예측이 옳으면 좋겠어. 그렇지 않으면 재고가 엄청나게 많아질 거야.

해설 (b)의 be willing to는 '기꺼이 ~하려고 하다'란 뜻으로 이때 to는 to부정사이다. 따라서 giving을 동사원형 give로 바꿔야 한다.

retailer 소매업자 **shelf space** 진열대 **cajole** 회유하다 **forecast** 예측 **unsold** 팔리지 않는

정답 (b) giving → give

● Part IV

46

해석
(a) 첨단 산업을 오랫동안 관측한 사람들은 역사가 주는 교훈을 지적한다. (b) 새로운 가전 제품은 오래된 기술을 대체하는 것이 아니라 오히려 그 틈새로 진출하고 있다. (c) 디지털화는 항상 그리고 어디에서나 그 이전의 아날로그 식 일 처리 방식을 쇠퇴시키는 것은 아니다. (d) 그에 대한 좋은 예를 들면 컴퓨터는 사무 환경에서 종이에 대한 필요성을 없애지 못했다는 것이다.

해설 (c)를 해석해 보면 과거부터 현재까지의 일을 말하고 있으므로 동사 hasn't makes는 현재완료 시제인 hasn't made가 되어야 옳다.

observer 관측자, 목격자 **replace** 대체하다 **branch out into** 진출하다 **niche** 틈새 **universally** 보편적으로, 어디에서나 **obsolescent** 구식의 **case in point** 딱 들어맞는 사례 **negate** 효력이 없게 만들다

정답 (c) makes → made

47

해석
(a) 저녁 반찬은 과도하게 복잡하거나 시간을 소비할 필요가 없습니다. (b) 철 냄비에 감자를 몇 개 넣고 마늘 한 통과 소금 그리고 올리브 오일을 넣으세요. (c) 오븐을 325도로 맞추고 한 시간 가량 천천히 구우세요. (d) 겉을 좀 더 바삭하게 하시려면, 맨 마지막에 오븐 온도를 450도로 올리세요.

해설 (d)의 to adding은 내용상 무언가를 하기 위한 목적을 나타내는 to 부정사의 부사적 용법을 써야 하는 상황이다. 따라서 to add가 되어야 적절하다.

overly 너무 **complicated** 복잡한 **time–consuming** 시간이 걸리는 **skillet** 냄비 **or so** ~가량 **crunch** 바삭함 **crank up** (기계를) 더 세게 돌리다 **at the very end** 맨 뒤에

정답 (d) adding → add

48

해석
(a) 최근 연방 거래 위원회에 제출된 고소에서 헬스왓치가 환자의 사생활을 침해했다는 혐의가 제기되었다. (b) 이 소송은 등록 회원 수가 천만 명인 이 유명 웹 사이트가 회원들의 프로필을 작성해 의약품 마케팅에 이용했다고 주장하고 있다. (c) 이 사이트는 데이터 베이스의 관리 방법과 보안 여부에 대해 충분히 투명하지 않음을 보여주는 예이다. (d) 더 큰 걱정거리는 직원이나 건강 보험사가 소비자의 개인 정보에 접근하기 위해 데이터 마이닝을 이용할 수 있다는 것이다.

해설 (a)의 complain은 동사이므로 형용사 recent의 수식을 받으며 주어 역할을 할 수 없다. 따라서 complain을 명사 complaint로 바꾸어야 한다.

complain 불평하다 **accuse** 고발하다, 비난하다 **violate** 위반하다 **allege** 혐의를 제기하다 **profile** 프로필을 작성하다 **cite** (이유·예를) 들다 **transparent** 투명한 **secure** 안전한 **insurer** 보험사 **data mining** 데이터 마이닝(인터넷 같은 방대한 정보의 바다에서 유용한 정보를 추출하는 기술)

정답 (a) complain → complaint

49

해석
(a) 모든 긴급 구제가 똑같은 것은 아니므로 우리는 다음 사항을 명심하는 것이 현명하다. (b) 정부와 그에 따른 납세자의 돈을 실패한 기관이나 주의 채무 불이행으로 가정하고 지원해 주는 긴급 구제가 있다. (c) 다음으로 합리적인 이자율로 받을 수 있는 대출을 실질적으로 보장해 주는 좀 더 예방적 차원의 긴급 구제가 있다. (d) 이는 채무 불이행을 더욱 가능하게 하는 고위험과 그에 따른 고금리 대출의 악순환을 막도록 고안되었다.

해설 (c)의 there는 가주어로 동사의 수 일치는 그 다음에 나오는 의미상의 주어 the more preventive bailouts에 맞춘다. 따라서 is는 복수형인 are가 되어야 적절하다.

bailout 긴급 구제 **do well to** ~하는 것이 현명하다 **assume** 추정하다 **default** 채무 불이행 **preventive** 예방을 위한 **effectively** 효과적으로, 실질적으로 **reasonable** 합리적인 **vicious cycle** 악순환 **presumably** 아마 **all the more** 더욱더

정답 (c) is → are

해석

(a) 플로리다키스 제도의 어부들에게 새로 급격히 퍼지고 있는 쏠배감펭 종을 겨냥한 새로운 목표가 생겼다. (b) 이 외래 포식 동물은 독을 지닌 지느러미가 있어 취약한 현지 해양 생태계를 위협하고 있다. (c) 이 종은 비늘돔을 먹는 것으로 알려졌는데, 비늘돔은 잠재적으로 산호초를 억제할 수 있는 조류를 먹이로 하며 통제하는 역할을 한다. (d) 잠재적인 재앙의 원인이 되는 것은 개체수 통제의 압력 없이 방치할 경우 매년 수백만 개에 이르는 알을 낳는 이 물고기의 엄청난 산란율이다.

해설 (a)의 주어 fisherman은 동사 have와 수 일치에 어긋나므로 비문이다. 한 어부만이 아닌 지역의 모든 어부들에게 새로운 목표가 생긴 것이기 때문에 복수 형태인 fishermen이 되어야 한다.

aim for 목표로 하다 **invasive** 급속히 퍼지는 **exotic** 외국의, 외래의 **predator** 포식동물 **fin** 지느러미 **venom** 독 **devastate** 완전히 파괴하다 **delicate** 다치기 쉬운 **marine** 해양의 **ecosystem** 생태계 **feed on** ~을 먹고 살다 **algae** 조류 **potentially** 잠재적으로 **smother** 억제하다 **coral reef** 산호초 **prodigious** 엄청난 **spawn** 알을 낳다

정답 (a) fisherman → fishermen

가장 시간이 많이 걸리고 점수가 제일 안 나오는
파트만 집중 공략한다!

텝스 파트별 고수되기

청해 PART 4

어떤 책에서도 볼 수 없는 Part 4만을 위한 상세한 분석
장문 듣기 필수 노하우인 Note Taking 비법 전수
실전 감각을 미리 익히는 True & False Exercises
Practice Test 6회 및 Actual Test 1회
MP3 무료 다운로드 (www.nexusbook.com)

문법 PART 3,4

기출 30회분을 꼼꼼하게 분석, 오답률 높은 부분만 정리
실제 수업 같은 현장감 있는 해설
Practice Test 8회 및 Actual Test 1회

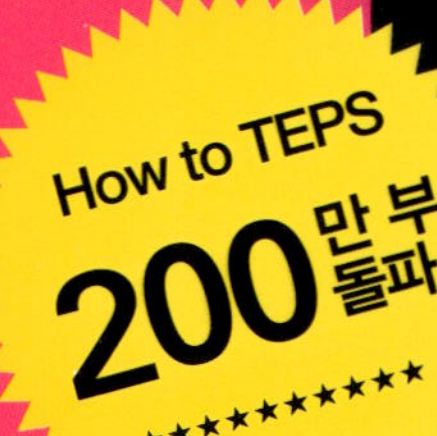

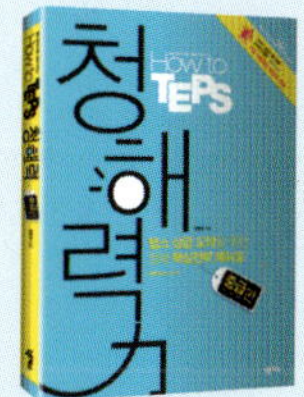

독해 · 청해

기출문제집 1 · 2 | 서울대학교 TEPS관리위원회 문제 제공 | 272쪽 | 18,000원
기출문제집 3 | 서울대학교 TEPS관리위원회 문제 제공 | 272쪽 | 19,000원
NEXUS TEPS 기출 800 | 서울대학교 TEPS관리위원회 문제 제공 · 문덕 해설 | 580쪽 | 25,000원
서울대 텝스 관리위원회 최신기출 스피킹 · 라이팅 | 서울대학교 TEPS관리위원회 문제 제공 · 유경하 해설 | 340쪽 | 28,000원

How to TEPS 독해력 중급편 | 장우리 지음 | 360쪽 | 16,000원
How to TEPS 독해력 고난도편 | 넥서스 TEPS연구소 지음 | 324쪽 | 16,000원
How to TEPS 청해력 중급편 | 양준희 지음 | 276쪽 | 18,000원

어휘

How to TEPS 실전력 500 · 600 · 700 · 800 · 900 | 넥서스 TEPS연구소 지음 | 308쪽 | 실전력 500~800: 16,500원, 실전력 900: 18,000원
서울대 텝스 관리위원회 속성 실전테스트 | 서울대학교 TEPS관리위원회 문제 제공 | 164쪽 | 9,800원

How to TEPS VOCA 2nd Edition | 김무룡 · 넥서스 TEPS연구소 지음 | 320쪽 | 12,800원
How to TEPS 넥서스 텝스 보카 | 이기헌 지음 | 536쪽 | 15,000원
How to TEPS 어휘력 입문편 | 고명희 · 넥서스 TEPS연구소 지음 | 304쪽 | 15,000원
How to TEPS 어휘력 고난도편 | 김무룡 · 넥서스 TEPS연구소 지음 | 296쪽 | 16,500원

고급 (800점 이상)

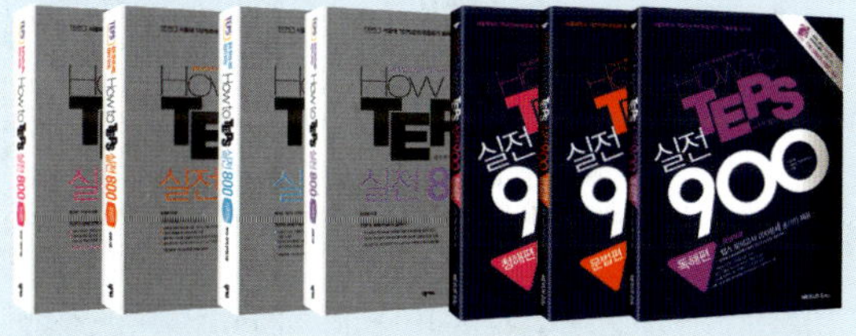

How to TEPS 시크릿 청해편 · 독해편 | 유니스 정(청해), 정성수(독해) 지음 | 청해: 22,500원, 독해: 14,500원
텝스, 어려운 파트만 콕콕 찍어 점수 따기 | 이성희 · 전종삼 지음 | 176쪽 | 13,000원

How to TEPS 실전 800 청해편 · 문법편 · 어휘편 · 독해편 | 강소영 · 서인석(청해), 김태희(문법), 넥서스 TEPS연구소(어휘), 한정림(독해) 지음 | 청해: 22,000원, 문법: 15,000원, 어휘: 12,800원, 독해: 22,000원
How to TEPS 실전 900 청해편 · 문법편 · 독해편 | 김철용(청해), 이용재(문법), 김철용(독해) 지음 | 청해: 16,000원, 문법: 16,000원, 독해: 17,500원

How to TEPS L/C | 이성희 지음 | 400쪽 | 19,800원
How to TEPS R/C | 이정은 · 넥서스 TEPS연구소 지음 | 396쪽 | 19,800원

How to TEPS Expert L | 박영주 지음 | 340쪽 | 21,000원
How to TEPS Expert GVR | 박영주 지음 | 520쪽 | 28,000원
How to TEPS Expert 고난도 실전 모의고사 | 넥서스 TEPS연구소 지음 | 388쪽 | 21,500원

맞춤형 온라인 교육의 메카
넥서스온 www.nexusON.com

www.nexusbook.com 넥서스
t.02-330-5500 f.02-330-5555